부자풍수
쪽박풍수

사람은 집을 닮고 집은 사람을 닮는다

지종학·지영학·김남선 공저

머리말

풍수에서는 크고 험한 산이 부드럽게 바뀌어야 좋은 혈을 맺을 수 있다고 했다. 이 과정을 박환(剝換)이라 하는데, 매미가 껍질을 벗어야 날 수 있는 것과 마찬가지이다. 하지만 필자의 지난 30년 풍수는 박환 되지 않아 거칠고 투박한 시절이었다 해도 틀리지 않는다. 30년이 지난 이제서야 비로소 풍수가 무엇인지 알 것 같기도 하지만, 돌아서면 또 다시 갈등에 뒤척이게 되니 배움은 끝이 없다는 것을 깨닫게 된다.

필자는 이번이 네 번째 책의 출간이다. 처음에는 풍수 책을 출간한다는 우쭐함에 기고만장했으나 지금 생각해보면 유치하기 짝이 없었다. 벼는 익을수록 고개를 숙인다는 말을 30년이 지나서야 깨달을 수 있었는데, 이제는 풍수가 점점 더 어려워진다는 생각이다.

이번 책의 집필은 지영학, 김남선 교수와 함께 현장을 다니며 보고 느낀 것을 토론하면서 균형 잡힌 시각을 유지하려 노력했다. 두 사람은 부동산학과 교수인 까닭에 입지 평가에 보다 객관적으로 접근할 수 있었던 것이 책으로 엮인 것이다.

전체적인 구성은 풍수지리가 어려운 학문이 아니라 쉽고 친근하게 접근할 수 있으며, 누구라도 풍수를 생활 속에 접목할 수 있게끔 구성했다.

책의 도입부는 초보적인 내용부터 시작했지만, 책을 다 읽을 때

쯤이면 상당한 수준의 풍수 안목을 가질 수 있다고 생각한다.

책의 말미에는 풍수지리가 이현령비현령이 아닌 우리의 실생활과 밀접한 관계가 있으며, 더 나아가 관공서 등의 입지 선정에 고려해야 한다는 점을 강조하고자 했다. 궁극적으로는 풍수가 국가와 사회에 기여할 부분이 있음을 말하고 싶었다.

부족한 글이지만 이번 기회에 많은 사람들이 풍수지리를 좀 더 따뜻한 마음으로 접근해 주기를 기대한다.

이번 책의 출간에 도움을 주신 장현숙 박사님과 흔쾌히 출판을 받아주신 광문각 박정태 회장님께 진심으로 감사의 말씀을 드린다.

2024년 입춘지절 퇴계로 학회에서

지종학 지영학 김남선

풍(風). 바람을 알면 건강하고

수(水). 물길을 알면 부자가 되고

지(地). 땅을 알면 귀하게 되고

리(理). 이치를 알면 실패하지 않는다

바람(風)

부인과 내기를 한 풍수인

충청도 모처에서 직장 생활을 하며 틈틈이 풍수를 공부하던 J씨가 있다. 그는 20년 넘게 풍수를 배우고 있었는데, 어느 날 문득 보니 자신이 사는 아파트 입지 조건이 별로 좋지 못한 것을 알게 되었다. 그리하여 새로운 곳으로 이사를 가려고 했으나 부인의 반대에 부딪히게 된다. 부인은 말하기를, 남편 직장도 가깝고 아이들 학교 다니기도 쉬우며 모든 것이 편리한데, 쓸데없는 것에 빠져서 성화라고 이사를 극구 반대하는 것이다. 풍수에 대해 미신쯤으로 치부하던 부인의 입장에서는 남편 말을 신뢰할 수 없었던 것이다. 그러나 한 번 마음이 떠난 J씨는 점점 더 그 집에서 살기가 싫은 것이다. 그리하여 거의 1년을 혼자서 고민하다가 부인과 내기를 하기로 하였다.

부인의 처갓집 동네에서 각각의 집에 대해 좋고 나쁨을 맞춰 보기로 한 것이다. 그래서 맞추면 자신의 뜻대로 이사를 하지만, 만약 맞추지 못하면 이사 얘기는 없던 것으로 하기로 하였다. 한편, 장모님은 30여 가구 되는 작은 시골 마을에

40년 넘게 살면서 각각의 집 사정에 대해 훤하게 알고 계시므로 장모님, 부인, 그리고 자신까지 3명이 동행하면서 풍수의 길흉에 대한 시험을 시작한다.

[시험 I] 쌀가게

"쌀가게 왼쪽 산(청룡)이 등지고 있는 형상이어서 아는 지인으로부터 배신을 당하는 일이 있을 수 있습니다. 그러나 오른쪽 산(백호)은 집을 향해 잘 감싸고 있어 부인 힘으로 가정을 꾸려 가면 재산을 형성하는 데 별 어려움이 없는 집입니다. 따라서 이 집은 남자보다는 여자가 주도권을 쥐고 살림을 해야 좋은 터입니다. 청룡은 남자를 뜻하고 백호는 여자와 재물을 의미하기 때문이지요."

실제로 남편은 인정이 많아서 친구들에게 돈을 꿔 주고도 돌려받지 못한 게 많고, 쌀을 외상으로 주었으나 쌀값을 받지 못하는 일이 많았다고 한다. 그렇게 차츰 빚이 쌓이더니 나중에는 땅을 팔아야 할 정도로 젊어서는 손해가 막심했다고 한다. 그 후부터는 부인이 직접 가게를 운영하게 되었는데, 남편과는 달리 철저하게 관리하여 적지 않은 돈을 모을 수 있었다고 한다. 그래서 첫 번째 시험은 통과다.

[시험 2] 감나무 집

"집터에서 보면 왼쪽 산(청룡)이 도망가고 안산은 등 돌리고 있으며, 물이 집 앞으로 곧게 빠져나갑니다. 이렇듯 청룡이 도망가는 형태는 남자들이 풀리는 일이 없을 뿐 아니라 물이 빠져나가니 집에

돈이 남아나지를 않습니다. 그리고 마당 한가운데 큰 감나무가 지붕을 덮을 정도로 무성하게 자라고 있습니다. 동쪽은 해가 떠오르는 방위로 집 안에 희망과 발전 등 긍정적인 기운을 주는데, 커다란 감나무가 동쪽을 막고 있어 집안이 늘 침체될 수밖에 없습니다. 그리고 햇빛을 받는 데도 불리해서 가족들 건강에 좋지 못할 겁니다."

이 댁은 부부와 두 아들이 사는 집이었다. 그러나 남편이 병으로 일찍 죽었고, 큰아들도 군대에 가서 사고로 죽고 말았다. 작은아들은 나이가 40이 넘었으나 아직 장가도 들지 못하고 고생스럽게 어머니와 함께 살고 있었다.

[시험 3] 파전 집

"이 집은 우측 산(백호)이 가까이서 둘러 주었으며, 집 앞에서 두 줄기 개천물이 합수된 후 감싸주고 있습니다. 따라서 부인으로 인해 큰돈을 벌 수 있는 집입니다."

이 댁의 부인은 시내 대학교 앞에서 파전 집을 30년 가까이 하고 있는데, 장사가 잘되어서 건물도 몇 채 소유할 정도로 돈을 모았다고 한다. 파전 집은 30년 전 상태를 그대로 유지하고 있어 낡고 허름하지만, 대학 다닐 때 추억을 잊지 못하는 중년 손님들이 줄을 이으면서 단골이 많다고 한다.

[시험 4] 로또복권 판매점

"산과 산 사이 골짜기에 있어 골바람이 셀 뿐 아니라 집 마당이 질척할 정도로 습기가 많습니다. 이러한 집은 환자가 많고 풍파와 우환이 심하게 됩니다."

이 댁의 셋째아들은 결혼하고 분가 후 로또 판매점을 했는데, 1등이 다섯 번 당첨된 곳이라는 소문이 나서 적지 않은 돈을 벌었다고 한다. 그러나 정작 그 집에 사는 아버지는 오랫동안 암으로 고생하다 죽었으며, 시골로 내려와 아버지를 병시중하던 큰아들도 오토바이 사고로 죽고 말았다. 로또 판매점을 운영하던 셋째아들은 아버지 병원비를 감당할 수 없어 잘 되던 가게를 처분할 수밖에 없었다고 한다. 결국 소탐대실의 집터였던 것이다.

[시험 5] 한우목장 집

동네 외곽에 한우를 키우는 목장이 있는데, 야트막한 산 능선에 위치한 곳이다. 멀리서 보면 언덕 위의 집처럼 전망 좋은 곳이다. 그러나 능선 마루터기에 위치해 바람에 속수무책 무방비로 노출된 곳이다.

"저러한 곳에서 소를 키우면 소가 잘 크지 못할 뿐 아니라 새끼도 잘 낳지 못합니다. 바람이 세기 때문입니다. 가축뿐 아니라 아마

목장 주인도 몸이 좋지 못할 것입니다."

그러자 장모님 말씀하시기를 목장을 한 지 7년 만에 빚만 잔뜩 지고 말았으며, 그 많던 한우도 겨우 2마리만 남았다고 한다. 부인은 어디 갔는지 보이지 않고, 남자는 무슨 병이 들었는지 바람만 불어도 쓰러질 것처럼 바짝 야위었다고 한다.

[시험 6] 건강하게 장수하는 집

이번에는 장모님이 사위에게 말하기를 우리 마을에서 가장 건강하게 잘 사는 집을 골라 보라고 하신다. 마을 전체를 둘러본 J씨는 한 곳을 가리키며,

"저 두 집은 집 뒤의 주산이 좋고 청룡·백호가 잘 감싸고 있으므로 저 댁에 사는 사람들은 건강하게 오래 살 것입니다. 그리고 자식들도 모두 편안할 것으로 보입니다."

그러자 장모님 하시는 말씀이 저 윗집의 주인 남자는 오래전 폐암 진단을 받았는데, 자식들이 수술을 권유했으나 자신의 몸에 칼 대기를 끝까지 거부하고 평소처럼 농사를 지으며 시골집에서 지냈다고 한다. 그러나 폐암으로 몇 년을 못살 거라고 하던 의사 말과는 달리 20년 넘게 사시다가 얼마 전 86세 나이로 돌아가셨다고 한다.

그리고 바로 아래 집은 할머니 나이가 96세인데도 불구하고 아들이 농사짓는 밭에서 인부들과 함께 일을 할 정도로 정정하다고 말씀하신다. 그 할머니는 아들에게 자신에게도 인부들과 똑같이 일당을 달라고 할 정도로 정신도 맑고 건강하다는 것이다. 그곳에 살다

분가한 자식들도 모두 잘 되어서 명절이면 수십 명의 대가족이 모이는 화목한 집이라고 말씀해 주신다.

장모님이 말씀하기를 "그것 참 희한하구먼. 우리 사위가 언제 이렇게 용해졌는가."하고는 흡족해하신다.

이처럼 J씨는 장모님이 지적한 집의 형편을 거의 대부분 맞출 수 있었다. 그리하여 부인도 남편 뜻을 따를 수밖에 없어 남편이 원하던 곳으로 이사를 할 수 있었다. 이사를 하고 보니 120세대 작은 아파트지만, 대부분 사람이 입주 당시에 살던 사람들로서 거의 변동이 없는 곳이라고 한다. 아마도 터가 편안한 곳이기 때문에 입주민 모두가 만족스러운 모양이다.

J씨 선배도 이곳으로 이사를 왔는데, 전에 살던 집에서는 계단을 못 오를 정도로 허리가 심하게 아팠으나 이사 오고 나서는 6개월 만에 허리가 좋아지더니 이제는 거의 통증이 없을 정도로 완쾌되었다고 한다. J씨 선배는 좋은 곳으로 이사를 와서 건강도 회복되었을 뿐 아니라 아들·딸이 좋은 사람을 만나서 결혼할 수 있었다고 고마워하고 있다. 그 후 세월이 흘러 J씨는 박사학위를 받은 후 모 대학의 부동산학과에서 풍수지리를 강의할 정도로 탁월한 풍수가가 되었다.

부인과 내기를 한 풍수인

풍수의 기원과 변천

풍수를 한마디로 정의하면 좋은 땅, 건강한 땅을 찾기 위한 방법이다. 즉 바람, 고요하고 물, 잔잔한 땅을 말하며, 이를 장풍득수(藏風得水) 지형을 갖추었다고 말한다. 이러한 지형은 인체의 건강에 유리할 뿐 아니라 재물이 풍족해서 안정적인 삶을 영위할 수 있게 된다. 반대로 바람이 심하고 물이 부족한 곳에서는 건강과 경제력 면에서 크게 불리하게 된다. 따라서 길한 곳을 찾고 흉한 곳을 피하는 방법이 풍수지리이며, 이를 추길 피흉(趨吉避凶)이라 한다.

제천 점말동굴(구석기 시대 유적지)

풍수는 인간의 본능적 생존 방식에서 시작된 경험 축적이다. 태초에는 비바람으로부터 추위를 피하기 위해 동굴 속에서 생활하게 된다. 그러다 차츰 자연을 이용해 집을 짓고 터를 정하면서 비바람 뿐 아니라 외부의 적으로부터 방어하기 유리하고 살기 편한 곳을 찾는 노력이 풍수로 발전한 것이다.

인류가 죽은 자를 매장하기 시작한 것은 구석기 시대부터인데,

망자의 시신을 짐승으로부터 보호하기 위해 땅을 파고 묻기 시작한다. 당시의 매장 방식은 얕은 구덩이를 파고 시신을 묻은 뒤 약간의 돌을 모아 덮는 간단한 구조였는데, 지금의 매장 방식과 크게 다르지 않다.

우리나라에서 발견된 가장 오래된 장례 방식은 충북 청원의 석회암 동굴에서 발견된 '흥수아이'이다. 이는 1982년 석회암 동굴에서 발견되었으며, 최초 발견자 김흥수 씨 이름을 따서 유골에 '흥수아이'라는 이름을 지어 주었다. 시기는 4만 년 전 구석기 시대로 추정되며, 5세가량의 어린아이이다. 키는 120cm 정도지만, 남자인지 여자인지는 밝혀지지 않았다.

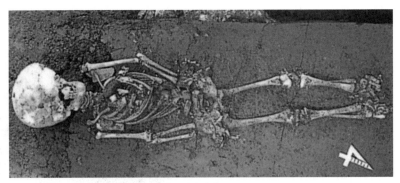

흥수아이

발굴 보고서에 의하면, 동굴 속 편편한 석회암 위에 고운 흙을 뿌린 후 시신을 반듯하게 눕혔다. 직사각형의 석회암 바위는 마치 침대와 같은 모습이고, 딱딱한 바위 위 고운 흙은 이부자리 역할이었을 것으로 짐작된다. 어린아이 주검이지만 상당한 정성을 들인 흔적

풍수의 기원과 변천

을 엿볼 수 있다.

뿌려진 흙을 조사해 본 결과 국화꽃가루가 발견되었다. 그중에서도 특히 가슴 부위에 국화꽃가루가 많은 것으로 보아 아이가 죽은후 가슴에 국화꽃을 놓은 것으로 짐작된다. 요즈음도 장례식 때 국화꽃이 사용되는데, 구석기 시대 사람들에게도 나름대로의 장례 의식이 있었던 것으로 추정된다. 자식을 잃은 부모 마음은 예나 지금이나 다르지 않다는 것을 보여 주는 가슴 뭉클한 사례다.

풍수 이론이 활자화된 것은 기원후 200년경 중국 한나라 때 《청오경(靑烏經)》이라는 책에서 시작된다. 그 후 진나라 사람 곽박이《장서(葬書)》라는 풍수책을 지었는데, 당나라 황제 현종이 그 책을본 뒤 비단 주머니에 넣어 황제만 볼 수 있도록 비밀스럽게 보관했다고 해서 《금낭경(錦囊經)》으로 불린다. 당나라 현종은 신하들이장서를 보고 묘를 쓸 경우 황제를 위협할 인물이 나올 것이 두려웠던 것이다.

금낭경에는 '탈신공개천명(奪神功改天命)'이란 글이 있다. 신의힘을 빼앗아 타고난 운명을 바꾼다는 뜻으로 '개천에서 용이 날 수있고, 누구라도 왕후장상이 될 수 있다'는 풍수의 위력을 단적으로말해 주고 있다.

한반도에서는 기원후 20년 석탈해가 경주 반월성에서 명당의 집을 꾀를 써서 차지했다는 말이 《삼국유사》에 기록되어 있다. 어릴적 탈해가 토함산에서 지금의 계림 일대를 살펴보니 초승달 모양의 좋은 집터가 있었다. 그러나 그곳에는 호공이라는 귀족이 살고 있었기 때문에 꾀를 써서 그 집을 차지하려 한다. 그래서 남몰래 집 주변에 숯과 숫돌 등을 묻어둔 후 집 주인에게 이 집은 자신의 선조가 대대로 살던 집이니 비워 달라고 말한다. 그러자 소송을 맡은 관리가 탈해에게 무슨 증거가 있냐고 묻자, 탈해가 말하기를 **"저의 선조들은 대대로 대장장이였기 때문에 집터 주변을 파보면 대장간에서 쓰던 숯과 숫돌, 쇠붙이 등이 나올 것입니다."**라고 말한다. 그리하여 집 주변을 파보니 실제 대장간에서 사용한 것으로 보이는 숯과 쇠붙이, 연장 등이 나오면서 호공의 집을 차지하게 된다.

이 소문을 들은 남해왕은 탈해가 보통 사람이 아니라고 생각해 그를 사위로 삼는다.

그리고 석탈해는 후일 62세 때 4대왕에 오르고, 23년간 신라를 통치하게 된다. 그 후 탈해왕은 죽어서도 신라의 안위를 걱정하여 삼국을 통일한 문무왕 꿈에 나타나 자신의 유해를 화장한 뒤 토함산 정상에 묻으라고 한다. 토함산에서 동해를 바라보며 왜구의 침략을 막는 호국신이 되겠다는 것이다. 실제로 토함산 정상 인근에서는 탈해왕 제사를 지내던 사당 터가 발견되었다.

통일신라 말에는 도선국사가 출현하면서 풍수가 크게 성행한다. 도선국사 비문에는 다음과 같은 글이 기록되어 있다.

"지리산인이 도선에게 세상을 구제하고 인간을 제도하는 법으로서 모래를 쌓아 산천순역(山川順逆) 형세를 알려주었다. 그로부터

풍수의 기원과 변천

대사가 음양오행 술법을 더욱 연구하여 크게 깨우쳤다."

여기서 말하는 산천순역(山川順逆) 형세가 풍수지리를 말한다.

조선을 건국한 태조 이성계는 계룡산 아래로 도읍을 옮기려 한다. 하지만 느닷없이 경기도 관찰사로 있던 하륜이 상소를 올리게 된다. "신이 일찍이 부친을 장사 지내면서 풍수의 여러 서적을 보았는데, 지금 듣건대 계룡산은 북서쪽에서 오고 물은 동남쪽으로 흘러간다고 하니 이는 쇠패의 땅이므로 도읍으로 적당하지 않습니다." 이로 인해 신도안으로의 천도는 무산되었다.

그러나 궁궐터에서 보면 겹겹이 산으로 둘러싸여 물 빠지는 것이 보이지 않고, 외부에서도 내부가 전혀 보이지 않을 정도로 산에 잘 둘러싸여 있다. 특히 웅장한 천황봉이 든든하게 뒤를 받쳐 준 장엄한 모습이다. 따라서 신도안에 대한 하륜의 평가는 다시 검토해 볼 필요가 있다.

조선이 한양으로 천도할 때도 풍수의 조건을 따져 논쟁한다. 그 중 풍수인 윤신달은 "우리나라 경내에서는 송경이 제일 좋고 여기가 다음 가나, 한 되는 바는 북서쪽이 낮고 물이 적은 것입니다." 북서쪽 자하문 고개가 낮은 것과 청계천 물이 적은 것을 우려하고 있다.

그에 비해 무학대사는 "여기는 사면이 높고 수려하며 중앙이 평평하니 성을 쌓아 도읍을 정할 만합니다. 그러나 여러 사람 의견을 따라 결정하소서."라고 말한다.

하지만 하륜은 "산세는 비록 볼만하지만 지리의 술법으로 말하면 좋지 못합니다."라며 한양의 터가 좋지 않다고 끝끝내 반대한다. 하륜은 지금의 연세대학교 터와 신촌 일대를 도읍지로 주장하였다.

조선 시대에는 효를 숭상하는 유교 사상과 풍수가 습합되면서 묘지 풍수가 크게 성행했다. 특히 왕실과 사대부가의 기득권층 위주로 성행했는데, 풍수도 부익부 빈익빈 현상이 나타난다.

그 후 일제강점기 시대에는 산림 훼손을 막는다는 이유로 공동묘지 제도를 만든다. 그러나 누구라도 정해진 장소에만 묘를 써야 한다는 규제 때문에 명당을 찾아 남의 산에 몰래 묘를 쓰는 암장이 빈번하게 발생했다.

공동묘지

해방 후에도 매장의 관습은 지속되면서 공원묘지가 널리 퍼지게 된다. 공원묘지는 산이 없는 서민층을 대상으로 하면서 수요가 폭발적으로 증가한다. 하지만 공원묘지는 영리를 목적으로 분양하다 보니 지형 조건이 불리한 곳에 무리하게 묘를 조성하는 일이 늘어나면서 장마 때면 묘가 유실되는 피해가 자주 발생하였다. 그러면서 공

풍수의 기원과 변천

원묘지에 대한 인식이 차츰 변하기 시작한다.

급기야 2000년대 들어서는 매장보다는 화장에 의한 장례 방식으로 급속하게 변하면서 납골묘, 잔디장, 수목장 등이 크게 증가하고 있다. 이것들은 묘의 관리가 쉽다는 이점이 있다.

한편, 묘를 쓰는 매장은 크게 줄었지만, 부분적으로는 계속 이어질 것으로 생각한다. 매장을 선호하는 사람들은 매장이 화장보다 유리하다는 믿음이 확고하기 때문이다.

현대에 들어서는 풍수가 다변화되고 있다. 건축, 도시 설계, 부동산, 환경, 조경, 실내 인테리어 등에서 폭넓게 활용되고 있다. 이전의 풍수가 망자를 위한 묘지에 관한 것이 주를 이루었다면, 현대의 풍수는 산 사람을 위한 현실적이고 실용적인 방법으로 확산되고 있다. 이를 계기로 풍수가 좀 더 많은 사람에게 유익한 학문으로 다가가기를 기대해 본다.

알기 쉬운 풍수지리 용어 배우기

① 태조산

혈처를 기준했을 때 가장 크고 높아 근본이 되는 산을 말한다.

② 중조산

태조산과 주산을 연결해 주는 산이다.

③ 주산, 소조산, 모체산

혈을 맺게 하는 직접적인 산으로 단정하면서도 균형 잡힌 모습으로 곁에 있는 봉우리보다 높거나 비슷해야 한다. 모든 혈은 주산의 역량에 전적으로 달려있기 때문에 가장 중요한 부분이다.

④ 과협

산과 산 사이 고갯마루를 말한다. 모든 산은 솟았다 가라앉기를 반복하면서 큰 산이 점점 작아지고, 험하고 거친 모습이 순하게 살을 벗는다. 따라서 과협은 맥의 독소를 제거하고 순화시켜 주는 여과 장치 역할과 힘을 더욱 왕성하게 만들어 주는 펌프의 작용을 동시에 한다.

⑤ 용

산의 능선 모두를 용이라 표현한다. 그중 큰 줄기를 간룡이라 하고, 작은 줄기를 지룡이라 한다. 용은 반드시 상하좌우 역동적인 상태가 되어야 생룡이고, 변화가 없다면 사룡이다. 단 변화가 있되 일정한 규칙과 질서가 있어야 하며, 질서 없이 마구 꿈틀대는 것은 광룡(狂龍)일 뿐이다.

⑥ 지각, 가지

용이 상하좌우 변화를 하면 스스로 균형을 유지하기 위해서 능선 좌우 마디마디에 지게 받침대와 같은 곧고 가느다란 줄기를 뻗게 되는데, 이것을 지각 또는 가지라 한다. 지각은 용의 품성을 살피는 중요한 단서가 되지만, 보조적인 역할의 지각에는 좋은 땅이 생길 수 없다. 그러나 상당수의 묘가 지각에 위치하고 있는 실정이다.

⑦ 혈처

주산으로부터 용맥을 타고 온 기맥은 어느 한 지점에 뭉치게 되니 이를 혈처라 한다. 하지만 모든 산에 혈이 맺는 것은 아니고 제반의 조건이 맞는 극히 일부분에서만 가능한 것이기 때문에 값으로 따질 수 없는 보배라 했으며, 모든 풍수의 최종적인 귀착점이다. 혈처를 세분하면 5가지 요소를 갖추어야 하는데, 이를 혈상의 오악이라 부른다.

⑧ 득수처

내명당 물이 시작되는 지점이다.

⑨ 내명당 ⑩ 외명당

일반적으로 명당이라 함은 좋은 땅을 말한다. 하지만 풍수지리에서 고유명사로 쓰이는 명당의 개념은 혈처 앞에 넓게 펼쳐진 논밭·들판·마당을 말한다. 명당은 크게 내명당과 외명당으로 구분한다.

⑪ 청룡 ⑫ 백호 ⑮ 외청룡 ⑯ 외백호

청룡·백호는 바람을 막는 장풍의 기능과 함께 혈 좌우의 온갖 흉살을 막아 주며 보호하는 산이다. 그러나 혈처가 장풍이 잘 되어 있고 주변에 흉한 것이 없다면 굳이 청룡, 백호가 없어도 된다. 따라서 청룡·백호는 혈의 생성에 필수적인 것은 아니다.

⑬ 안산

안산은 혈 앞에 마주하는 산으로 물이 곧게 흘러가는 것을 차단하고 전면의 바람을 막아 주는 역할이다. 하지만 청룡·백호가 가까이서 잘 감싸 주면 이러한 기능을 대신하므로 안산이 따로 없어도 된다.

⑭ 내수구 ⑱ 외수구

물이 명당에서 빠져나가는 지점을 말하며, 파구라고도 한다. 이때 수구는 좁게 막혀서 물의 누출을 최대한 방비해야 한다. 풍수에서 물은 생기와 재물을 의미하기 때문이다. 만약 수구가 넓게 벌어졌다면 물이 하염없이 빠질 것이므로 생기와 재물 또한 속수무책 빠지는 형태가 되어 불길하다.

그림 ⑱에서처럼 수구에 두 개의 산이 마치 파수를 보듯 좁게 마주하고 있으면 이를 한문(捍門)이라 하여 좋은 모습이 된다.

⑰ 조산

주산과 청룡·백호, 안산을 제외한 전면의 모든 산을 통칭하는 말이다.

⑲ 나성

강의 한 가운데 있는 섬으로 물이 빠져나가는 것을 막아 주는 역할로 수구사 일종이다.

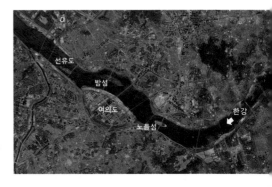

단 섬의 머리 부분이 상류를 향해서 물 흐름을 단속해야 하며, 반대로 섬의 머리가 하류를 향하고 있다면 물과 함께 도망가는 모습이 되어 오히려 불길한 것이 된다.

⑳ 규봉

규봉이란 가까운 산 뒤로 또 다른 산이 고개만 약간 내밀어 넘겨다 보는 것으로 도적봉이라 부른다. 몰래 엿보아 나의 기운을 빼앗아 간다고 하여 이러한 산이 전후좌우 어디에든 있으면 불길하게 여긴다. 그러나 진혈인 경우에는 오히려 나를 위한 것이 되므로 구애치 않는다.

㉑ 화표 or 북진

둘이 비슷한 개념으로 수구에 우뚝 솟은 석산이 놀랍고 괴이하며 두려운 모습이 되어야 화표 또는 북진이라 할 수 있다. 이는 물이 나가는 것을 국경에서 단속하는 장수와 같은 것으로 극히 귀하게 여기는 수구사이다. 풍수지리 고서《인자수지(人子須知)》에서는 이러한 산이 있으면 상류에 왕후지지(王侯之地) 이상의 땅이 있다고 한다. 단 혈처에서 보이지 않아야 한다.

북진은 별들의 으뜸인 북극성이라는 뜻이다. 사진은 계룡시 두계천 변에 우뚝 솟은 위왕산인데, 험한 석산으로 이루어진 북진의 형태다. 곧게 흐르던 두계천은 위왕산에 이르러 갑자기 놀란 듯 크게 꿈틀거리며 흐르고 있다. 험악한 장수가 물 빠지는 것을 단속하는 듯한 모습이니 이로 인해 상류에 좋은 터가 있다는 것을 암시한다.

다음 그림은 ⑦ 혈처를 확대한 것으로 혈의 5가지 구성 요소이
며, 기능은 다음과 같다.

● 입수

산천 정기를 일단 한군데 모
았다가 당판까지 보내 주는 저장
창고 역할이며, 열매의 꼭지와
같은 것이다.

● 선익(蟬翼)

매미 날개라는 뜻으로 흔적
이 희미하여 보기가 어렵다. 선

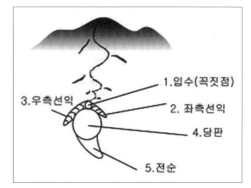

혈상의 오악

익은 입수에서 좌우로 파생되어 당판을 보호하고 균형을 잡아 주는
것이다. 선익과 가지는 역할과 모습은 같지만, 형성 지점이 다른 까
닭에 용어가 다른 것이다.

● 당판

산의 열매인 것이니 산천 정기가 농축된 곳으로 산중에서 가장 건강
한 땅이다. 음택에서 묘를 쓰는 핵심 지점으로 볼록하고 평탄해야 한다.

● 전순(氈脣)

전(氈)은 당판 앞에 넓게 양탄자를 펼쳐 놓은 모습이며, 순(脣)은
입술 같은 형태를 말한다. 따라서 엄밀하게 말하면 전과 순은 크기
가 다르지만, 혈 앞의 꼬리를 통칭하여 전순이라 부른다. 전순은 전
방의 풍해로부터 당판을 지켜 주는 것이다.

바람은 만병의 근원

바람은 더위를 날려 주고 정체된 공기를 순환시켜 공기를 맑게 해 준다. 그리고 무더운 여름날 열대야를 날려 주는 긍정적인 역할을 하기도 한다. 그래서 요즈음은 일부러 바람길을 조성하여 신선한 산속의 공기가 도심으로 유입되게끔 도심을 개발하기도 한다. 서울도 청계천에 물이 흐르는 모습이 보이도록 도로를 걷어내자 도심의 대기오염이 상당 부분 감소했다는 보고도 있다. 광교에서부터 중랑천까지 길게 이어진 청계천을 통해 한강의 바람이 유입되었기 때문이다.

그러나 이러한 바람길 주변은 공기 정화 능력 면에서는 좋을지 모르지만, 기온과 기압의 저하를 초래하고 수분을 증발시킬 뿐 아니라 소음이 발생하게 된다. 그래서 바람이 센 곳은 화재 발생 위험이 높고, 건축물 또한 쉽게 노후되며, 동식물의 건강에 불리하다는 역기능도 따른다.

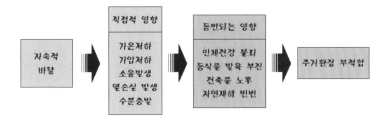

보통 산들바람이라고 하면 나뭇잎과 가지가 흔들리는 정도를 말하지만, 그보다 강한 바람부터는 건들바람, 된바람, 센바람 등으로 이름부터가 억세게 바뀐다. 풍수에서 꺼리는 바람은 산의 계곡이나 고갯마루에서 지속적으로 부는 계곡풍을 말하는데, 이때의 바람 세기는 돌풍이나 태풍 등의 강풍만을 말하는 것이 아니고 대체로 계곡을 타고 흐르는 운해의 속도와 비슷하다고 생각하면 된다.

이러한 바람을 풍수에서는 요풍·질풍·살풍·천풍·적풍·음풍 등 온통 부정적으로 부른다. 요풍(凹風)은 V 또는 U자 형태의 지형에서 부는 바람을 말한다. 따라서 V형이 깊고 좁다면 칼날 같은 바람이 되어 더욱 불리한 것이다.

질풍(疾風)은 질환을 의미하며, 살풍(殺風)은 죽인다는 뜻을 내포하고 있다. 천풍(賤風)은 천한 바람이라는 뜻이며, 적풍(賊風)은 내 몸의 건강을 빼앗아간다는 뜻의 도적풍을 말한다. 음풍(陰風)은 차고 냉한 바람을 말하는 것이니 모두가 부정적으로 부르고 있다. 바람은 만병의 근원일 뿐 아니라 온갖 풍파를 야기하기 때문이다. 오죽하면 풍수에서는 바람 피하기를 도적 피하듯 하라고 했겠는가?

한의학에서도 바람을 냉기로 다루며 매우 기피하는데, 《동의보감》에서 중풍으로 부르는 뇌졸중은 바람이 인체에 침투해서 생기는 것이라 말하고 있다. 또 고대 중국 의서 《황제내경》에서는 바람은 계절에 맞게 불어야 좋은 것이지 계절에 맞지 않게 부는 바람은 질병을 일으키는 사악한 기운으로 여긴다.

예를 들면 봄에는 동풍이 이롭고, 여름에는 남풍이 좋으며, 가을에는 서풍, 겨울에는 북풍이 불어야 한다는 것이다. 그런데 봄에 서풍이 불거나 여름에 북풍이 부는 등 계절에 어울리지 않는 바람은 모두 해로운 도적풍이라 말하면서 그러한 바람을 맞으면 만물은 성장을 멈추고 사람은 질병에 걸리기 쉽다고 하였다.

《회남자》에서는 바람은 하늘이 노한 것이기 때문에 인체에 좋지 못한 영향을 준다고 했다. 더불어 말하기를 바람이 많은 곳은 청각

바람은 만병의 근원

장애인이 많다고 한다. 동서양을 막론하고 바람을 매우 경계함을 알수 있다.

이러한 바람은 도심과 실내에서도 분다. 지하도에서는 강한 돌풍이 휘몰아치고 빌딩 사이로는 예상치 못한 바람이 분다. 독자들은 어린 시절 추운 겨울철 문틈 사이로 부는 바람을 경험했을 것이다. 마치 살을 베듯이 차고 예리한 바람인데, 이러한 바람을 극풍(隙風)이라고 한다. 사람은 문틈에서 쏘아대는 바람에서 병이 나는 것이지 춥더라도 문을 활짝 열어 놓았을 때는 병에 걸리지 않는다고 하였다. 이렇듯 좁은 곳을 통과하는 바람은 바람의 세기와 관계없이 인체의 건강에 불리한 것이다.

좁은 곳을 지나는 극풍은 달리는 버스에서도 경험할 수 있다. 더운 여름철 창문을 활짝 열어 놓고 있어도 젊은 학생들은 아무렇지도 않지만, 나이 든 사람들은 그러한 바람이 싫어 고개를 돌리게 된다. 그 바람을 맞으면 감기에 걸리는 등 즉시 이상이 오기 때문에 본능적으로 바람을 피하는 것이다. 그러한 맥락에서 보면 승용차를 타고 지날 때도 환기를 시킨다고 창문을 조금만 여는 경우가 있는데, 그럴 때는 차라리 활짝 열어 환기를 시킨 후 닫는 것이 좋다. 좁은 곳을 지나는 바람은 음풍이며 질풍인 까닭이다.

좁고 긴 골목이나 지하도에서 갑자기 바람이 불면 고개를 숙이고 코와 입을 막게 되는 것은 해로운 바람을 피하고자 하는 인간의 본능적 방어인 셈이다.

요즈음 들어 전원주택 등을 골짜기에 짓는 일이 많아졌다. 또 도심에서 살던 사람이 요양한다는 명목으로 열목어와 산천어가 사는 물 맑고 공기 좋은 곳이라고 점점 계곡 깊숙이 들어가는 경향이 있다. 그러나 좁은 계곡은 질풍과 살풍(殺風)의 통로라는 사실을 망각하고 있다. 바람이 눈에 보이지 않는다고 안이하게 생각하는 경향이 있는데, 골바람 맞으면 골로 간다는 사실을 잊어서는 안 된다.

풍수에서 말하는 바람에 대한 경계의 글은 다음과 같다.

- 바람은 모든 병의 근원이다.
- 좋은 기는 바람을 타면 흩어진다.
- 좋은 땅은 바람 피하기를 도적 피하듯 한다.
- 만약 산속에 거처한다면 가장 두려운 것이 계곡풍이다.
- 산곡풍이 부는 골짜기에서는 벙어리가 유전된다.
- 평지에서 부는 바람은 두렵지 않다.

바람은 만병의 근원

바람은 기온과 기압을 떨어트린다

기압은 고도에 의해서도 차이가 난다. 에베레스 트와 같은 고산 지대는 평지와 다른 저기압으로 인 해 산소가 적어서 고산병으로 고생하게 되는데, 보 통 15층 높이라면 약 6hpa 떨어지게 된다. 따라서 오랫동안 시골에 살던 사람이 도심의 고층 아파트 로 오면 쉽게 적응하지 못하는 것이다. 지표면과 고

층 아파트에는 미세하지만 기압차가 발생하고, 인간의 신체는 본능 적으로 감지하여 불편을 호소하는 것이다. 건강한 사람은 이러한 변 화에 쉽게 적응하지만, 노약자는 어려움을 겪게 된다. 사람은 평상 시 1기압 환경에 맞게 되었기 때문이다.

관절염을 앓는 사람이 고층 아파트에 가면 고통이 심해지고 비가 오는 저기압 상태에서 증상이 악화되는 것도 모두 기압이 내려가면 서 생기는 현상이다. 따라서 기압은 건강에 중요한 요인이 된다.

이때 기압은 반드시 고기압에서 저기압으로 이동하는데, 이러한 기압의 이동이 바람이다. 따라서 바람은 필연적으로 기압의 저하를 초래하게 된다.

저기압은 우울증을 유발한다

건강한 사람이라도 정신적으로나 육체적으로 그날의 일기나 혹은 계절의 영향을 직·간접으로 받는다는 것은 누구나 경험하는 사실이다. 이와 같은 기상 변화는 여러 가지 병을 일으키는 계기가 되며, 병자나 노약자에게는 그 영향이 더욱 크게 나타나거나 증상이 악화되기도 한다. 예를 들면 류머티즘 관절통은 저기압이 접근할 때 악화되고 멀어지면 회복된다. 또 기관지 천식 발작은 비 오기 전에 심하게 악화되는 경우가 많다. 그리하여 이러한 증상으로부터 기후나 일기를 예측하는 사람도 있다. 이와 같이 시시각각 변하는 기상과 관련해서 그 증상이 발생하거나 악화되는 질환을 기상병이라 한다.

이러한 기상병은 인체의 생리적 질병뿐 아니라 우울증의 원인으로 대두되고 있다. 우리의 행동과 기분 등을 조절하는 멜라토닌은 일조량이 많을 때 분비되는데, 일조량이 줄어드는 상태에서는 멜라토닌 분비량이 감소해서 우울증 환자가 많은 것이다.

사람들이 흔히 말하기를 기분이 좋을 때를 고기압으로 기분이 나쁠 때를 저기압으로 표현하는데, 이와 같은 경우라 할 수 있다. 이러한 저기압에서는 통증이 심하고 뇌출혈과 심장마비가 증가하며, 자살률이 높아 전체 사망률까지 증가한다고 한다.

따라서 저기압은 인체의 건강에 불리한 것을 알 수 있다.

바람은 기를 빼앗는다

베르누이 정리는 물과 바람 등의 유체는 넓은 곳에서 좁은 곳을 만나면 속도는 빨라지고 동시에 압력은 낮아진다는 이론이다. 고무 호스의 물 나오는 부분을 손으로 누르면 물의 속도가 빠르게 된다. 좁은 곳을 통과하면서 속도가 빨라지기 때문이다. 수도꼭지에서 나오는 물은 밑으로 내려올수록 가늘어진다. 이때 수돗물은 중력에 의해 점점 가속되는데, 빠른 속도로 인해 물줄기 내부는 저기압이 되고 외부의 대기압은 고기압이 되어 밖에서 안쪽으로 기압이 이동하는 힘 때문에 물줄기가 가늘어지는 현상이 생긴다. 다리 밑이 시원하고 넓은 강물이 좁은 여울을 만나면 흐름이 빨라지면서 요란한 소리를 내는 것은 모두 베르누이 현상이다.

좀 더 예를 든다면, 우리 몸속의 혈관에 콜레스테롤이 끼여 혈관이 1/2로 좁아지면 혈류는 4배 빨라진다. 이때 빠르게 흐르는 혈관 속은 저기압이 되고 혈관 밖은 고기압이 되면서 혈관 밖에서 미는 힘에 의해 혈관이 막혀 위험한 상황의 심근경색을 초래하게 된다.

기압의 이동을 보다 쉽게 경험할 수 있는 것은 KTX 기차가 빠르게 지나갈 때 기찻길은 저기압이 되고 플랫폼은 상대적으로 고기압이 된다. 이때 강한 바람과 함께 몸이 기차 쪽으로 빨려 들어가는 위험한 현상이 발생하게 된다.

이와 비슷한 경험으로 고속도로에서 대형 버스가 빠르게 지나가면 작은 소형차가 휘청거리며 버스 쪽으로 쏠리는 경험을 했을 것이다. 이 모두 바람과 기압의 이동이 초래하는 것으로 내 주변의 기압을 빼앗기기 때문에 생기는 현상이다.

그러므로 온종일 자동차가 다니는 터널 주변은 공기의 흐름이 빨라지면서 소음이 발생하게 되고 주변의 기압까지 빼앗기게 된다. 집 안의 기가 밖으로 빠지면 내 집은 나의 의지와 상관없이 저기압이 되니 바람은 나의 기를 빼앗는 도적인 셈이다.

당신의 전원주택은 안녕한가요

매년 여름이면 기습적인 폭우로 인해 인명 피해가 커지고 있다. 이런 현상은 기상 이변으로 인해 갈수록 심해지고 있다. 대부분의 피해 지역은 산간 골짜기이거나 혹은 천변에 위치한 곳인데, 풍수에서 꺼리는 골바람이 심하고 물이 빠지는 곳이라는 공통점이 있다. 수해가 난 곳은 전통적인 마을은 거의 없고 최근에 전원주택 등으로 새로 생겨난 주택들의 피해가 심한데, 이런 곳에서 사고가 빈번할 뿐 아니라 반복되고 있다.

필자는 건축박람회 등에 참석하여 수많은 풍수 컨설팅을 한 바 있다. 이때 대부분 사람은 전원주택이라는 환상에 젖어 있었는데, 상담지 사례를 보면 거의 모두가 산속 깊이 들어간 곳이다. 그곳에 터를 정한 까닭을 물어보면 모두가 물 맑고 공기 좋은 곳에서 건강하게 살고 싶다는 대답이었다. 그들은 오랜 시간 발품을 팔아 좋은 땅을 구했다고 자부하던 기색이 역력했다.

그러나 그렇게 좋은 땅이라면 옛사람들은 어째서 그곳에 터를 정하지 않았을까? 옛사람들은 산간 깊이 들어가면 은둔하기는 좋을지 몰라도 계곡풍이 심해서 건강에 불리할 뿐 아니라 재산상의 손해까지 심하다는 것을 알고 있었기 때문이다.

　이러한 계곡풍을 풍수에서는 요풍·질풍·살풍·천풍·적풍·음풍 등 온통 부정적으로 부른다고 했으며, 바람길이니 풍파가 많은 곳이다.

풍파는 세상살이에 어려움이 많고 사건 사고가 그치지 않아 고달픈 인생을 말한다. 따라서 산속 깊은 계곡 지형은 잠시 잠깐 거처하거나 혹은 주말을 이용해 거처하는 것은 좋을지 몰라도 전용으로 살면서 장기간

골짜기 지형

있게 되면 풍파가 많게 된다는 것을 알 필요가 있다.

　2023년 7월, 경북 모처에 살던 자연인 부부가 계곡물에 실종되는 안타까운 일이 벌어졌다. 집은 산속 경사가 가파른 계곡 옆에 자리한 것이니 풍수에서 크게 꺼리는 곳이다. 이번 사례뿐 아니라 최근의 자연인들은 대부분 계곡 지형에 거처하는 것을 볼 수 있는데, 또 다른 사고가 우려되는 곳들이다. 이런 자연인들의 생활이 도시를 벗어난 건강한 생활로 보일 수도 있지만, 일반적인 상식을 벗어난 위험한 장소가 많음을 부인할 수 없다.

　자연 속에서 자유로운 생활도 좋지만, 이번 기회를 통해 풍수해 피해가 없는 곳인지 다시 한번 점검해 보는 것이 필요하다.

　산간 계곡의 피해뿐 아니라 기존의 물길을 막아 물길을 돌린 곳

산사태 마을

도 피해가 심했다. 대표적인 사례가 2011년 서울 우면산 산사태 피해이다. 7월 하순에 폭우가 내리면서 천변 가까이 있던 마을과 기존의 물길을 막고 그 위에 아파트를 지은 경우에 피해가 심했다. 2011년 춘천 민박집 사태도 마찬가지이다. 계곡 지형에 집을 지은 것인데, 집중 호우에 물길을 따라 산사태가 발생해 투숙하던 대학생 등 13명이 참변을 당했다. 그러므로 펜션 등을 지을 때 적합한 장소인지 신중하게 살필 필요가 있다. 2023년 경북 예천군 폭우 때는 계곡 옆의 전원주택들이 큰 피해를 입었다. 따라서 전원주택에 살고자 하면 물길과 바람길 등의 입지 조건을 세심하게 살펴야 한다.

물은 자신의 길을 기억한다. 그리고 자신의 길을 고집한다. 물길은 평상시 한가할 때는 여유롭지만, 자신의 길을 막았을 때는 거침없이 분노했다. 이 자연의 분노 앞에 인간은 한없이 나약한 존재에 불과했다.

이런 사태는 도시나 농촌이나 마찬가지이다. 집과 도로가 물길을 막고 물길을 돌린 곳의 피해가 심각했음을 잊지 말아야 한다. 매년 되풀이되는 수해 피해를 볼 때마다 그런 지형은 낭만이 아니라 큰 재앙이 될 수 있다는 것을 생각하게 된다.

당신의 전원주택은 안녕한가요

어느 시골 마을의 우환

어느 시골 마을의 실제 사례다. 주변이 산으로 둘러싸인 평범한 시골에 A, B 두 마을이 약 200m 거리로 이웃하고 있다. A 마을 이장이 말씀하기를, "풍수 양반! 나는 우리 마을에서 태어나 70이 넘도록 살고 있는데, 우리 마을은 별걱정 없이 편하게 지내네. 그런데 저쪽 마을 사람들은 남자가 환갑을 넘은 사람이 거의 없을 정도로 일찍 죽는다네. 그리고 그 마을 사람들은 성격이 예민하고 폭력적인데, 왜 그런지 풍수 양반이 한번 알아보게나."

말씀인즉 B 마을은 특히 남자가 이런저런 이유로 오래 살지 못해 환갑을 넘은 경우를 거의 보지 못했다는 것이다. 실로 충격적인 증언이 아닐 수 없는데, 시름시름 앓게 되어 병원에 가면 뚜렷한 증세가 없어 단순히 신경성 질환이라 하고, 가축들도 병에 걸려 잘 자라지 못한다는 것이다. 그리고 사고와 우환도 유난히 많다는 것이다.

A 마을　　　　　　　　　　　　　　　B 마을

이러한 직접적인 원인이 무엇이라고 단정적으로 말할 수는 없다. 그러나 풍수인의 입장에서 본다면, 마을의 입지 조건이 꺼림칙해 보인다.

A 마을은 마을 뒤쪽에 산을 의지하고 있어서 배산임수라는 풍수의 원칙에 맞게 형성되었으나 B 마을은 양쪽 봉우리 중간 지점에 있어서 마을 뒤편이 허전하게 뚫려 있다. 따라서 B 마을은 계곡풍이 몰아치는 지점에 위치한 것이니 등 뒤의 차고 매서운 바람에 무방비 상태인 것이다.

B 마을은 마을 뒤뿐 아니라 앞에도 허전하게 뚫려 있어 바람길에 위치한 상태다. 그래서 B 마을 사람들은 바람을 막고자 집집마다 방풍림을 조성했으나 자연의 힘 앞에는 무력할 따름이다. 당신이 건강하고 편안하게 살고자 한다면 고갯마루 지형은 피해서 터를 정해야 한다.

　　　　　　　　　　　　　　　어느 시골 마을의 우환

사람은 집을 닮고 집은 사람을 닮는다

풍수에는 지령인걸(地靈人傑)이란 말이 있다. 이는 땅이 인물을 키운다는 뜻으로 좋은 땅은 사람을 훌륭하게 만들지만 좋지 못한 땅은 사람도 어리석게 한다는 환경 결정론적 사고이다. 이때의 환경은 자연환경만을 말하는 것이 아니고 자신이 사는 집과 생활하는 건물 등 인간이 늘 접하는 모든 것이 포함된다. 먹을 가까이하면 먹물이 묻어 자신도 검게 된다는 말이 있듯이 인간은 자신과 늘 함께하는 주변에 차츰 물들게 된다.

필자는 군대 생활을 예비군 훈련장에서 조교를 했다. 그때 느낀 것은 훈련소에 들어오기 전에는 양같이 얌전하던 사람도 예비군복을 입으면 통제 불능의 고문관으로 바뀐다는 것이다. 오죽하면 '예비군복만 입으면 누구나 개가 된다'는 말이 있겠는가. 그런데 이 사람이 민간인 복장으로 갈아입으면 언제 그랬냐는 듯 점잖은 사람으로 돌아간다는 것이다.

요즈음은 등산 인구가 폭발적으로 증가했다. 그런데 한결같은 것은 등산복만 입으면 예비군복 입은 시절로 돌아간다. 이는 남자고 여자고 예외가 없으며, 마치 일탈의 꼬투리를 잡은 것처럼 말과 행동이 거칠어지고 기본적 예의와 도덕이 풀어지는 것을 볼 수 있다. 옷차림 같은 사소한 변화도 인간의 행동을 지배하는데, 하물며 인생의 대부분을 보내는 집은 인간의 심성에 적지 않은 영향을 줄 것은 자명한 일이다.

집을 보면 그 주인의 심성을 짐작할 수 있다. 늘 대문 앞이 깨끗하고 예쁜 화분이라도 놓여 있으면 다정다감하고 친절한 사람일 것이라는 생각에 마주치면 반갑게 인사를 건네고 싶다. 그 집 사람이 어쩌다 반바지에 슬리퍼를 신고 나오면 참 소탈한 사람이구나 하고 긍정적으로 생각하게 된다.

그러나 어느 집 앞에는 늘 술병이 어지럽게 널려 있어 지저분하다면, 제아무리 말쑥한 양복을 차려입고 나와도 색안경을 끼고 보게 된다. 이것은 당신의 편견이고 선입견일 수 있지만, 어쩔 수 없는 인간의 본성이다. 늘 보아오던 것이 잠깐 본 것에 우선하기 때문이다. 그렇듯이 집은 인간의 내면 양식을 고스란히 보여 주게 된다.

또 집은 그곳에 사는 사람과 고락을 함께 한다. 비근한 예로 사람이 살다 떠난 폐가는 금방 허물어지고 만다. 사람이 살지 않으면 간섭하는 사람이 없어 오래갈 것 같지만 오히려 사람의 체취를 받지 못한 집은 금방 무너지고 만다. 집은 인간과 함께 호흡을 한다는 반증이다. 그래서 집은 늘 닦고 만져 주어야 집도 주인에게 보답하게 된다.

결론적으로 풍수는 집도 살아 있는 존재라는 인식에서 출발한다.

　　　　　　　　　사람은 집을 닮고 집은 사람을 닮는다

버려진 폐가

그러므로 내 집 가꾸기를 게을리 말아야 한다. 처한 환경에서 외부를 바꿀 수 없다면 내부라도 깨끗하게 정돈하고 청소를 하라. 집은 당신의 고마음을 반드시 기억할 것이다.

주택의 길흉을 구체적으로 보겠다. 집이 기울면 사람도 기울고, 집이 요란하면 사람도 요란하고, 건물에 요철이 많으면 잡음이 많고, 뾰족한 형태가 많으면 사람이 예민하고, 천장이 낮으면 옹색하고, 지붕의 중심이 낮으면 가장의 운이 떨어진다.

두 건물이 등 돌리고 있으면 서로가 반목하고, 본채 앞 좌우 건물이 벌어지면 자식이 불효하고, 집이 크면 허풍이 세고, 담이 높으면 의심이 많고, 대문이 크면 나서기를 좋아하고, 모난 집이 정 맞게 된다.

마당에는 가시 돋친 나무를 심지 않는 것이 좋다. 탱자나무와 덩굴장미는 날카로운 가시로 인해 주인의 심성까지 까칠해지기 때문이다. 등나무와 포도나무도

등나무

사람은 집을 닮고 집은 사람을 닮는다

좋지 않은데, 줄기가 심하게 꼬인 모습이기 때문에 집안일도 꼬이는 일이 많아지게 된다.

집안의 지나친 정원석도 불리하다. 바위는 찬 기운으로 음기가 강하기 때문에 인체의 건강에 도움이 되지 않기 때문이다. 특히 화강암과 편마암에서는 1급 발암물질 라돈이 발생한다는 것을 기억할 필요가 있다.

집 안과 밖에 있는 큰 나무도 불편한데, 집 앞을 가려 답답하기 때문이다. 그러므로 나무는 키 작은 것을 담장 쪽에 심어 관리하는 것이 좋다.

사람은 집을 닮고 집은 사람을 닮는다

아파트 명당 고르는 10가지 방법

집은 삶을 영위하는 기본적인 공간으로 무엇보다 가족의 건강을 지킬 수 있는 곳이 최우선이다. 건강 다음으로는 재산을 보호할 수 있어야 한다. 의식이 풍족해야 여유롭게 인생을 보낼 수 있기 때문이다. 재산을 지키면서 더 나아가 증식할 수 있다면 금상첨화일 것이다. 결국 건강과 부의 축적이라는 두 가지가 명당의 조건이 된다.

2019년 통계청 자료에 의하면, 전국 주택 수는 1,800만 호에 달한다. 그중 아파트는 1,100만 호로 62%를 상회한다. 거기에 연립주택, 빌라, 다세대주택을 합치면 공동주택 비율은 77%에 이른다. 통계를 보면 단독주택 비율은 점차 줄고 공동주택 비율이 높아지는 것을 볼 수 있다.

아파트를 선정하는 요인은 교통, 교육, 환경, 문화, 갭투자 등 여러 가지가 있을 수 있다. 그러나 본 장에서는 투자 목적이 아닌 실거주자의 관점에서 풍수를 적용하여 명당 아파트를 고르는 방법 10가지를 소개한다.

1. 단지 입지(산지 or 평지)

우리나라는 산악 지형이 60%에 달하기 때문에 도심일지라도 산지에 아파트를 짓는 사례가 많다. 특히 슬럼화된 산동네를 재개발하여 조성하는 사례가 증가하고 있다. 이러한 곳은 전통적인 주거 단지가 아니라 인구가 급증하면서 이루어진 마을이다.

그래서 산지에 있는 아파트인 경우 평지 아파트에 비해 따져볼 것이 많다. 반면에 평지 아파트는 전통적인 취락지가 되면서 바람 고요하고 물 잔잔해 상대적으로 유리한 면이 많다.

● 산지 아파트는 지대가 높아 조망이 좋다는 이점은 있지만, 반면에 바람이 세다. 지대가 높은 곳에 아파트 층수마저 고층이라면 바람은 더욱 세게 된다. 바람이 눈에 보이지 않는다고 안이하게 생각하는데, 바람이 많은 곳은 풍파가 많을 뿐 아니라 바람은 만병의 근원이라 하였다.

대표적인 것이 한양의 사대문 안이다. 완만한 평지와 분지를 이룬 한양은 거주하기 편해 양반 등 기득권층이 차지했고, 그렇지 못한 서민들은 사대문 밖 경사진 산동네에 거처할 수밖에 없었다. 사대문 내에서도 주류의 권문세가는 청계천 근방 물가에 집중되었고 비주류나 몰락한 양반가는 남산 기슭에 모여 살게 된다. 지위와 경제력에 따라 사는 곳도 격이 달라 주거지에도 유유상종이란 말이 생겨난 것이다.

사람들은 생각하기를 제아무리 바람이 세다 할지라도 아파트 실내에 있기 때문에 걱정할 필요가 없다고 생각한다. 그러나 실외가 바람이 세면 저기압이 되는데, 이때 실내의 고기압이 빠져나가면서 내 집의 기운을 뺏기게 된다. 기압은 고기압에서 저기압으로 이동하기 때문이다. 바람이 늘 부는 지형이라면 상황은 더 심하게 된다.

산지 아파트

내 집의 기운을 뺏긴다는 말은 나의 체력을 방전시키고 재물을 약탈해 간다는 말과 같다. 이러한 아파트는 잠시 잠깐 사는 거라면 모르지만, 평생을 함께할 집이라면 가랑비에 옷 젖는다는 점을 명심할 필요가 있다.

● 산지에 아파트가 단지를 이룬 경우 주변의 지형 조건을 살펴 계곡 지형은 피해야 한다. 계곡은 바람의 통로일 뿐 아니라 물의 통로가 되어 늘 산사태 위험이 있기 때문이다. 현대의 토목 기술로 제아무리 물길을 바꾸어도 물은 자신의 길을 고집한다는 사실을 기억하라.

- 산지에 있는 아파트일 경우 바라보이는 산의 형태 또한 가려서 정할 필요가 있다. 부드럽고 편안한 모습의 산이 보여야 좋고, 반대로 험하고 추한 모습이 보인다면 거주하는 사람에게 좋지 못한 영향을 주는데, 사람은 산을 닮게 마련이다.

2. 물길

풍수에서 물은 재물을 의미한다. 이때의 물길은 보이는 경우도 있고 복개되어 보이지 않는 경우도 있지만, 길흉은 마찬가지이다.

보이는 물길은 굽이침이 거듭거듭 반복되어 유속이 완만해야 하고 물길이 감싸 준 안쪽이 좋으며, 여러 물줄기가 합수되는 곳이 유리하다. 또 저수지나 호숫가 인근에 있는 것도 유리하다. 따라서 아파트 단지 내 인공 호수를 조성하는 것도 긍정적인 방법이다. 반면에 물이 직수로 흐르고 길게 빠져나가며, 물이 등진 곳은 불리하다.

서울에서는 한강이 바라보이는 조망권 좋은 아파트가 부유층의 전유물처럼 되었지만, 강변의 바람에 무방비로 노출되기 때문에 풍수의 관점에서는 득보다 실이 많은 것으로 간주한다. 강변에서 최전방 아파트일 경우 특히 강바람이 세기 때문이다. 이러한 곳은 젊고 건강하다면 견딜 수 있지만, 노약자에게는 바람이 차분한 저층이 유리하다. 그러므로 자신의 건강 상태를 고려해 층수를 정할 필요가 있다.

도심에서는 작은 하천이 도로로 복개되어 실제 물은 보이지 않는 경우가 많은데, 이때는 주변 지형을 살펴 물길을 유추할 수 있어야 한다. 쉬운 방법으로 도로를 따라 빗물이 흐르기 때문에 대부분의 도로를 물길로 간주하면 된다.

부동산학과 논문에 의하면, 도심에서는 비록 적은 물길이라도 합수되는 곳이 유리하고 반면에 합수된 물길이 곧게 빠지는 곳은 가격 상승 폭도 적을 뿐 아니라 실거래가격도 큰 차이가 난다는 연구도 있다. 따라서 물 빠지는 지점에 소규모 공동주택이 많은 것은 우연이 아니다.

산지나 언덕 지형인 경우 비가 오면 빗물이 빠르게 저지대로 빠지게 되어 빗물이 고일 여유가 없다. 이러한 경우 자신이 거주하는 동 앞이 평평하여 빗물이 머물 수 있는 평지가 있어야 좋다.

3. 좌향

우리나라에서는 남향이나 동남향 집을 선호한다. 이때 향 자체가 중요한 것이 아니고 얼마나 집안에 햇빛을 오래 둘 수 있느냐가 관건이다. 햇빛이 오래 잘 드는 집은 겨울철 따뜻할 뿐 아니라 집을 청결하게 해 주고 밝게 해 주는 등 건강과 밀접하기 때문이다.

아파트 단지 내에서는 동 간격이 좁기 때문에 최전방 아파트가 아니라면 남향일지라도 일조량이 부족하게 된다. 또 저층일 경우는 앞 동에 가려 그늘이 져서 온종일 해가 들지 않는 집도 많다. 결국 남향은 집을 선택하는 데 중요한 요인이지만, 단독주택과 달리 아파트에서는 소수만 누릴 수 있다.

그러면 해가 잘 드는 몇 집만 명당이고 나머지는 모두 흉가일 것인가? 그렇지 않다. 현대에는 남향의 부족함은 난방과 조명으로 대부분 보완할 수 있기 때문이다. 물론 자연 햇빛에 비해 부족하고 난방비가 많이 든다는 단점은 있다. 하지만 햇빛이 들지 않아 춥고 어두운 남향보다 오후의 햇빛이 잘 드는 남서향 또는 서향이 낫다는 말이다.

서향을 꺼리는 것은 해가 지는 방위이기 때문에 기운이 쇠한다고 생각하기 때문이다. 그러나 서쪽의 기운은 4계절 중 가을과 같기 때문에 만물이 무르익는 결실의 계절이며, 편안한 휴식을 취하는 곳이다. 오행으로는 금을 뜻해 재운에 유리한 면이 있다. 여름철 서향집은 햇살이 무덥기 때문에 오후에는 블라인드 등으로 조절이 필요하

아파트 명당 고르는 10가지 방법

지만, 그 정도 수고로움은 어느 집이나 있게 마련이다. 동쪽 에너지는 해가 뜨는 곳으로 희망과 성장을 의미하고 진취적이며 발전적인 기운을 뜻하기 때문에 부지런한 아침형 인간과 성장기 어린이를 둔 가정에 유리하다.

결론적으로 집의 선택에서 좌향은 중요하지만, 고층 건물로 이루어진 아파트 단지에서는 햇빛 들지 않는 남향을 고집할 필요 없으며, 햇빛 잘 드는 동향이나 서향 아파트가 오히려 낫다.

4. 조망

고층 아파트가 단지를 이룬 경우 동 간 간격이 가깝기 때문에 저층에서는 앞 동의 뒤만 보일 뿐 조망이 막히게 된다. 따라서 전면의 최고층 몇몇만 일정한 조망이 가능할 뿐이다. 그렇다면 최고층만 제외하고 나머지 세대는 불리할 것인가?

그렇지 않다. 저층에 거주해도 건강하고 부유하게 사는 데 문제가 없다. 그 이유는 아파트 단지의 경우 내가 거주하는 동 전체를 나의 집으로 간주하고 층·호는 내가 생활하는 방으로 여기면 된다. 이럴 경우 비록 저층일지라도 주변 건물의 세에 눌리지 않고 동등한 위치를 갖게 된다.

풍수에서 말하기를 보이는 것이 보이지 않는 것만 못하다고 하였다. 물론 아름다운 산과 강이 보이는 조망은 누구나 선호하는 바이지만, 흉한 것이 보이면 오히려 불리한 결과를 초래하기 때문이다. 예를 들면 강물이 빠지는 것이 보이면 반드시 경제적 손실이 있고, 험하고 추한 모습이 보이면 거주하는 사람에게 좋지 못한 영향을 주게 된다. 또 아파트에서 깊은 골짜기 등이 보이면 흉사가 잦을 수 있다.

무엇보다 전면의 아파트는 조망은 좋을지 모르지만, 앞에서 부는 바람에 속수무책이 다. 따라서 전면의 아파트는 이해가 상반되니 조망이 좋으면 잃는 것도 많은 법이다. 현실적으로 아파트 단지에서의 조망은 산책하면서 누리는 것으로 만족하면 된다.

5. 배산임수

배산임수를 잘한 남향 아파트

배산임수(背山臨水)는 집 뒤에 산이 있고 집 앞에는 넓은 논밭이나 물이 있는 경우를 말한다. 특히 우리나라 지형에서는 북쪽이 막히고 남향이 트인 지형을 말한다. 그래야 북풍을 막고 일조량이 풍부하기 때문이다. 반대로 내가 사는 집 앞에 높은 산이나 건물이 절벽처럼 가로막고 있다면 매우 답답할 것이다. 특히 남쪽이 가로막히면 춥고 어두울 뿐 아니라 사람의 운 또한 막히게 된다.

요즈음 아파트는 대체로 남향을 고집하면서 산줄기 흐름과 역행하는 경우가 많은데, 이러한 지세는 아파트 뒤가 낮고 앞이 높게 된다. 경사가 심한 지형에서는 금방이라도 뒤로 자빠질 것 같은 불안한 형태니 그 집에 사는 사람들은 매사 위태로운 모습이다. 이러한 곳은 설사 남향을 했을지라도 전면의 높은 산이나 고층의 아파트로 가로막혀 남향의 이점을 누리지 못하는 경우가 많다.

배산임수를 못한 남향 아파트

만약 배산임수를 이룬 북향의 아파트와 배산임수를 거슬러 남향을 한 아파트 중에서 선택한다면 어찌할 것인가. 이럴 땐 자연에 순응한 북향에서 방 배치 등으로 보완하는 것이 좋다. 좌향보다 우선하는 것이 집의 안정감이기 때문이다.

그러나 배산임수를 이루지 못했다 할지라도 아파트 전면이 높지 않고 뒤편이 낭떠러지처럼 뚝 떨어진 경우가 아니라면 개의치 않는다. 예를 들면 압구정동 모 아파트의 경우 관악산에서 이어진 산줄기 끝에 위치하면서 산줄기 흐름과 반대로 남향을 하고 있지만 전면이 높지 않아 가로막힌 느낌이 들지 않기 때문이다. 배산임수가 능사는 아니다.

6. 주변 건물

아파트에서는 층·호와 관계없이 내가 사는 동 전체를 나의 집으로 간주하기 때문에 비록 저층일지라도 앞 동의 세에 눌리지 않는다고 했다. 그러나 주변 건물은 모두 고층인데, 자신이 사는

주변에 가로막힌 아파트

동만 저층이라면 비록 최고층에 산다 할지라도 세에 눌리는 형상이 된다. 이러한 경우 사방이 온통 막힌 것이니 답답할 것이다.

예를 들면 조선을 침탈한 일제는 경복궁 근정전 앞에 조선총독부 건물을 높게 지었다. 앞이 꽉 막힌 상태를 만들어 왕실을 억누르기 위한 술책이었다. 그 결과 조선은 더 이상 힘도 쓰지 못하고 말았다.

옛말에 밥상 모서리에 앉지 말라는 말이 있다. 뾰족한 모서리에는 예리한 힘이 몰려 있어 내 몸에 비수를 꽂는 것 같기 때문이다. 따라서 건물도 이웃을 잘 만나야 한다. 특히 주변 건물의 모서리가 내가 사는 아파트를 치는 형상이면 불길하게 여긴다. 이때 거리가 멀면 관계없지만 가까울 경우 당하는 집에서는 사고가 빈번하게 된다. 그러므로 이러한 경우 비록 같은 동일지라도 층·호를 멀리할 필요가 있다. 이는 비단 아파트에만 적용되는 것이 아니고 빌딩과 단독주택 등 모든 건물에 영향을 준다.

7. 도로의 형태

도심의 아파트는 사방이 도로에 둘러싸이게 된다. 이때 단지 외곽에 있는 경우는 크고 작은 도로와 접하게 된다. 특히 자동차 전용 도로일 경우 소음과 진동 등으로 쾌적함이 떨어지게 마련이다. 단지 내부의 도로도 마찬가지이다. 언덕진 지형의 아파트일 경우 자신이 거주하는 동 앞의 도로가 경사진 상태라면 물 또한 빠르게 빠져나간다. 풍수에서 말하기를, 터가 기울면 제아무리 다른 조건이 좋아도 자랑하지 말라고 했다. 그러므로 도로는 전후좌우 평탄하거나 완만해야 한다. 그중에서도 집 앞 도로가 가장 중요하다.

비록 단지 전체 입지가 좋아도 집 앞 도로가 기울었다면 집의 가치는 반감될 수밖에 없다. 그러므로 산지보다 평지에 있는 아파트가 유리하고 같은 단지 내에서도 명품 아파트는 따로 있는 법이다.

경사진 도로

8. 아파트 형태 및 구조(내·외부)

아파트 형태는 크게 판상형과 타워형으로 구분된다. 예전의 아파트는 판상형이 주를 이루었으나 요즈음은 타워형이 많아지고 있다. 판상형에 비해 타워형은 층고가 높으면서 날씬하게 슬림화되는 경향이 있다. 판상형이 우직한 남성 같다면 타워형은 한껏 멋을 낸 여성스런 면이 있다. 그래서 여성들이 타워형을 훨씬 선호한다.

남성들이라도 연예계에 종사하거나 미적 감각이 좋은 사람 또는 젊은 사람들은 타워형을 선호한다. 반면 단순하면서도 중후한 성품의 남성들은 판상형을 선호하는 경향이 있다.

사람은 집을 닮는다고 했으니 자신과 자녀들의 재능을 살린다는 면에서는 타워형이 유리하다. 타워형 외관은 고정된 틀에 얽매이지 않는 재치와 재기발랄함이 내재되어 있기 때문이다. 반면에 중년 이후 안정적인 삶을 원한다면 판상형이 좋다. 외모에 크게 신경 쓰지 않고 자신의 스타일을 고집하는 모습이다.

	판상형	타워형
성별	남성형	여성형
외형	단순함	세련됨
성품	중후함	발랄함
적성	중장년층, 공직자, 교수, 사업가, 군인	젊은층, 학생, 예체능 종사자, 작가, 프리랜서

물은 자신을 담는 그릇에 따라 형상을 달리하듯 사람도 집의 구조에 의해 운이 형성되는데, 풍수의 사고로 보면 건물이 둥글면 성품이 원만하고 건물이 뾰족하면 심성이 예민해지는 법이다.

판상형에 비해 타워형은 내부 구조가 복잡한데, 평수가 넓은 대형 아파트일수록 미로 같은 구조가 된다. 풍수에서는 내·외부 요철이 많은 건물일수록 크고 작은 잡음이 많은 것으로 간주한다.

경제적으로도 아파트 내부에 원을 그렸을 때 커다란 원 하나가 되어야 재화를 집중할 수 있다. 그러나 어느 한쪽으로 길쭉한 형태라면 재물이 분산되는 모습이다. 따라서 타워형일지라도 가급적 내부 구조가 복잡하지 않은 집을 선택하는 것이 좋다.

9. 동·층·호 선택

타워형 아파트

● 동

아파트 단지 내에서는 나의 건물을 중심으로 다른 건물이 전후좌우 배치된 경우를 길하게 여긴다. 뒤에는 든든한 주산이 받쳐 주고 앞에서는 안산이 맞아 주며, 좌우에는 청룡·백호가 호위해 주는 형상이 되어야 사방에서 부는 바람을 막을 수 있기 때문이다.

반면에 뒤편에 다른 건물이 없고 도로만 있다면 바람을 맞을 뿐 아니라 소음이 심하게 된다. 또 앞이 훤히 트인 것도 조망은 좋을지 모르지만 골바람을 형성하게 되는데, 골목 끝 집은 경매에 자주 나온다는 사실을 기억하라.

- 층

인간은 지표면 환경 1기압과 지자기 0.5가우스에서 최적의 상태가 되도록 진화되었다. 그러나 고지대로 갈수록 바람이 세고 기압은 낮아지며 지자기 또한 약해진다. 특히 최고층은 바람을 맞는 표면적이 크므로 아파트 내부의 기운을 뺏기게 된다. 젊은 사람들은 그러한 환경을 어느 정도 견딜 수 있으나 중년 이후에는 저항력이 떨어지므로 나지막한 층이 적합하다. 저층인 경우 필로티형 아파트는 피하는 것이 좋다. 필로티 형태는 통로를 통해 바람이 지나면서 내가 사는 집의 기운을 빼앗기 때문이다.

- 호

아파트에서 바깥 라인은 외부와 온도 차이가 발생하고 바람을 맞는 면적이 크기 때문에 실내의 기운을 뺏기게 된다. 만약 그러한 곳에 거주한다면 외벽과 가까운 방은 다용도실 등으로 활용하는 것이 좋다.

10. 아파트 평수

풍수에서는 집을 정할 때 5실 5허 기준이 있는데, 5실을 갖춘 집은 경제적으로 윤택하고 5허 집은 점차 궁핍해진다고 여긴다. 이는 2천 년 전 중국의 《황제택경》이란 풍수서에서 논한 기준이지만, 현대와 크게 다르지 않다.

● 오실(五實)

① 집이 작지만 식구가 많은 곳

② 집 규모에 비해 대문이 아담한 곳

③ 담장이 튼튼한 곳, 아파트일 경우 사방에 건물이 둘러 준 곳

④ 집에 가축이 많은 곳

⑤ 집 주변 물길이 동, 남방으로 향하는 곳

● 오허(五虛)

① 집은 크고 식구가 적을 경우 → 빈방에 음기가 서린다고 했다.

② 집은 작은데 대문이 클 경우 → 대문이 지나치게 클 경우 나서기를 좋아하고 허풍이 세며 실속이 없다.

③ 담이 튼튼하지 못한 경우 → 바람을 막는 것이 부실하다.

④ 부엌의 배치가 잘못되었을 경우 → 안방, 거실, 부엌, 서재 등의 위치가 조화를 이루어야 한다.

⑤ 집터는 넓은데 집이 작을 경우 → 이 기준은 단독주택이나 공동주택 모두에게 적용된다.

집은 지나치게 큰 것을 경계하고 있으며, 다소 좁은 듯한 것을 길하게 여기고 있다. 그 이유는 사람이 살지 않는 빈방에는 음기가 많아 집 전체 기운을 탁하게 한다고 여기기 때문이다. 실제로 사람의 온기를 받지 못한 집은 금방 허물어지는데, 방도 마찬가지이다. 따라서 집과 방을 살아 있는 유기체로 인식해 늘 보듬어 줄 필요가 있다. 빈방이 있는 경우 수시로 환기를 시켜 주어야 한다.

끝으로 아파트는 어쩔 수 없이 땅과 접촉하는 시간이 단독주택에 비해 적을 수밖에 없다. 이럴 경우 만성 피로에 시달리게 된다. 그러므로 수시로 걷기나 등산 등으로 지기를 보충해 주어야 한다. 이러한 기준을 하나하나 대입하며 고른다면 당신도 명당 아파트에 살 수 있다.

부족한 점은 인테리어 활용

아파트 명당 고르는 방법 10가지를 제시해 보았지만, 제한된 범위와 주어진 현실 속에서 모든 것을 충족하기는 쉽지 않다. 좌향이 좋으면 조망이 불리하고, 조망이 좋으면 바람이 세거나 소음이 심하고, 외부 물길은 좋지만 내부 도로가 좋지 못하는 등 여러 문제가 상충한다. 그러나 위에서 제시한 조건에 어느 정도 근접한다면 나머지 부족한 점은 가족들 방의 배치와 인테리어 등으로 보완하면 된다.

예를 들면 젊은 층은 남쪽의 기운이 좋고, 노년층은 안정감이 있는 서쪽의 기운이 어울린다. 수험생들에게는 차분한 북쪽이 유리하고, 어린이가 있는 가정은 동쪽의 생기발랄한 기운이 좋다. 서재는 북서쪽이 가장의 운에 좋으며, 주방은 동남쪽 신선한 기운이 최상이다.

자녀들이 있는 경우 자녀의 성격을 교정하는데 방의 배치로 활용

할 수 있다. 자녀가 소극적이라면 음의 기운이 많은 것이므로 방은 양의 기운이 넘치는 남쪽이 좋다. 반면에 좌충우돌 충동적인 성격이라면 지나친 양의 기운을 달래는 북쪽 방에 실내를 다소 어둡게 조절해 주

면 도움이 된다.

아래 8방위 기운을 알면 아파트 내부에서 인테리어 등에 활용하여 누구라도 인테리어 전문가가 될 수 있다.

	오행	색상	가족 관계	맛	시간	계절	인체 장기	특징 및 성격
동	목	녹색	장남	신맛	아침	봄	간장	성장 희망 진취적 발전적 충동적 신경질적
동남	목	녹색	장녀	신맛	오전	봄-여름	쓸개	결혼 신용 인맥 교제 여행
남	화	빨강	중녀	쓴맛	대낮	여름	심장 눈	명예 재능 화려 사치 낭비 자유분방
남서	토	황색	어머니	단맛	오후	여름-가을	위장	검소 성실 보수적 침착함 정적(靜的)
서	금	흰색	삼녀	매운맛	저녁	가을	폐	휴식 결실 숙면 기쁨 희열 센티멘탈 감상적 금전운
북서	금	흰색	아버지	매운맛	밤	가을-겨울	머리	남편 가장 우두머리 권위 출세 금전운
북	수	검정	중남	짠맛	한밤중	겨울	신장	학문 지혜 냉정 차분함 침착
북동	토	황색	삼남	단맛	새벽	겨울-봄	허리	자손 건강 상속 금전운 이사 변화

건강에 응용

간이 좋지 못한 사람이라면, 간은 동쪽의 녹색을 의미하므로 녹즙이나 올갱이를 섭취하면 도움이 된다.

심장이 좋지 못한 사람이라면, 심장은 남쪽의 빨간색을 의미하므로 산딸기나 연어와 같은 붉은 음식을 먹으면 도움이 된다.

폐가 좋지 못한 사람이라면, 폐는 서쪽의 흰색을 의미하므로 도라지나 우유와 같은 흰 음식을 먹으면 도움이 된다.

신장이 좋지 못한 사람이라면, 신장은 북쪽의 검은색을 의미하므로 검은 쌀이나 오골계와 같은 음식을 먹으면 도움이 된다.

부족한 점은 인테리어 활용

성격에 응용

우리 집 아이가 지나칠 정도로 활동적이고 정신 집중이 산만하다면, 남쪽의 화려한 방위보다는 다소 정적이고 어두운 북쪽에 배정할 필요가 있다. 방의 인테리어도 다소 차분한 색으로 꾸며 주면 좋다.

반면에 우리 집 아이가 내성적이라면, 오히려 밝은 기운이 있는 동남쪽이나 남쪽으로 방을 배정하면 좋다. 방의 인테리어 역시 밝고 환한 색상으로 꾸며 주면 된다.

방의 배분 및 기타

아들은 동쪽이 좋고 딸에게는 동남쪽 방위가 좋다. 두 곳은 성장하는 아이들에게 좋은 에너지를 주기 때문이다.

가장의 서재는 북서쪽이 좋다. 북서쪽은 8방위 중 가장 힘이 큰 건괘로 남편과 우두머리를 뜻하기 때문이다. 그러나 아이들 방이 이곳에 있다면 오히려 그 아이가 집 안의 우두머리가 되는 셈이다. 따라서 가급적 북서쪽은 남편과 가장의 공간으로 배치함이 좋다. 만약 부엌이 북서쪽에 있다면 주부가 가장이 되므로 내주장이 강한 집일 가능성이 있다.

교제에 서투르고 인맥이 부족하다면, 동남쪽의 밝고 경쾌한 기운을 받으면 도움이 된다.

숙면을 취하지 못한다면, 서쪽의 공간을 이용하거나 또는 침대 머리의 방향을 서쪽으로 바꾸면 도움이 된다.

음악이나 미술 등 재능을 요하는 사람은 남쪽의 번뜩이는 기운이 알맞은 곳이다.

교수나 선생님 또는 수험생은 차분하고 정적인 방위가 좋으므로 북쪽이 적합하다.

집안에 노모가 계시다면, 남서쪽의 차분한 곳이 좋다.

그러나 집은 이미 내 생각과 관계없이 규격화되어서 지어진 것이기 때문에 현실에 맞게 적용하기는 쉽지 않다. 이때는 각 방의 인테리어를 사용하는 사람의 분위기에 맞게 꾸미는 것도 방법이 된다.

이상과 같이 8괘의 성격과 특징을 이용해 설명해 보았지만, 이것의 응용은 무궁무진하다. 이 방법은 전문가가 아닐지라도 누구나 손쉽게 활용할 수 있으므로 각 방위의 성격만 잘 이해하면 된다.

　　　　　　　　　　　　　　부족한 점은 인테리어 활용

폐사지를 통해 본 주거지로 불리한 지형

한반도에 불교가 처음으로 들어온 것은 372년 고구려를 시작으로 뒤이어 백제와 신라로 전해진다. 삼국 시대부터 현대에 이르기까지 수많은 사찰이 세워지고 또 사라져 갔다. 문화재청 자료에 의하면, 삼국 시대부터 현재까지 전국의 폐사지(廢寺址)는 총 5,400여 곳으로 추정되고 있으며, 그중 문화재로 지정된 폐사지는 103곳이다.

폐사의 원인은 화재와 전란뿐 아니라 정치·경제·사회적 요인들이 있다. 그러나 비슷한 시기에 세워진 사찰 중에는 똑같은 혼란을 이겨내고 유지해 온 천년 고찰들도 많다. 이를 풍수인의 관점에서 보면 터의 경쟁력이라고 생각한다. 바람을 막아 화재 위험으로부터 지켜 주고 물길이 좋아 재정이 넉넉한 곳은 오랜 세월을 유지할 수 있었고, 반면에 장풍득수를 이루지 못한 사찰은 많은 풍파와 함께 기운이 빠져나가기 때문이다.

요즈음 들어 전원주택 붐과 함께 귀농 귀촌이 증가하면서 복잡한 도심을 떠나 한적한 곳으로 이전하는 사례가 급속히 늘고 있다. 그러나 처음의 부푼 꿈과는 달리 그곳에 정착하지 못하고 3년 내에 다시 도시로 돌아오는 비율이 40%에 달한다고 한다. 그들이 온전히 정착하지 못한 이유는 새로운 환경에 적응하지 못했기 때문에, 소득을 창출하지 못했기 때문에, 교통·교육·문화·의료 등의 서비스가 미흡하기 때문에 등 다양한 이유가 있다. 그러나 풍수인의 입장에서 보면 무분별한 입지 선택도 큰 원인이 된다. 주요 폐사지 입지를 살펴보면서 주거지로 불리한 지형은 어떠한 곳인지 살펴보고자 한다.

1. 익산 미륵사지

《삼국유사》에 따르면, 백제 무왕은 신라 선화공주와 혼인을 한 후 용화산에 있는 사찰에 불공을 드리러 갈 때 갑자기 연못 속에서 미륵삼존불이 솟아오른다. 이에 연못을 메우고 그 터에 절을 지은 것으로 미륵사는 당시 백제 최대의 사찰이었다. 미륵사지 석탑은 국내 최대의 석탑으로 국보 제11호로 지정되었다. 석탑에서 발견된 사리장엄구에 의하면, 무왕 40년 사찰을 창건했다는 기록이 있으므로 건립 시기는 639년이 된다.

미륵사가 언제 폐사되었는지는 알 수 없다. 그러나 조선 시대 유물이 발견된 것으로 보아 1600년대 폐사된 것으로 추정하고 있다.

익산 미륵사지

폐사지를 통해 본 주거지로 불리한 지형

미륵사지는 뒤편의 미륵산(용화산)을 주산으로 삼아 남향으로 자리했다. 그러나 미륵사 좌우에 있는 청룡·백호가 앞으로 나란히 하듯 벌어진 상태다. 그 가운데로 미륵산에서 발원한 하천이 사찰 앞으로 4km 직수로 빠져나간다.

이러한 경우 물길은 곧 바람길이 되므로 장풍득수의 반대인 입풍파수(入風破水)가 되어 크게 불리하다.

2. 덕산 가야사지

가야사는 고려 중기 때 건립된 것으로 추측하고 있다. 골짜기 전체를 가야사가 차지하면서 암자가 99개에 달했다고 할 정도로 규모가 큰 사찰이었다. 그러나 흥선군 이하응이 1846년 자신의 부친 묘를 쓰기 위해 가야사를 불태우면서 폐사되었다.

남연군 묘가 있던 지점은 대웅전 앞 석탑이 있던 곳이었다. 《매천야록》 기록에 의하면, 흥선군 이하응이 묘를 쓰기 전날 밤 탑신이 그의 형제들 꿈에 나타나 크게 꾸짖었다고 한다.

흥선군은 그의 재산을 모두 팔아 현금 2만 냥을 마련한 후, 그 절반을 가야사 주지에게 주고 절을 소각하도록 하였다. 절이 모두 타버리자 흥선군은 상여를 모시고 가서 재를 쓸고 그곳에 머물렀다. 한밤중에 그의 형들은 자리에서 일어나 제각기 꿈 이야기를 하였다.

흰 옷을 입은 노인이 나타나 꾸짖기를 **"나는 탑신인데 너희들이 어찌 내가 사는 곳을 빼앗느냐? 만일 이곳에 장사를 지내면 제사가**

끝나기 전에 너희 4형제가 폭사할 것이니 속히 돌아가거라."라고 말했다고 한다.

가야사지 앞으로는 덕산천이 2.5km 직수로 빠져나간다. 물이 터 앞으로 길게 빠지면 천만금의 재산이 하루아침에 흩어진다 하였고, 가장 꺼리는 것이 물 나가는 땅이니 즉시 집안이 패한다고 하였다.

3. 보령 성주사지

신라 46대 문성왕 때 지어진 것으로 연도는 850년 무렵이다. 그러나 임진왜란 때 불타면서 폐사되었다. 성주사 터에 남아 있는 통일신라 시대의 승려 낭혜화상 무염(無染) 탑비는 국보 제8호이고, 석탑은 모두 보물로 지정되었다.

터 앞에서는 3개의 물길이 합수된 후 600m 직수로 빠져나간다. 물이 모이는 곳은 일시적으로 유리했지만 합수된 물이 한꺼번에 빠져나가므로 시간이 지날수록 불리하게 된다. 물길은 가기 싫은 듯 크게 꿈틀거리며 나가야 좋은 물길이 된다.

4. 경주 감은사지

신라 문무왕은 삼국을 통일한 후 부처의 힘을 빌려 왜구 침입을 막고자 이곳에 절을 세웠다. 절이 다 지어지기 전에 왕이 죽자 그 뜻을 이어받아 아들인 신문왕이 완성하였다. 문무왕은 내가 죽으면 바다의 용이 되어 나라를 지키고자 하니 화장하여 동해에 장사 지낼 것을 유언하였는데, 그 뜻을 받들어 장사한 곳이 절 부근의 대왕암

폐사지를 통해 본 주거지로 불리한 지형

이며, 그 은혜에 감사한다는 뜻으로 이름을 감은사라 하였다.

감은사 금당의 지하에는 배수 시설이 있는데, 전설에 의하면 죽은 문무왕이 바다의 용이 되어 이 시설을 통해 왕래하도록 했다고 한다. 금당 앞의 3층 석탑 2기는 국보 제112호로 지정되었다.

감은사는 황룡사, 사천왕사와 함께 나라를 보호하는 호국 사찰로 알려져 있으나 언제 폐사되었는지는 알려지지 않는다.

감은사지 앞에는 대종천이 흐르는데, 당시에는 바닷물이 이곳까지 들어왔다고 한다. 현재의 물길을 보면 물 빠지는 수구가 V자로 벌어진 상태다. 수구는 좌우의 산이 막아 주어 물 빠짐을 단속해야 하는데, 이곳은 수구가 열려 기운이 속수무책 빠지는 곳이다. 수구는 배가 다니지 못할 정도로 좁아야 한다고 했다.

5. 경주 황룡사지

신라 진흥왕 14년(553) 경주 반월성 동쪽에 늪지를 메워 왕궁을 지으려 했는데, 홀연히 늪에 깃들어 있던 황룡이 승천하는 것이다. 이에 그곳에 궁궐이 아닌 사찰을 짓기 시작해 17년 만에 황룡사가 건립되었다.

선덕여왕 때는 외적을 막기 위해 자장율사 권유로 9층 목탑을 세우는데, 백제의 장인 '아비지'에 의해 645년 완성되었다. 이처럼 황룡사는 93년에 걸친 대역사 끝에 조성된 초대형 국

감은사지 지형도

가 사찰이었다. 그 후 황룡사는 685년 동안 사세를 유지하다가 고려 때(1238) 몽고의 침입으로 불타 없어지고 지금은 주춧돌만 남았다.

황룡사는 북천을 등지고 남향으로 자리했는데, 들어오고 나가는 물길이 모두 직수가 되어 불리하다. 그뿐 아니라 주변에는 바람을 막아 줄 산이 전혀 없어 공허한 곳이다. 결국 황룡사지는 배산임수와 장풍득수 그 어느 것도 충족시키지 못했다.

이곳은 애초에 늪지였다는 사실도 간과할 수 없는데, 좁은 면적에 많은 건물로 지나친 하중도 간과할 수 없는 부분이다. 그럼에도 불구하고 685년간 유지된 것은 불교를 숭상한 신라와 고려가 호국 사찰로 철저히 관리했기 때문이다.

황룡사지 모형도

6. 부여 능산리사지

부여 능산리사지는 백제가 사비로 천도하면서 조성한 왕실 사찰이다. 이곳 목탑 터에서 발견된 석조사리감(국보 제288호)에 적힌 명문에 의하면, 백제 창왕 13년(567)에 조성되었음을 알 수 있다. 바로 옆에는 능산리 고분군으로 불리는 백제 왕들의 능이 있는데, 창

　　　　　　　　　　　폐사지를 통해 본 주거지로 불리한 지형

왕의 부왕인 성왕의 명복을 빌기 위한 왕실 사찰이었다. 그 후 660년 백제 멸망과 함께 폐사된 것으로 추정된다.

이곳에서는 백제금동대향로(국보 제287호)가 발견되면서 센세이션을 일으켰다. 연꽃 모양의 향로에는 용과 봉황 등 25마리의 동물이 표현되어 있는데, 신라의 가장 대표적인 유물을 금관이라고 한다면 백제는 금동대향로라고 할 정도로 빼어난 걸작품이다.

금동대향로는 우연한 기회에 발견되었다. 1993년 12월 능산리 고분군을 방문하는 관광객들을 위한 주차장 공사를 하기 위해 본래 있던 논에서 터를 파던 중 물이 고인 진흙 웅덩이 속에서 금동으로 된 향로가 발견되었다. 무려 천년을 넘는 세월 동안 땅속에 묻혔음에도 불구하고 진흙에 잠겨 산소가 차단된 덕에 원형을 거의 그대로 보존할 수 있었다.

백제금동대향로 출토 모습(능산리사지 공방지)

능산리사지는 고분들과 마찬가지로 남향을 하고 있는데, 뜸뱅이고개로 불리는 정면의 산이 고갯마루 지형이다. 뜸뱅이고개는 전면에 있는 안산 역할이지만, 바람을 막아 주기는커녕 오히려 바람을

안내하는 바람길이 되고 말았다. 100년에 불과한 사찰의 역사는 이
와 무관하지 않다.

7. 경주 사천왕사지

사천왕사는 679년(문무왕 19) 창건되었다. 낭산의 남쪽 기슭에
자리했는데, 낭산 정상에는 선덕여왕릉이 자리하고 있어 왕릉을 수
호하는 사찰임을 알 수 있다. 그 후 언제 폐사되었는지 알 수 없으나
임진왜란 때로 추정할 뿐이다.

사천왕사지 앞을 흐르는 남천은 멀리서부터 구불구불 들어오는
조수(朝水)의 형태지만 터를 감싸며 흐르지 못하고 무정하게 빗겨가
므로 오히려 불리한 물길이 되었다. 마치 줄듯 줄 듯하다가 약만 올
리고 가는 물길이다. 이러한 지형은 안산이 없는 관계로 물길을 따
라 바람이 치게 된다. 결국 사천왕사지는 장풍과 득수 그 무엇도 이
루지 못한 입지가 되었다.

한편, 일제는 사천왕사지와 선덕여왕릉 사이를 가로지르는 철로
를 만들어 양분시켰는데, 이는 경주인들의 정신적 지주 역할을 하는
선덕여왕릉을 훼손하여 패배감을 주려는 술책이었다.

8. 경주 원원사지

경주시 외동읍 봉서산 기슭에 있는 통일신라 시대 절터로 신라의
영웅 김유신이 사찰을 세우는 데 일조했다고 전해진다. 원원사는 통
일신라 시대에서 고려 전기까지 밀교의 중심이 되는 곳이었고 조선

후기까지 명맥이 이어져 온 것으로 보
인다.

밀교란 자신을 중생으로 여기지
않고 자신이 곧 부처라는 믿음에서 출
발한다. 사적 제46호로 지정되었으며,
절터에는 2기의 3층 석탑과 석등이 남
아 있다. 석탑에는 12지신상과 사천왕
상을 새겨 놓았는데, 그 수준이 높아 보물로 지정되었다.

이곳은 봉서산 깊은 계곡에 자리했는데, 사찰 좌우에서 합류한
모화천은 3.5km 길게 빠져나간다. 특히 좌측 계곡이 깊고 험해 물소
리가 심하게 들린다. 풍수에서 물소리는 곡소리라 하였는데, 물이
빠르게 빠져나가기 때문에 극히 흉하게 여긴다. 물소리가 심하다는
것은 계곡 지형의 경사가 심하다는 의미로 만약 이곳이 절터가 아니
었다면 하루도 견디기 힘들 정도로 물소리가 요란한 곳이다.

9. 경주 장항리사지

토함산 계곡 깊은 곳에 자리하고 있는 통일신라시대 절터로 추정
되지만 절을 지은 연대나 폐사된 시기는 알 수 없다. 이곳 절터에는
근래에 쓰인 묘가 있다. 대체로 폐사지에는 묘소가 차지하고 있는
경우가 많은데, 아마도 좋은 터라고 생각하는 경향이 있는 것으로
보인다.

절터 앞에는 좌우 계곡에서 두 줄기 물이 합수되어 빠져나간다.

이곳 또한 물소리가 심하게 들리는데, 계곡이 깊은 곳은 골바람 또한 심한 곳이다. 집 주변에서 여울물 소리가 들리면 흉한 일이 계속된다고 하였다.

10. 양주 회암사지

인도에서 온 지공선사가 1326년 창건했고, 그 후 지공의 제자인 나옹선사가 중창했다. 태조 이성계는 무학대사를 이곳에 머물게 했고 그 자신도 퇴위 후 이곳에서 생활했다. 그런 관계로 조선 전기까지 조선 최대의 사찰이었다. 그러나 명종 때 문정왕후가 죽고 난 뒤 유생들에 의해 불타 없어진 것으로 추정된다.

이곳에 있는 회암사지 부도탑은 국보급일 정도로 규모가 크고 웅장하지만 누구의 부도탑인지는 알 수 없다. 인근에는 무학대사 부도탑도 있어 답사하기 좋은 곳이다.

이곳 주산은 천보산(423m)인데, 대웅전에서 보면 살짝 넘겨다보이는 규봉이 되었다. 규봉은 전후좌우 어디에 있어도 마찬가지인데, 회암사지에서는 하필 대웅전에서 천보산이 규봉이 되었다. 그러나 대웅전이 좀 더 뒤쪽으로 가든가 아니면 앞으로 나왔다면 규봉이 되지 않았을 것이다. 그러므로 터를 정할 때 가장 중요한 건물은 규봉이 보이지 않도록 세심한 주의가 필요하다.

이상을 정리하면, 폐사지 입지는 물길이 직수로 빠지는 곳, 수구가 벌어진 곳, 주변에 산이 없어 바람에 무방비 상태인 곳, 앞산이 허해 바람 길에 자리한 곳, 물소리가 요란하게 들리는 곳, 깊은 골짜기

지형, 규봉이 보이는 곳이었다.

　모두 풍수에서 흉하게 여기는 지형인데, 만약 사찰이 아니고 일반 주거지였다면 훨씬 빨리 폐가가 되고 말았을 것이다. 이들 사례를 반면교사로 삼아 터를 정할 때 참고하면 훨씬 유리할 것이다.

회암사지

천년 고찰의 입지를 통해 본 명당의 공통점

앞에서 폐사지를 통해 입지의 불리한 지형을 살펴보았는데, 이번에는 천년 고찰을 통해 좋은 입지는 어떠한 곳인지 분석해 보고자 한다. 한반도에 불교가 전해진 삼국 시대부터 지금까지 1,700년이 넘는 세월 동안 수많은 사찰이 명멸해 갔지만, 병화를 입지 않고 온전히 유지되는 곳은 그리 많지 않다. 그들 사찰의 입지를 통해 온고지신의 지혜를 배우고자 한다.

이를 통해 작게는 개인의 집터를 정할 때 활용할 수 있고, 더 나아가 공공 건물의 입지를 정할 때 참고할 수 있으며, 크게는 도시 계획 등에 접목할 수 있다.

소개할 천년 고찰은 영주 부석사, 안동 봉정사, 합천 해인사, 고창 선운사, 공주 마곡사이다.

영주 부석사

봉황산(818m) 자락에 자리한 부석사는 신라 문무왕 때 의상대사가 창건한 곳이다. 《삼국유사》에 의하면, 의상대사가 당나라에서 유학을 마치고 귀국할 때 그를 흠모한 여인 선묘가 용으로 변해 이곳까지 따라와 의상대사를 보호하였다고 한다.

의상대사가 이곳에 절을 지으려 할 때 도적 떼가 절을 짓지 못하게 방해를 하자 선묘가 큰 바위로 변해 공중에 떠 있는 모습으로 위협하여 물리쳤다고 한다. 그 후 선묘바위는 무량수전 뒤에 자리했으며, 그 바위에는 부석(浮石)이라는 글씨가 새겨져 있다.

부석사 무량수전은 1376년에 지어진 목조 건축물로 대한민국 국보 제18호이다. 경북 안동의 봉정사와 함께 한국에서 가장 오래된 목조 건축물이다.

부석사 무량수전은 봉황산 정상부터 이어진 산줄기 끝에 자리했다. 풍수에서 산줄기를 용맥이라 하는데, 주산의 기운을 혈처까지 공급해 주는 탯줄과 같은 역할이다. 그러므로 입지에서 용맥이 이어졌는지 여부는 터를 판단할 때 중요한 요인이 된다. 이때 나무의 꽃과 열매가 가지 끝에 열리듯 혈 또한 산줄기 끝에서 맺히는 법이다.

무량수전은 봉황산 중심 맥으로부터 역동적인 모습으로 이어지다 부석사 뒤편에서 좌우를 날개를 벌려 포근히 감싸 주는 곳에 자리했다. 멀리서 바라본 부석사 지형은 오목한 제비 둥지 같은 와혈(窩穴)이 되었다. 와혈은 바람을 막아 주기에 최적이니 예로부터 가장 선호하는 명당의 형태다.

부석사 원경

가람 배치를 보면 무량수전 좌향은 부속 건물과 확연히 다른 것을 볼 수 있다. 무량수전은 단아한 안산과 정면으로 마주하고 있는데, 안산은 사랑스런 부인에 비유한다. 이곳에서 눈을 돌리면 백두대간의 수많은 봉우리가 펼쳐져 보이는 화려한 조망이지만, 무량수전은 오로지 한 여인만을 바라보는 모습이니 지고지순한 사랑의 모습이다. 그리고 귀부인은 무량수전을 대한민국 최고의 사찰이 되게끔 내조하고 있으니 현모양처 모습이다.

만약 무량수전이 단아한 안산을 바라보지 않고 화려한 조망을 보았다면 지금과 같은 국보급 사찰은커녕 평범한 사찰에 지나지 않았을 것이다. 따라서 부석사 무량수전의 현재와 같은 고귀한 품격은 오로지 안산의 덕분이니 새삼 좌향의 중요함을 알 수 있다.

천년 고찰의 입지를 통해 본 명당의 공통점

부석사 안산

참고로 부석사 관계자는 작은 건물 뒤편의 나무가 여름이면 잎이 무성해 안산을 가린다고 하는데, 나무를 옮겨 심든가 아니면 가지를 쳐서 안산이 잘 보이게 해 줄 필요가 있다. 무량수전은 안산으로 인해 더욱 빛이 난다는 것을 잊지 말아야 한다.

안동 봉정사

봉정사는 신라 문무왕 때(672년) 능인대사가 종이로 봉황을 만들어 날렸는데, 종이 봉황이 내려앉은 곳에 절을 지은 것이 지금의 봉정사다. 봉정사 극락전은 부석사 무량수전과 함께 가장 오래된 목조 건물로 국보 제15호이다. 대웅전 또한 최근에 극락전보다 오래된 것이라는 문서가 발견되어 국보로 지정되었다.

이곳은 고려 태조 왕건이 다녀갔다는 기록이 있으며, 1999년에는 영국의 엘리자베스 여왕도 방문한 바 있다.

부석사와 마찬가지로 천등산(575m) 정상부터 이어진 산줄기 끝에 자리하였고, 좌청룡 우백호가 물샐틈없이 감싸 준 지형이다. 그러면서도 단아한 안산을 정면으로 마주하고 있는데, 부석사 안산과 닮은꼴이다. 이것을 보면 부석사와 봉정사는 풍수 논리에 의해 터를 정하고 좌향을 정했음을 알 수 있다.

이러니 어찌 풍수를 소홀히 할 것이며, 어찌 좌향이 중요하지 않겠는가.

봉정사 안산

합천 해인사

해인사는 합천군 가야산 중턱에 있는 사찰로 통일신라 시대인 802년 창건되었다. 전해지는 말에 의하면 '순응', '이정' 두 스님이 가야산에서 참선을 할 때 등창으로 고생하던 애장왕 왕비의 병을 낫게 해 주어 왕이 절을 창건하도록 했다고 한다.

해인사는 불교의 삼보사찰 중 법보사찰이다. 삼보사찰은 불교에서 귀하게 여기는 세 가지 보배라는 뜻으로 불보사찰 통도사는 부처의 진신사리를 모시고 있는 곳이다. 해인사는 부처님의 가르침을 집

　　　　　　　천년 고찰의 입지를 통해 본 명당의 공통점

대성한 팔만대장경이 보관되어 있어 법보사찰, 송광사는 보조국사를 비롯한 16명의 국사와 덕이 높은 고승을 많이 배출해 승보사찰로 불린다.

해인사 팔만대장경은 고려 시대에 부처님의 법력으로 외적을 물리치려는 염원에서 시작되었으며, 16년 걸린 끝에 1251년 완성되었다. 대장경을 만드는 데에는 엄청난 정성이 들어갔다고 하는데, 한 글자를 새길 때마다 세 번씩 절을 했다고 한다. 그리고 30명 남짓한 사람들이 새긴 글씨가 무려 5,200만 글자에 달하지만 마치 한 사람이 쓴 듯 일정하며, 한 글자도 잘못 쓰거나 빠뜨린 자가 없이 완벽한 장경을 이루고 있다고 한다.

6·25전쟁 때는 이곳에 숨어 있던 인민군 게릴라를 소탕하기 위비행기로 해인사를 폭격하려 했으나 당시 편대장이었던 김영환 대령은 해인사와 팔만대장경이 소실될 것을 우려해 명령을 따르지 않았다. 그 후 김영환은 명령불복종으로 군법회의에 불려나가지만 우리 민족에게 소중한 문화유산인 해인사와 팔만대장경을 지키기 위해 명령에 따르지 않았다고 당당히 말한다.

조선 초에는 일본 사신들이 세종 임금을 알현하여 숭유억불의 조선에서는 불교의 교리를 새긴 팔만대장경이 필요 없을 것이므로 자신들에게 줄 것을 요구하며 3일간 단식까지 했지만 물리쳤다. 또 임진왜란 때는 팔만대장경을 차지하기 위해 몰려드는 왜군을 의병과 승병이 결사적으로 항전하여 지켜냈다.

해인사는 가야산 줄기인 서장대부터 이어진 산줄기 끝에 자리했다. 전체적으로 높은 산에 둘러싸인 분지를 이룬 곳이지만, 남쪽 멀리까지 웅장한 산이 바라보이는 호쾌한 국세를 이루고 있다.

지대가 높은 곳이지만 주변이 산으로 둘러싸여 아늑한 곳이다. 사찰 앞을 흐르는 물길은 북에서 남으로 진행하다가 90도로 방향을 틀어 동쪽으로 흐른다. 이때 수구를 양쪽의 산이 마치 옷깃을 여미듯 긴밀하게 막아 주었다.

해인사 전경

고창 선운사

도솔산 아래 자리한 선운사는 577년 백제 위덕왕 때 검단선사가 창건한 것으로 전해지며, 대웅전 등 보물로 지정된 문화재가 여럿 있다.

선운사는 도솔산 정상 수리봉부터 이어진 산줄기 끝에 자리했다. 산줄기 흐름을 보면 묵직하고 중후하게 이어지면서 수리봉의 빼어난 기운이 멈춘 곳이다. 이곳에서 수행하는 스님들은 저절로 명당의 기를 받는 것이니 이보다 좋을 수는 없다. 명당의 기운은 많이 받을수록 좋으니 가급적 오래 머무는 것이 좋다.

선운사 앞쪽을 보면 웅장한 4개의 봉우리가 구슬처럼 이어져 있는데, 그 형태 또한 예사롭지 않다. 안산의 봉우리가 좋으면 그에 걸맞은 큰 인물이 나게 마련이다.

천년 고찰의 입지를 통해 본 명당의 공통점

선운사 앞을 흐르는 도솔천은 두 개의 물길이 합수된 후 우측에서 좌측으로 흐르는데, 물 빠지는 쪽에 있는 좌측의 산줄기가 거듭거듭 막아 주고 있다. 그리고 도솔천이 수구처에 이르면 여러 산이 또 한 번 철저하게 틀어막고 있다.

선운사 앞산

공주 마곡사

마곡사는 신라 선덕여왕 때 자장율사가 창건한 유서 깊은 곳이다. 대웅보전과 영산전 5층 석탑 등이 보물로 지정되었으며, 조선 세조가 직접 쓴 영산전(靈山殿) 현판도 있다. 근세에는 백범 김구 선생이 황해도 해주에서 일본 군인을 처단하고 이곳 마곡사로 도피하여 잠시 승려 생활을 하며 은둔하던 곳이기도 하다.

이곳은 여러 차례 화재로 소실되기도 했으나 곧이어 사세를 회복하여 오늘에 이르고 있다. 이는 다른 폐사지와 달리 터의 경쟁력에서 비롯되었다고 본다.

마곡사는 대웅전과 영산전 두 개의 중요한 전각이 마곡천을 사이에 두고 있는데, 두 곳 모두 산줄기 흐름이 끝나는 지점에 위치했다. 태화산(423m)부터 산줄기가 이어지다가 꽃을 피우고 열매를 맺는 지점에 정확히 자리한 것이다.

특히 영산전 뒤편 군왕대(君王垈)는 세조 임금이 올라 만년 동안 망하지 않는다는 의미의 만세불망지지(萬世不亡之地)라 찬탄했다는 곳으로 풍수에서 요구하는 명혈의 조건을 갖춘 곳이다. 그런 관계로 이곳에는 예로부터 암장이 끊이지 않았는데, 그때마다 큰 비가 내렸다고 한다.

군왕대

이곳의 물줄기 마곡천은 크게 S자 형태로 수태극을 이루며 흐르는데, 수구 교쇄가 완벽하게 이루어진 곳이다. 수구가 이처럼 철저히 막히면 상류에 반드시 명당이 있게 마련이다. 그곳이 군왕대일 수 있고 아니면 그보다 상류에 또 다른 명혈이 있을 수 있다. 이처럼 유명세를 탄 군왕대는 명당의 기운을 받으려는 파워 스폿 체험이 그치지 않는 명소가 되었다.

이상 5곳 사찰에서 입지의 특징은 다음과 같다.

첫째, 모두 주산의 봉우리부터 이어진 산줄기 끝에 자리했다는 점이다. 이는 풍수에서 산천 정기를 공급하는 용맥의 역할이 얼마나 중요한지 알 수 있다. 이때 주산의 봉우리는 반드시 크고 웅장할 필요는 없지만, 주변 봉우리에 비해 높거나 비슷해야 하고 단정해야 한다.

둘째, 5곳 사찰은 모두 오목한 지형에 자리해서 바람을 막는데 유리한 지형이었다.

폐사지 편에서도 보았듯이 전면이 탁 트여 전망 좋은 곳은 바람이 치거나 물이 직수로 빠지게 되므로 득보다 실이 많다는 것을 기억할 필요가 있다.

셋째, 물길이 크게 굽이치며 흐르거나 혹은 수구가 잘 막혀 있는 지형이었다. 누차 강조하지만 물길은 곧 경쟁력이다

넷째, 중요 전각은 산줄기 흐름에 따라 순리적으로 좌향을 정했다. 이때 터가 좋은 곳은 안산이 자연스럽게 조응하는 것을 볼 수 있다. 모든 터에서 굳이 남향을 고집할 필요가 없다는 뜻이다.

다섯째, 마곡사처럼 입지가 좋은 곳은 화재로 소실되었어도 곧바로 회복되는 복원력이 강하다는 점이다. 이는 터의 경쟁력에서 비롯되었다.

이상을 보면 풍수에서 요구하는 장풍득수를 이룬 곳이라는 공통점이 있다. 따라서 터를 정할 때 이러한 점을 고려하면 훨씬 유리하게 된다. 이는 국내뿐 아니라 외국에서도 활용할 수 있는 보편타당성이 있으니 대한민국의 풍수를 언제 어디서든 활용할 수 있다.

풍수 공부에 최적인 신륵사

대부분의 사찰이 산속 깊은 곳에 위치하고 있는 것과는 달리 신륵사는 남한강 변에 위치하여 뛰어난 풍광을 자랑한다. 신륵사 중수기에서는 이곳의 경관을 다음과 같이 기록하고 있다.

"신륵사는 고려 시대 나옹이 머물던 곳이며, 항상 아름다운 경치는 물론이고 높은 탑과 오래된 비가 있는 고풍스런 곳으로 목은 이색을 비롯해 많은 문인이 시로써 그 아름다움을 칭송하였다. 여주는 산수가 청수하고 조망이 좋으며, 이와 더불어 신륵사는 높고 시원한 것이 겸하여 있으니 그 경치가 빼어난 곳이다."

신륵사는 신라 시대 진평왕 때 원효대사가 창건한 것으로 알려지고 있으나 그 정확한 연대는 알 수 없다. 분명한 것은 고려 말 나옹선사가 이곳에 머물다 입적한 곳이라는 기록이 있다. 그래서 이곳에는 나옹선사

나옹선사의 다비식을 한 장소

의 다비식을 한 장소가 3층 석탑으로 남아 있다. 나옹선사는 고려 공민왕의 스승이자 무학대사의 스승이기도 한 당대 최고의 고승으로

〈청산가〉라는 유명한 시를 남기기도 했다.

청산은 나를 보고 말없이 살라 하고
창공은 나를 보고 티 없이 살라 하네
사랑도 내려놓고 미움도 내려놓고
물같이 바람같이 살다가 가라 하네

신륵사는 고려 말 대학자 목은 이색이 머물며 불사를 일으킨 곳이기도 하다. 조선 시대에 신륵사는 세종대왕의 영릉을 관리하는 원찰이 된다. 원찰이란 망자의 위패를 모셔 놓고 명복을 비는 사찰을 말한다.

한편, 대부분 사찰이 한적한 산속에 위치하는 것과 달리 신륵사는 특이하게 강변에 위치하고 있다. 사찰의 주목적 중 하나가 세속을 떠나 조용한 공간에서 수행하는 것이라는 것을 감안하면 이례적인 입지가 된다. 더구나 이곳처럼 풍광이 뛰어난 곳이라면 많은 탐방객으로 인해 사찰 고유의 정적인 공간을 유지하기는 더욱 쉽지 않은 곳이다. 그러한 맥락에서 보면 이곳은 사찰의 입지로는 적합하지 않은 곳이라 할 수 있다. 그럼에도 불구하고 신륵사는 몇 차례의 화마를 극복하고 천년 고찰의 명성을 유지하고 있는데, 이는 지리의 힘이라 할 수 있다.

신륵사 겨울 풍경

신륵사 주산은 봉미산(157m)으로 봉황의 꼬리라는 명칭이다. 봉미산에서 연결된 산줄기는 신륵사 뒤편에서 세 줄기로 나누어진다. 한 줄기는 우측으로 뻗어 신륵사의 백호가 되어 터를 보호하는 역할이고, 좌측 산줄기는 전탑과 누각(강월헌)을 지나 강변까지 이어지면서 신륵사 청룡이 되어 강바람을 막아 준다. 그리고 중심으로 이어지는 산줄기는 마치 탯줄처럼 극락보전으로 연결되고 있다.

3개 산줄기 중 본당으로 들어가는 산줄기가 가장 양호하니 정맥이고, 좌우의 산줄기는 이를 보호하는 역할의 방맥으로 좌청룡·우백호가 되었다. 이 한 가지 사실만으로도 신륵사는 풍수 이론에 부합되게 자리했다는 것을 알 수 있다.

이렇듯 주산에서 이어진 용맥 끝에 자리한 사찰이나 집들은 부석사, 봉정사, 오죽헌, 임청각, 서백당, 육영수 생가, 홍명희 생가 등이다.

이곳 가운데 산줄기는 또 하나의 작은 산줄기를 만들었는데, 그

풍수 공부에 최적인 신륵사

곳에 나옹선사 부도가 자리하고 있다. 나옹선사는 풍수에도 일가견이 있던 것으로 전해진다. 이곳 역시 좌우의 능선이 포근히 감싸 주는 지점에 남향으로 자리했다.

나옹선사는 말년에 이곳에 머물다 입적했으니 이곳 부도 터는 자신의 정했을 것으로 짐작된다. 그의 부도는 양주 회암사지에도 있는데 스승 지공선사, 제자 무학대사 부도와 함께 있다.

신륵사는 남한강 변의 오목한 제비 둥지 같은 지형에 남향으로 자리하면서 풍수에서 요구하는 장풍득수와 배산임수를 동시에 이룬 곳이다.

하지만 풍수에서 완전한 땅은 없듯이 이곳 신륵사도 지형적 결함이 있다. 특히 강변과 접하다 보니 강바람이 세다는 점은 입지에서 큰 결함이 된다. 그리하여 신륵사에서는 곳곳에 비보를 하여 고쳐 쓰고자 하는 적극적 의지를 보이고 있다.

첫째, 신륵사는 강과 200m 남짓 떨어진 곳이다 보니 정면에서 부는 강바람이 만만치 않다. 이것을 보완하기 위해 극락보전 앞에 구룡루를 지어 안산 역할을 하도록 했고, 구룡루 앞에는 나무를 심어 강바람을 막고자 비보했다.

둘째, 신륵사 외곽은 바람이 세지만 경내에는 바람이 잔잔한 편이다. 실제로 강월헌 누각에 오르면 사찰 경내와 다른 강바람을 느낄 수 있다.

신륵사는 겨울에는 북서풍이 불고 여름에는 동남풍이 주로 분다.

그 이유는 신륵사 우측 능선이 요함(凹陷)하여 취약하기 때문이다. 이는 경복궁 우측인 자하문 고개가 깊이 함몰해 북서풍이 치는 것과 마찬가지이다. 그것을 방비하고자 V형의 고갯마루 아래에 부도 2기를 배치했다. 원래 이 부도는 조사당 뒤편에 있던 것이지만, 1966년 옮긴 것이다.

대부분의 부도는 사찰에서 가장 취약한 지점에 위치했는데, 열반해서도 사찰을 보호하려는 불심이라 할 수 있다.

셋째, 신륵사 좌측 능선에서 전탑의 강변 쪽 경사면을 보면 U자형으로 움푹 파임 것을 볼 수 있다. 이는 오랜 세월 지속적인 바람에 의한 침식 작용으로

취약 지점에 배치되어 있는 부도

생긴 현상이다. 이것으로 보아 남한강 강바람은 좌측 능선 중 전탑 부분을 향해 분다는 것을 알 수 있다. 이를 방비하고자 강변의 좌측 능선에 높은 전탑을 세웠으며, 은행나무 등 키가 큰 나무를 집중적으로 심었다.

신륵사 위성사진

풍수 공부에 최적인 신륵사

넷째, 부도가 있던 지점과 전탑이 있는 곳을 연결하면 일직선으로 북서풍과 동남풍의 바람길이 되는 것을 볼 수 있다. 신륵사 본당 극락보전은 절묘하게 바람길을 피해서 자리한 것이다. 하지만 그것으로 미흡하다고 판단해 극락보전 인근 바람길에 향나무를 심어 다시 한번 바람을 거르고자 했다. 바람길 지점에 전탑, 은행나무, 향나무, 부도를 배치해 비보한 것이다.

실제로 풍향계를 이용해 측정해 본 결과 북서풍의 빈도가 가장 많았으며, 극락보전 경내에서는 바람이 차분한 상태가 되는 것을 확인할 수 있었다.

신륵사 향나무

이상을 보면 신륵사는 지형적 결함을 정확히 알고 그것을 극복하고자 오랜 세월에 걸쳐 점진적으로 보완하며 사찰을 지켜온 것이다.

한 가지 첨언한다면, 신륵사 입장에서는 극락보전 우측 V형 지점이 가장 취약하므로 그 지점에 보토를 하고 나무를 심는다면 매서운 북서풍을 더욱 완화시킬 수 있다.

결론적으로 신륵사에서는 남한강의 뛰어난 풍광을 감상할 수 있으며, 한여름에 강월헌에 오르면 시원한 강바람으로 더위를 물리칠 수 있다. 그리고 극락보전과 나옹선사 부도는 봉미산의 기운이 맺힌 파워 스폿이니 좋은 기운을 받을 수 있다. 거기에 더해 부족한 땅을 고쳐 쓰는 비보의 지혜까지 엿볼 수 있으니 풍수 공부에 최적인 곳이다.

부여군청을 금성산 아래로 옮겨라

요즈음 들어 전국의 지방은 인구 감소로 어려움을 겪고 있다. 백제 도읍지로서 화려한 영화를 누리던 부여도 예외는 아닌데, 인구 감소로 점차 쇠락하는 실정이다. 2023년 현재 부여 인구는 6만 2천 명에 지나지 않는다.

백제는 26대 성왕 때인 538년 도읍을 웅진(공주)에서 사비(부여)로 옮긴다. 그 후 660년 나당 연합군에게 패망할 때까지 사비는 123년간 백제의 도읍지였다. 부여의 지리적 특징은 백마강이 크게 감싸며 흐르고, 금성산과 부소산이 어우러져 산과 강이 조화롭게 균형을 이룬 곳이다.

당시 왕궁 터는 부소산을 주산으로 삼는 현재의 관북리 일대에 남향으로 입지했다. 그러나 우측 구드래 지점의 산줄기가 지나치게 낮아 백마강 강바람에 속수무책이다. 좌측에 해당하는 쌍북리 지점도 금성산과 부소산을 이어 주는 고갯마루 지형으로 바람길이다. 그로 인해 사비 왕궁 터는 바람길에 위치한 것이 된다.

장풍득수가 풍수의 핵심 요체라는 것을 생각하면 궁궐의 입지를 바람이 많은 곳에 정했다는 것은 이해할 수 없는 부분이다. 그래서

인지 일제강점기 시대 자료를 보면, 강변에 미루나무를 심어 강바람을 막고자 했던 것을 볼 수 있다. 그러나 비보도 어느 정도 지형을 갖춘 상태에서 부족함을 채울 수 있는 것이지 지금과 같은 상태에서는 역부족이다. 결국 부소산 아래 터는 한 나라의 왕궁이 자리하기에 적합하지 못한 곳인데, 부여가 123년의 짧은 도읍지로 끝난 것은 이러한 왕궁의 입지와 무관하지 않다고 생각한다.

일제강점기 시대 부여 전경

부여는 금성산과 백마강이 배산임수를 이룬 지형이다. 금성산은 금남기맥으로 대둔산과 계룡산에서 이어진 크고 장구한 산줄기가 멈추는 곳이다. 따라서 혈이 생긴다면 대지가 된다.

한편, 풍수에서 좋은 땅은 반드시 산 끝에서 나무의 열매처럼 이루어진다고 했다. 그러한 맥락에서 보면 부여에서는 강바람을 피해 금성산이 끝나는 지점에 왕궁 터가 입지했어야 한다. 구체적인 장소는 현재의 백제초등학교와 정림사지에 해당되며, 이곳에서 서향으로 자리하면 백마강이 크게 환포하면서 정확하게 배산임수를 이루게 된다. 배산임수가 입지에서 모든 것을 좌우하는 절대적인 조건은 아니지만 안정적이고 편안한 것은 부인할 수 없다.

부여군청을 금성산 아래로 옮겨라

부여의 물길

백마강 건너편에서는 은산천과 금천 등이 합수되면서 더욱 유리한 물길이 된다. 풍수에서는 터를 감싸 준 물길과 함께 여러 물이 합수되는 것을 가장 유리하게 여기기 때문이다. 이때 부여읍을 기준하면 은산천과 금천은 앞에서 들어오는 물길이 된다. 풍수에서 말하기를 빨리 관직에 오르고 빨리 부자가 되려면 앞에서 물이 들어오는 터를 구하라고 했는데, 경제력과 경쟁력 제고에 가장 좋은 물길이다. 이러한 물길은 중국에서도 가장 부유한 도시 상해 푸둥(浦東) 지역과 흡사하다.

불과 1km 내외에서 주산과 좌향을 달리하면 조화와 균형 측면에서 금성산 혈처가 훨씬 안정감 있는 것을 볼 수 있다.

현재의 부여군청은 국립박물관에서 이어진 산줄기 끝에서 금성산을 바라보며 동향으로 자리했다. 그러다 보니 군청 뒤가 낮고 허전하여 불안정한 상태가 되었고, 마치 뒤로 자빠지는 듯한 형상이 되고 말았다.

또 군청은 인근보다 높은 언덕에 있고 주변에는 바람을 막아 줄 산이 없어서 강바람을 고스란히 맞을 수밖에 없는 곳이다. 마치 나 홀로 들떠 있는 듯한 모습이 되었다. 군청사 건물은 1978년 준공된 것인데, 당시에 어떤 이유로 이곳에 동향으로 지어진 것인지 알 수 없지만 풍수적으로 크게 불리한 것은 부인할 수 없다.

따라서 부여가 백제의 도읍지로서의 명성을 회복하려면 우선 군청 입지부터 바꿀 필요가 있다. 장소는 금성산 중심 산줄기가 끝나는 백제초등학교 부지를 활용하면 된다. 그럴 경우 나지막한 안정감이 드는 터에 자리하면서 강바람을 걱정할 필요가 없고 백마강 건너편의 수많은 산이 파노라마처럼 펼쳐져 보이는 뛰어난 조망을 자랑하게 된다. 올바른 입지에 들어서면 그때는 서향이 되건 남향이 되건 큰 문제가 되지 않는데, 좌향보다 우선하는 것이 사이트이기 때문이다.

이곳은 풍수에서 요구하는 장풍과 득수를 모두 충족시킬 뿐 아니라 현재의 군청 입지와는 비교할 수 없는 부여군 내에서 최고의 길지가 된다. 따라서 부여의 백년대계를 위해서 부여군청을 금성산 아래로 옮기는 방법을 적극적으로 강구할 필요가 있다. 물론 백제초등학교는 현재의 장소에 상응하는 좋은 곳으로 이전해야 한다.

금성산과 백제초등학교

부여군청을 금성산 아래로 옮겨라

물(水)

물길의 길흉과 사례

풍수라는 말은 장풍득수 줄임으로 바람 고요하고 물 잔잔한 땅이 살기 좋은 곳이라는 말이다. 노래 가사에도 있듯이 물이 모이는 곳에 사람이 모이고 시장이 서며 재물이 쌓여 도시가 형성된다. 따라서 풍수에서 물은 생기와 재물을 의미하기 때문에 풍수의 시작과 끝이 물길의 길흉에 달려 있다 해도 과언이 아니다.

유리한 물길

첫째, 물길은 크게 굽이치며 흘러야 한다.

굽이침이 많을수록 물 흐름이 잔잔하고 바람도 고요하게 된다. 그림을 보면 원 부분의 물길이 가장 역동적인 것을 볼 수 있다. 이는 물길이 그곳에 머물고자 하는 징표이며, 그에 따라 생기가 충만한 곳이 된다. 따라서 입지를 정할 때 물길의 굽이침이 많은 곳을 선택하면 실패하지 않는다.

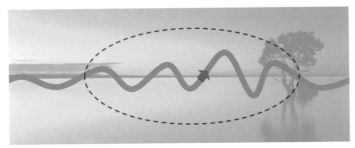

굽이침이 많은 물길

　유서 깊은 도시 런던, 파리, 로마 등의 물길은 마치 크게 춤을 추
듯 굽이침이 반복되고 있다. 이러한 형태가 좋은 물길의 표준이 된
다. 이때는 굳이 궁수, 반궁수를 따지지 않아도 된다.

　둘째, 물길이 터를 잘 감싸 주어야 한다. 물길이 감싸 준 것을 환
포수라 하며 재복이 풍족하다는 것을 의미한다.

하회마을 물길

　하회마을은 낙동강이 휘감아 도는 곳이다. 그래서 이곳 지형을
연꽃이 물에 떠 있는 것 같다 해서 연화부수형(蓮花浮水形)이라 부
른다. 세계문화유산 하회마을에서는 유성룡을 비롯해 많은 인재가

　　　　　　　　　　　　　　　　　　물길의 길흉과 사례

배출되었다.

국내 도시의 사례를 봐도 강을 끼고 있는 도시들은 물길이 감싸준 곳을 중심으로 발전된 것을 볼 수 있다.

셋째, 물은 저수지나 연못으로 고여 있는 상태가 좋다. 비유하면 창고에 재물이 넉넉한 상태를 말한다. 그러면서도 물이 맑아야 하는 것은 당연하다.

단, 저수지가 좌우로 넓게 보이면 오히려 재물이 흩어진 것으로 간주하기 때문에 일정 부분만 작게 보이는 것이 좋다. 넓은 호숫가 근처에서는 물안개가 자주 발생하기 때문에 건강에도 좋지 못한 영향을 미치게 된다.

물안개

그러므로 풍광이 좋은 이러한 곳은 물가에서 다소 떨어진 곳이 좋다. 만약 물이 넓게 보이는 곳이라면 거주하는 집보다 음식점이나 펜션 등으로 활용하는 것이 유리하다.

넷째, 여러 물길이 합수되는 곳이 최고의 터가 된다. 이때 많은 물길이 합수되는 것이 좋으니 다다익선이다. 울산 북구 신천동은 동천을 중심으로 4개 물길이 합수되는 곳으로 이곳에서는 청동기 시대 대규모 취락지가 발견되었다. 이곳은 현재 학교만 17곳 있을 정도로 인구밀도가 높은 곳이다.

앞에서도 소개했지만 상해 푸둥은 황포강이 감싸 주고 여러 물줄기가 합수되는 중국 최대 도시로 돈이 넘쳐나는 곳이다. 물길을 활용한 도시 개발에서 성공한 대표적 사례이다.

울산 북구 신천동 물길

다섯째, 물 흐름이 잔잔해야 한다.

춘천 서면은 박사마을로 유명한 곳이다. 인구 5,000명도 안 되는 작은 면소재지에서 최근까지 약 150명의 박사를 배출했다고 한다. 흥미로운 것은 박사 배출이 의암댐이 만들어진 이후부터 시작되었다는 것이다. 댐으로 인해 수량이 많아지고 물 흐름이 잔잔해졌을 뿐 아니라 여러 물길이 합수되는 곳이다.

불리한 물길

첫째, 물이 곧게 흐르는 곳은 불리하다. 물이 곧게 흐르면 유속도 빠르고 바람도 강해서 풍파가 많게 된다. 그리고 결정적으로 재물이 머물지 못하게 되는데, 직수로 흐르는 지역이 번성한 곳은 거의 없

　　　　　　　　　　　　物길의 길흉과 사례

다. 수단과 방글라데시 수도는 물길이 길게 빠지는 곳에 위치했는데, 당연히 물 흐름도 빠르게 된다. 두 나라는 극심한 경제력으로 어려움을 겪고 있으니 수도 입지는 국가 경제력을 좌우하게 된다.

둘째, 물길이 등지고 나가는 곳은 신중할 필요가 있다. 이러한 형태는 물길이 내 집을 향해 공격적으로 치는 모습일 뿐 아니라 재물과 등졌다는 것을 의미한다.

모 그룹 회장은 워커힐 옆에 살았다. 그러나 하필이면 한강이 등지고 나가는 곳이다. 마치 강한 공격을 한 뒤 치고 빠지는 모습이다. 지리학 교수가 이러한 곳은 조망은 좋을지 모르지만 건강을 해칠 수 있다고 조언하지만, C 회장은 **"기업가로 세계를 경영하는 사람이 그까짓 물길 하나 이기지 못하면 뭐하겠습니까?"** 하면서 대수롭지 않게 여겼다. 하지만 우려한 대로 C 회장은 얼마 뒤 폐암으로 세상을 떠났고, 간병하던 부인까지 병

모 그룹 회장 집터

에 걸려 죽고 말았다. 1980년대 초 금융계 큰 손으로 이름을 날리던 부부 또한 이곳 근처에 살다가 어음 사기 사건에 휘말려 구속되는 시련을 겪게 된다.

셋째, 풍수에서 물은 재물이지만, 물소리는 곡소리라 해서 매우 불리하게 여긴다. 물소리가 심하게 들리는 곳은 물이 빠르게 빠져나

갈 뿐 아니라 골바람까지 심하므로 풍파가 그치지 않게 된다.

넷째, 망망대해가 넓게 보이면 재물이 흩어지게 된다. 상식적으로 생각할 때 이러한 곳은 바닷바람에 무방비로 노출되는 곳이다.

부산 해변가 마을

부산 해변에 있는 마을은 오밀조밀한 풍광으로 많은 사람이 몰리는 곳이지만, 정작 당사자들은 쪽방에서 어렵게 살고 있다.

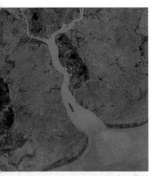
양곤 물길

다섯째, 물 나가는 수구가 넓게 벌어지면 흉하다. 이는 마치 설사가 멈추지 않는 것처럼 온몸의 기가 빠지는 것과 같다.

미얀마 전 수도 양곤은 여러 강줄기가 모여서 인도양으로 빠지는데, 수구가 크게 벌어진 모습이다. 결국 미얀마는 극심한 경제난을 이기지 못해 수도를 옮기게 된다.

여섯째, 물이 뿔뿔이 흩어지면 흉하다.

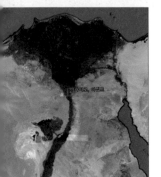
카이로 물길

이집트 수도 카이로는 나일강 물길이 뿔뿔이 흩어지는 꼭짓점에 위치했다. 이러한 물길은 재물이 모이지 않을 뿐 아니라 국론까지 분열되는 양상인데, 한 나라 수도의 물길이 그러하다면 심각한 문제가 아닐 수 없다.

물길의 길흉과 사례

참고로 찬란한 문명을 자랑했던 고대 이집트 수도는 나일강 중류였다.

캄보디아 수도 프놈펜은 두 줄기 물이 합수된 후 다시 두 줄기로 갈라지는 지점에 위치했다. 물길의 갈라짐은 국론 분열을 의미하는데, 아니나 다를까 킬링필드로 불리는 내전으로 전 인구의 1/3인 200만 명이 목숨을 잃고 말았다.

풍수인의 시각에서 보면 이들 나라가 난국을 타개하기 위해서는 수도를 옮기는 것이 선행되어야 한다.

일곱째, 물이 탁하고 냄새가 나면 극히 불리하다. 물은 맑고 깨끗해야 건전한 재물을 모을 수 있다. 만약 집이나 묘 앞에 탁하고 냄새 나는 연못이 있다면 반드시 좋지 못한 일이 벌어지게 된다.

모처에 있는 전직 대통령 선영에는 작은 연못이 있지만, 세월이 지나자 그 물이 오염되어 탁할 뿐 아니라 악취까지 나는 상태였다. 결국 그분은 퇴임 후 불명예스럽게 구속되고 말았다.

여덟째, 물길은 곧고 길게 나가는 것이 가장 불리하다. 고서에서는, 터 앞으로 물이 곧게 빠져나가면 천만금의 재산이 하루아침에 흩어진다고 했으니, 재물과 기운이 순식간에 빠지는 최악의 터이다.

임진왜란 당시 신립 장군은 탄금대에서 배수진을 치고 왜군과 전투를 벌였으나 전

탄금대 물길

멸하고 말았다. 탄금대는 남한강과 달천이 합수된 후 길게 빠져나가는 곳으로 풍수에서 흉하게 여기는 곳이다. 군 지휘관도 풍수를 알아야 하는 이유이다. 그렇지 않으면 최소한 명나라 군대처럼 풍수참모를 양성할 필요가 있다.

진주 의령에는 이병철 회장 생가가 있고, 근처에는 모친 묘가 있었다. 이곳은 묘 앞으로 물이 길게 빠지는 것을 볼 수 있다. 이곳에 묘를 쓰고 얼마가 지난 후 이병철 회장은 사카린 밀수 사건으로 일생일대의 위기에 처하게 된다. 그때 이병철 회장은 풍수인의 조언을 청하게 되는데, 풍수인이 말하기를 **"이곳은 물소리가 요란할 뿐 아니라 물길이 길게 빠져나가는 곳이어서 매우 불리한 곳입니다. 따라서 속히 이장을 해야 합니다."** 결국 그 이듬해 이곳 묘는 수원으로 옮기게 된다.

삼미그룹 창업자 김두식 회장 묘는 용인에 있었다. 그런데 하필이면 물이 길게 빠져나가는 곳이었다. 창업자 묘 이후 삼미그룹은 급전직하 추락하면서 결국 선영조차 지키지 못하고 묘소는 화장 후 흩뿌려지고 말았다. 한때 재계를 호령하던 영웅이 허무하게 사라지고 말았다.

김종필 총재는 2001년 부모님 묘를 고향인 부여에서 예산으로 옮긴다. 당시 대권에 도전하기 위해 이장을 한 것이라는 말이 있었다. 그런데 이곳 역시 묘에서 물 빠지는 것이 길게 보인다. 이곳으로 이장 후 JP는 불과 3년 만에 급속하게 추락하고 말았다. 그리고 쓸쓸히 정계를 은퇴해야 했는데, 차라리 이장을 하지 않은 것만 못한 결과를 초래했다.

세 곳의 물길을 보면 물이 길게 빠져나간다는 공통점이 있다. 이것을 보면 물 빠짐은 어떠한 영웅호걸도 이겨내지 못한다는 것을 알 수 있다.

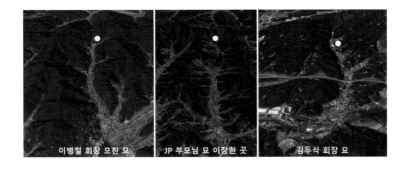

이상 살펴보았듯이 물길의 길흉은 집, 사업장, 묘지 등 모든 터에 언제 어디서나 일관되게 적용되는 것을 볼 수 있다. 이는 세계 어디서나 통용되는 보편타당성이 있다.

수맥이란 무엇인가

　요즈음 들어 풍수와 수맥을 같은 것으로 생각하는 경향이 있다. 그러한 관계로 TV 예능 프로그램에서조차 유명 연예인이 엘로드 (L-Rod)를 들고 다니는 장면이 방영되기도 한다. 수맥이 있으면 풍수가 나쁜 집이고, 수맥이 없으면 풍수가 좋은 집이라는 콘셉트이다. 물론 풍수는 좋은 땅을 찾는 것이기 때문에 당연히 수맥이 없어야 한다. 그러나 풍수는 눈에 보이는 것을 갖고 판단하지만, 수맥은 눈에 보이지 않는 지하의 물줄기를 찾는 것이기 때문에 접근하는 방식 자체가 근본적으로 다르다.

　수맥의 역사는 서양에서 지하수를 찾는 방법에서 시작되었다. 건조한 지대에서 수원을 개발하기 위한 방법으로 시작하다가 차츰 지하광물을 찾는 방법에도 활용되었다. 수맥이 우리나라에 소개된 것은 구한말 천주교 신부들로부터 비롯되었고, 그것을 우리나라 신부들이 배우면서 점차 확산된다. 그러나 차츰 물 찾기라는 본래 기능을 잃고 엉뚱하게 변질되면서 자칭 초능력자들이 출현하게 된다.

　다음은 우리나라 수맥 전문가들이 주장하는 수맥파의 폐해이다.

수맥은 지하에 좁은 지층을 따라 흐르는 물줄기다. 땅속으로 스며든 빗물은 일정한 지층을 따라 이동하다가 샘물로 분출되기도 하고 혹은 용출수가 되어 연못을 이루기도 한다. 이때 수맥은 띠처럼 일정한 폭을 형성하며 흐르면서 수직으로 파동을 일으키는데, 이를 수맥파라 한다. 수맥파는 인체에 좋지 못한 영향을 주기 때문에 수맥파 위에 집이나 사무실이 있으면 건강이 나빠지거나 혹은 각종 불리한 일이 일어난다. 건축물의 경우 균열이 발생하고 기계는 고장이 잦으며, 대부분의 동식물도 발육이 부진하게 된다. 수맥은 묘지에도 작용하는데, 묘지에 수맥이 있으면 망자의 체백이 피해를 입고 그로 인해 후손에게 나쁜 영향을 미친다.

구체적으로 수맥파 영향은 불면증부터 각종 사고, 우환, 질병 등이 따르며, 학생은 학습 능력이 떨어지고 임산부는 유산 위험이 높다고 한다. 그 말을 반대로 하면 수맥이 없는 곳은 숙면하고, 가정이 편안하고, 학생은 공부가 잘되고, 음식점과 회사는 경영이 순조롭다는 말이다. 그런데 그들 주장에 의하면 수맥은 그물처럼 촘촘하기 때문에 거의 대부분의 공간이 수맥을 피할 수 없다는 것이다. 집은 물론 좁은 사무실에서도 여러 줄기 수맥이 사방으로 있기 때문에 수맥이 지나는 곳을 피해서 생활해야 한다는 주장이다.

하지만 지질학이나 지리학에서는 수맥이라는 용어 자체가 없을 뿐 아니라 수맥파에 대해서도 전혀 인정하지 않는다. 다만 지리학에서 땅속에 흐르는 물을 파이프류(pipeflow)라 하여 간략하게 언급할 뿐이다.

다음은 백과사전의 수맥에 대한 정의이다. "**수맥이 인체에 영향을 준다는 주장은 대한민국에 널리 퍼져 있는 대표적인 유사과학(사**

이비과학)이다." 그러나 서양의 과학이라는 잣대로 설명할 수 없는 부분도 있다는 것을 배제할 수 없다.

여기서 필자의 경험을 소개해 보겠다. 오래전 필자 집에 수맥 전문가 다섯 분을 각각 다른 시기에 초청해 수맥을 점검해 달라고 부탁한 바 있다. 하지만 다섯 분의 도면은 모두 달랐다. 당시 필자는 진정성을 갖고 정중히 요청했지만, 전혀 의외의 결과에 혼란을 겪어야 했다. 그런 관계로 필자는 모든 방에 동판을 깔아야만 했다.

이때부터 필자는 수맥에 대해 의문을 갖게 된다.

"과연 누가 맞는 것인가?"

"맞는 도면이 있기는 한 것인가?"

"맞고 틀림을 검증할 방법은 있는가?"

그즈음(2003년) SBS TV에서 흥미로운 프로가 방영되었다.

프로그램은 '도전! 100만 달러, 초능력자를 찾아라'

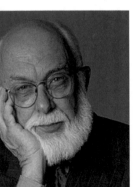

'제임스 랜디'라는 미국인 마술사가 자신 앞에서 초능력을 입증하면 100만 달러를 주겠다는 제안이다. '제임스 랜디' 말에 의하면 세계의 많은 사람이 자신의 초능력을 주장하지만, 실제는 모두 트릭에 불과하기 때문에 보이는 것을 모두 믿지 말라는 것이다. 그는 유명한 '유리 겔라'가 염력으로 숟가락을 구부리는 것조차 트릭이라는 것을 밝힌 바 있다.

제임스 랜디

2003년 3월 그 프로그램에 수맥 전문가 두 명이 출연한다. 그들은 수맥뿐 아니라 기감으로 어떠한 물건도 찾을 수 있고, 묘지 속 남녀를 정확히 구분할 수 있다는 것이다. 당시 필자 또한 수맥에 깊이 빠진 상태였기 때문에 관심 깊게 지켜보았다.

'제임스 랜디'는 각자에게 미션을 주는데, 엘로드로 어떠한 물건도 찾을 수 있다는 수맥 전문가에게는 10개의 컵 안에 금 두꺼비가 있는지 없는지 7번 맞추면 초능력자로 인정해 100만 달러를 주겠다는 것이다. 그러나 엘로드를 사용한 수맥 전문가는 기준에 한참 미치지 못한다.

또 한 명의 수맥 전문가는 추를 사용하였으며, 미션은 공원묘지에서 묘지 속 망자가 남자인지 여자인지를 맞추는 시험이었다. 하지만 그 또한 절반도 넘지 못했다.

수맥을 찾는 방법은 개인마다 다른데, 엘로드, 추, 관룡자, 나뭇가지 등을 사용하기도 하고 혹은 아무런 도구 없이 맨손으로도 가능하다는 사람도 있다. 엘로드를 사용할 때는 두 개의 쇠막대가 교차하는 지점, 추를 사용할 때는 추가 움직이는 지점, 나뭇가지는 수평의 상태에서 갑자기 반응하는 지점, 관룡자는 빠르게 회전하는 지점이 수맥이 있는 곳이라는 설명이다.

수맥을 찾는 것은 누구나 수련을 하면 어느 정도까지는 가능하지만, 전문가 수준에 도달하려면 특별한 능

엘로드

력이 있어야 한다고 한다. 그중에서도 뛰어난 사람은 수맥뿐 아니라 온천이나 지하 땅굴을 찾는 것은 물론이고 묘지 사진만 갖고도 수맥의 여부는 물론 땅의 좋고 나쁨을 알 수 있기 때문에 풍수에 적용할수 있다는 것이다. 그러한 관계로 2013년에는 북한의 남침용 땅굴이 남양주까지 내려왔다고 해서 굴착기를 동원해 땅을 파는 소동이벌어지기도 했다. 당연히 근거 없는 해프닝으로 끝나고 말았다.

그들이 틀림없는 수맥의 증거라고 말하는 것 중의 하나가 묘지를이장할 때 보면 관 속에 물이 차 있거나 혹은 진흙 앙금이 묻어 있는등 묘지 속 상태가 불량하다는 점이다. 즉 처음 묘를 쓸 당시에는 물이 전혀 없었으나 그 후 수맥의 영향으로 관 속에 물이 들고 난다는주장이다.

묘지 속 빗물

수맥이란 무엇인가

하지만 이는 심각한 오류다. 묘지 속에 물이 차는 것은 거의 대부분 빗물이 스며들기 때문이다. 땅은 한 번 파게 되면 생토와 밀도가 다르기 때문에 빗물이나 나무뿌리 혹은 벌레가 침투하기 쉽게 된다.

묘지 속에 빗물이 스며드는 것을 방지하기 위해서는 생석회를 사용해 땅 다짐을 견고하게 하는 등 빗물의 침투를 최소화하는 작업이 되어야 한다. 하지만 요즈음은 장비를 이용해 무성의하게 묘를 조성하기 때문에 10기 중 9기가 물이 스며들거나 나무뿌리가 침투하는 등 묘지 속 상태가 불량한 것이다. 사람들은 이것을 보고 틀림없는 수맥의 증거라 말하지만, 실은 모두 빗물이 스며든 때문에 생긴 현상이다.

앞에서 말했듯이 필자 또한 수맥에 심취했던 시기가 있다. 그리고 10년의 부단한 노력 끝에 드디어 수맥은 물론이고 명당의 기운까지 구분할 수 있는 특별한 능력이 생겼다고 자부하게 된다.

그러던 어느 날 평상시처럼 인근 야산에서 기감 수련을 할 때였다. 당시는 3월 초로 얼었던 땅이 녹아 흙이 질척거리기 때문에 나름으로는 신발에 진흙을 묻히지 않기 위해 조심스럽게 걷고 있었다. 그중 낙엽이 있는 곳은 진흙을 묻히지 않겠다고 생각해 밟는 순간 크게 미끄러지면서 온몸이 붕 뜰 정도로 크게 엉덩방아를 찧는다. 낙엽 밑은 아직 얼음이 있었던 것이다. 온몸이 허공에 떠 있다가 땅에 떨어질 때까지 불과 1초의 찰나였지만, 그 순간 필자는 한 가지 깨닫게 된다.

"낙엽 한 장 밑도 모르면서 땅속 깊은 곳을 알 수 있다고 한 것은 지독한 교만이었구나."

크게 넘어진 충격으로 잠시 숨을 고르고는 당시 필자가 지니고 있던 엘로드와 추를 모두 산 아래로 힘껏 던져버린다. 그 후로 필자는 두 번 다시 엘로드를 든 적이 없다. 돌이켜 생각하면 10년 넘도록 헛고생했다는 자책도 했지만, 지금은 그 조차도 통과의례였다고 생각한다.

그러면 누군가는 또 이런 말을 할 것이다.

"당신은 능력이 부족한 탓이고 나는 당신과 다르다."

그럴 수 있을 것이라 생각한다. 필자가 모르는 세계도 있을 것이기 때문이다. 하지만 눈에 보이는 것도 다 알지 못하는데, 보이지 않는 것까지 어찌 알 수 있겠는가.

각설하고, 이제부터는 필자가 생각하는 수맥에 대해 피력해 보겠다.

첫째, 가장 먼저 수맥이 있고 없고를 어떠한 방법으로 입증할 수 있는지 해결되어야 한다. 앞에서 말했듯이 동일한 장소에서 5명이 모두 다르다면 누구의 의견을 따라야 할 것인가. 그들만의 방법이 아닌 보다 객관적인 방법이 제시되어야 한다. 하지만 아직 수맥을 탐지하는 기술은 없다.

수맥은 고층 아파트에서도 감지된다고 한다. 그러면 아파트 땅 밑을 파보면 증명될 것인가? 어느 누구도 검증할 수 없다고 해서 섣불리 말하는 것은 조심해야 한다.

수맥이란 무엇인가

둘째, 수맥을 피하는 방법은 수맥 위를 피하면 된다고 한다. 쉬운 방법은 수맥이 있다고 생각되는 지점에 동판을 깔면 수맥을 차단할 수 있다고 한다. 그 외에도 수맥파를 차단하고 중화시킨다는 달마도, 생기도자기, 히란야 등이 있고 심지어는 부적도 판매된다. 하지만 이것들 모두 검증된 것은 아니며, 그저 심리적인 영향으로 보면 된다.

셋째, 수맥파는 수직으로 작용하기 때문에 63빌딩에서도 감지된다고 한다. 그렇다면 지하부터 최고층까지 수맥의 영향으로 특정 라인은 사건 사고가 잦아야 한다. 고층 아파트도 마찬가지이므로 특정 동·호는 우환이 빈번해야 한다는 논리가 성립된다. 하지만 그에 대한 사례는 전혀 알려진 바 없다.

넷째, 수맥이 땅으로 표출된 것이 샘물이고 우물이다. 우물물이 지하에 있으면 수맥이 되는데, 우물이 있는 집은 대부분 수맥 위에 위치했다고 볼 수 있다. 그러면 우물이 있는 집은 우환이나 질병이 많아야 한다. 하지만 예전에 집안에 우물이 있거나 펌프가 있는 집은 그 마을에서도 유지에 속하는 부유층이었다.

단적인 예로 경주 재매정은 김유신이 살던 곳이었다. 하지만 김유신은 재매정에 살면서 인간이 누릴 수 있는 최고의 부귀를 누렸으며, 누이동생 또한 김춘추의 왕비가 되어 문무대왕을 낳는다.

순창 구미리에 가면 남원양씨가 600년을 자리한 거북장수마을이 있고 종갓집 옆에는 오래된 우물이 있다. 우물 주변에는 수맥이 있을 것이지만, 마을 사람들은 오히려 우물물로 인해 장수한다고 생각한다.

　고종황제가 태어난 운현궁 내에는 우물이 네 곳이나 있고, 박정희 대통령과 육영수 여사 생가에도 우물이 있다. 그리고 이병철 회장 생가는 안채와 사랑채에 각각 우물이 있다. 우물이 있지만 거주하는 사람의 방은 절묘하게 수맥이 피했다고 할 것인가.

구미 박정희 생가　　　　　　　　　　　　의령 이병철 생가

　일본은 땅을 파기만 하면 온천이라는 말이 있을 정도로 온천이 널려 있다. 그렇다면 수맥 또한 광범위하게 분포되었을 것인데, 온천 마을이 수맥파로 인해 우환이 많다는 말을 들어본 적 없다. 이는 온양이나 수안보 같은 국내의 온천 단지도 마찬가지다.

　필자는 수맥 탐사의 본래 기능인 지하수를 찾는 방법에 대해서는 공감한다. 지구 전체가 기후 변화로 물 부족이 심화되는 상황에서는 오히려 적극 활용되면 좋겠다는 생각이다. 이러한 시기에 대한민국의 뛰어난 수맥 전문가 몇몇이 NGO 단체의 일원으로 아프리카에 가서 물 부족으로 고통받는 사람들을 위해 봉사한다면 국위를 선양할 수 있을 것이다.

덧붙여 말하면 엘로드와 같은 방법이 혼자만의 보조적인 수단으로 활용하는 것은 무방하다. 인간은 나약한 존재이기 때문에 때로는 어딘가에 의존하고 싶을 때가 있기 때문이다. 하지만 검증할 방법이 없다는 맹점을 이용한 무차별적인 수맥파의 폐해에 대해서는 냉정한 평가가 따라야 한다. 지하수 탐사 전문가 말에 의하면, 어떠한 땅을 파도 물이 안 나오는 곳은 없으며, 다만 깊이의 문제라는 말을 곰곰이 생각해 볼 필요가 있다.

단연코 말하지만 수맥 찾기는 풍수가 아니며, 자신을 과시하려는 퍼포먼스에 지나지 않는다.

경주 최부잣집 흥망의 비밀

옛말에 이르기를 3대 가는 부자 없다고 한다. 노력 없이 물려받은 부자는 오래가지 못한다는 말이다. 그런데 경주 최부잣집은 무려 12대 300년간 영남 지방 최고의 부자를 유지하였다. 이러한 경우는 세계적으로도 유래가 없는 일이라고 한다.

최부잣집은 경주 반월성 옆에 자리하는데, 반월성은 신라의 천년 궁궐이었다. 최부잣집 부의 비밀을 풀기 위해서는 먼저 경주의 지리를 알아야 한다.

참고로 인류 역사상 1,000년 이상 수도의 역할을 한 곳은 이탈리아 로마, 중국 시안, 일본 교토, 그리고 경주뿐이다. 경주는 넓은 들이 있는 것도 아니고 웅장한 산에 둘러싸인 천혜의 요새도 아니다. 그럼에도 강대한 고구려와 백제를 물리쳐 삼국을 통일하고, 또 당나라와의 8년간 전쟁을 승리로 이끌면서 1,000년간 도읍을 유지할 수 있었다. 놀라운 저력이 아닐 수 없다.

경주의 지리적 요인 중 가장 특징적인 것은 형산강이 남북으로 흐르다가 경주 중심지에 이르러 여러 물줄기와 합수되는 형태라는 점이다. 형산강은 남산을 지나면서 점차 수량이 많아지고 반월성에 이르면 좌·우측에서 대천과 남천이 합수되면서 비로소 형산강 본류를 형성하게 된다. 신라가 번영을 누리던 시기에 형산강은 무역선이 다닐 정도로 수량이 풍부했다고 한다. 그러나 지금의 형산강은 모래톱이 드러난 얕은 하천으로 전락하고 말았다.

대한민국의 수도 서울을 관통하는 한강이 정비 사업으로 수량이 많아지면서 세계 10위권의 경제 대국으로 성장했듯이 경주가 찬란한 영광을 회복하기 위해서는 무엇보다 형산강 물길을 정비해야 할 필요가 있다.

반월성이란 이름은 지형이 초승달처럼 생긴 것에서 유래되었다. 반월성에서 보면 남천이 앞에서부터 흘러오는 물길인데, 이렇듯 앞에서 물이 들어오는 터는 속발한다고 하였다. 이러한 물을 조수(朝水)라 한다. 실제로 신라 3대 왕 석탈해는 이곳에 집터를 얻고 왕위에 올라 23년간 통치했으니 금시발복한 셈이다.

반월성

최부잣집 12대 만석꾼에 대한 명성은 임진왜란과 병자호란 때 무신으로 활약한 최진립 장군부터 시작된다. 최진립은 병자호란 때

인조 임금이 남한산성에 포위되자 공주에서 위험을 무릅쓰고 달려
간다. 이미 승패가 갈린 상황이지만 조선의 신하로 죽기를 각오한
것이다.

그때 말하기를 **"임금께서 어려움에 처해 계신데 늙은 신하가 어
찌 살기를 도모하겠는가?"** 하며 청나라 군대와 싸우다 장렬히 전사
한다. 그의 나이 69세였다.

최준 선생

마지막 만석지기 최준 선생은 이곳 교동에 살면
서 독립운동 자금으로 김구 선생에게 거액을 지원한
다. 나라가 없으면 부자도 없다는 신념이었다. 그리
고 나머지 전 재산으로 대구대학을 설립하는 등 교육
활동에 전념하면서 최부잣집 신화는 막을 내리게 된
다. 마치 불꽃이 마지막 순간에 빛을 발하듯 아름다
운 스러짐이 아닐 수 없다.

최부잣집 12대 중 전반기 6대는 경주시 내남면 이
조리에 살았고 그 후 7대부터 12대까지는 현재의 교
동에서 살았다. 전반기 6대를 살던 이조리 집터를 보면 형산강과 이
조천 등 3개의 물길이 합수되는 지점이고 형산강 본류가 앞에서 들어
오는 물길이다. 이조리란 지명은 물이 모이는 기름진 땅이란 뜻이다.

최진립은 풍수에서 가장 유리하게 여기는 물길을 보고 터를 정한
것이니 충의당은 그에 상응하는 만석꾼의 부자뿐 아니라 조선 최고
의 명문가라는 명성까지 주었다.

최부잣집 가훈

- 과거를 보되 진사 이상은 하지 마라.
- 만석 이상의 재산은 사회에 환원하라.
- 사방 백 리 안에 굶어 죽는 사람이 없게 하라.
- 며느리들은 시집온 뒤 3년 동안 무명옷을 입어라.
- 흉년에는 땅을 늘리지 마라.
- 과객을 후하게 대접하라.

충의당 물길

조선 현종 때 전국적으로 큰 흉년이 들어 당시 100만 명이 굶어 죽을 정도로 참혹했다고 한다. 이를 역사는 경신 대기근이라 한다. 그때 3대 부자 최국선은 자기 집 곳간을 열어 찾아오는 모든 사람에게 죽을 끓여 먹이고 쌀을 나눠 주며 헐벗은 사람에게 옷까지 지어 준다. 그러자 소문을 듣고 전국에서 더 많은 사람이 찾아오게 된다. 이때 최국선이 말한 것이 **"사방 백 리 안에 굶어 죽는 사람이 없게 하라."**였다.

최국선에게는 또 다른 일화가 있다. 당시 최부잣집에는 급한 사정으로 돈을 빌린 사람들이 담보로 잡힌 문서가 많았다. 그러나 최국선은 담보로 맡긴 문서를 모두 불태운다. 그러면서 하는 말이 **"갚을 사람이면 이런 담보가 없어도 갚을 것이고, 안 갚을 사람이면 담보가 있어도 갚지 않을 것이다."** 진실된 마음으로 가난한 사람을 도운 훌륭한 인품이 아닐 수 없다.

이조리에서 현재의 교동으로 옮길 때도 물길을 보고 정하는데, 교동 집터 또한 형산강, 남천, 대천이 합수되는 곳이다. 두 곳은 세 줄기 물길이 합수되는 곳으로 비슷한 물길의 형태다. 최부잣집은 터를 정할 때 물길을 중시했다는 걸 알 수 있다.

교동, 최부잣집

그림을 자세히 보면 집 옆에 아치형 석교가 있는 것으로 보아 작은 물길이 있었던 것을 알 수 있다. 이 개천은 최부잣집 앞을 흐르던 남천과 합수되는데, 당시에 적지 않은 물이 흘렀을 것으로 보인다.

이 물길은 명활산에서 시작되어 황룡사를 지나 흐르던 하천이었다. 신라 왕궁 반월성은 이 하천을 방어용 해자로 삼았던 것이니 수량이 많고 깊었을 것으로 짐작된다. 그러나 이 하천은 일제강점기 시대인 1910년 무렵 철로를 만들면서 물길을 끊어 급격하게 수량이 줄게 된다. 풍수에서 물은 부의 원천으로 수량이 많고 일정해야 하는데, 물이 갑자기 마르면 재물도 끊긴 것이기 때문에 크게 불리하

경주 최부잣집 흥망의 비밀

게 된다.

따라서 최부잣집 12대 종식은 집 옆을 흐르던 물길이 끊기면서 결정적으로 영향을 받은 것으로 일제는 풍수를 활용해 자신들에게 눈엣가시 같은 최부잣집을 망하게 하기 위해 의도적으로 철로를 놓아 물길을 끊은 것이다.

지금 이곳의 물길은 반월성 발굴로 완전히 끊어진 상태고, 최부잣집 또한 쓸쓸하게 관광지로만 남아 있다. 하지만 복원이 완료되어 해자(垓字)에 물이 흐를 때쯤이면 노블레스 오블리주의 참된 모습을 보여준 최부잣집 명성이 재현되기를 기대해 본다.

물이 휘감아 도는 회룡포

　회룡포는 낙동강 지류 내성천이 태극무늬 모양으로 크게 휘감아
돌면서 넓은 모래사장을 만들고 그 안에 마을이 자리했다. 용이 휘
감아 돌며 승천하는 것 같은 물길 때문에 국가명승 제16호로 지정되
었으며, 드라마와 예능 프로그램 등에 자주 소개되는 곳이다. 회룡
포를 한눈에 보기 위해서는 내성천 건너 회룡대에 올라야 하는데,
통일신라 시대 때 건립된 천년 고찰 장안사에서부터 여정이 시작된
다. 비룡산 산기슭에 위치한 장안사는 오목한 제비 둥지 같은 지형
에 자리했으니 바람을 막는 데 유리한 지형이다.

　　　　　　　　　　　　　　　　물이 휘감아 도는 회룡포

장안사부터 회룡대까지는 223계단을 올라야 하는데, 계단 좌우에 있는 시를 보며 쉬엄쉬엄 오르면 된다. 계단을 오르면 회룡포 마을 뒤편으로 사랑의 산이라 불리는 하트 모양의 산이 보인다. 이곳에서 젊은 남녀가 사랑을 약속하면 이루어진다고 해서 많은 청춘 남녀가 일부러 찾는 곳이다. 전망대에서 바라본 회룡포 마을은 고즈넉한 분위기를 자아내면서 육지 속의 섬마을로 불리는 한적한 마을이다.

내성천에는 뽕뽕다리로 불리는 다리가 있는데, 어린 시절 마을 냇가를 건너던 추억이 생각나는 곳이다. 콘크리트로 만든 다리를 차를 타고 건너는 것보다 훨씬 운치 있고 정겨움이 있다. 회룡포 마을을  방문하는 사람들은 반드시 뽕뽕다리로 건널 것을 추천한다.

마을 입구에는 '1박2일 촬영지'라는 안내판이 친절하게 방문객을 맞이하고 있으며, 마을 안으로 들어가면 유채꽃밭과 보리밭이 있어 편안한 분위기를 자아낸다. 마을 전체를 천천히 둘러보아도 1시간 남짓 걸리기 때문에 가볍게 산책하기 좋은 곳이다.

회룡포를 S자 형태로 휘감은 내성천 물길을 풍수에서는 한문(扞門)이라 한다. 한문은 수구사 일종으로 물이 빠지는 것을 좌우의 산이 빗장을 지르듯 막아 주는 것을 말한다. 물이 돌아 나가는 것은 산이 강까지 이어졌기 때문이고, S자로 두 번 돌아나가는 것은 강 양쪽에서 두 개의 산줄기가 마주 보듯 내려왔기 때문이다. 이와 같은 산세와 물길을 수구가 교쇄되었다고 하는데, 물길이 그러하면 반드시 상류에 좋은 명당이 있는 법이다. 그 명당이 마을이나 집터가 될 수 있고 혹은 음택의 명혈이 생길 수 있다. 그래서 풍수 고전에서 말하기를, 길지를 찾으려면 산보다 먼저 물길을 보라고 하였다.

- 산에 올라 혈을 정할 때는 먼저 물길을 살펴라.
- 산에 오르면 수구를 볼 것이며, 혈처에서는 명당을 살필 것이다.
- 산을 살피지 말고 먼저 물을 볼 것이다.

수구교쇄(水口交鎖)가 잘 이루어진 도시는 광주광역시와 대구광역시가 있다. 또 임진강 물길은 문산읍에서 수구교쇄가 잘 되었고 초평도가 나성 역할을 하고 있다. 봉화 닭실마을과 경주 양동마을도 수구가 잘 막힌 곳이다.

안동 하회마을처럼 수구처에 길지가 생기는 경우도 있지만, 대체로 상류에 생긴다는 것을 생각하면 회룡포 위쪽에 좋은 명당이 있을 수 있다는 추리가 가능하다.

회룡포를 지나는 물길은 다시 삼강주막 앞에서 내성천, 금천, 낙동강이 합수되어 낙동강 본류를 형성한다. 이러한 물길을 보면 회룡포 위쪽의 혈은 보통 자리가 아닐 것으로 보인다.

'적선지가 필유여경(積善之家必有餘慶)'이라 했으니 덕을 많이 베푼 사람이 명혈을 찾아 집이나 묘를 쓴다면 가문의 크나큰 복일 것이다.

　회룡포에서 가까운 용궁면에 가면 오래된 막걸리 양조장이 있다. 1960년부터 시작했다 하니 65년 된 노포이고, 전통적인 방법으로 막걸리를 제조하여 술맛 좋기로 이름난 곳이다. 이 거리에는 순댓국 집이 많은데, 손님 대부분이 외지인일 정도로 소문난 맛집들이 많다. 회룡포를 답사하고 이곳에서 순댓국과 막걸리에 여정을 마무리 하는 것도 유익하고 즐거운 여행이 될 것이다.

4대강 수중보 철거를 반대하며

    요즈음 들어 한강 신곡수중보를 포함한 4대강에 설치된 보를 철거해야 한다는 논쟁에 찬반양론의 갈등이 심해지고 있다. 수중보를 철거해야 한다는 주장은 환경 단체를 중심으로 수질이 악화되면서 생태계에 불리한 영향을 준다는 것이고, 반면에 수중보 철거를 반대하는 측은 많은 수량으로 인해 뛰어난 수변 경관을 유지하면서 지역의 명소로 자리매김하고 있다는 것이다.

    또 보를 철거할 경우 수위가 낮아져서 인근 지역 영농에 타격을 줄 뿐 아니라 보를 철거해도 환경 영향 평가는 별 차이가 없다는 주장이다. 이에 대해 필자는 환경 단체도 아니고 지역주민도 아닌 풍수인의 입장에서 의견을 피력해 보고자 한다. 풍수에서는 물에 대해 다음과 같이 평가한다.

- 풍수에서 물은 재물을 관장한다.
- 물이 깊으면 부자가 된다.
- 천년 동안 마르지 않는 물은 천년의 부를 약속한다.
- 물은 합수되어 모여 있는 것이 가장 길하다.

- 물은 곧고 길게 나가면 크게 불리하니 즉시 쇠락하게 된다.
- 물 나가는 수구는 이해가 가장 밀접한 것이다. 혹 수해로 인하여 교량이 손실되면 흉화가 곧 닥치게 된다.

이상을 정리하면, 물은 크게 굽이치면서 흘러야 하고 어디서 오고 가는지 알 수 없을 정도로 잔잔하게 흘러야 한다. 반대로 물이 급하게 흐르거나 직수로 흐르는 것은 불리한 것으로 간주한다. 따라서 물길은 곧 경제력이 되어 도시 경쟁력이 된다.

춘천 서면은 전국적으로 유명한 박사마을이다. 전체 인구가 4,000명도 안 되는 작은 면소재지에서 2018년까지 약 150명의 박사를 배출하였다. 흥미로운 것은 서면에 박사가 배출되기 시작한 것이 1963년 북한강 하류에 의암댐을 완공한 이후부터라고 한다. 즉 전에는 북한강 물이 빠르게 빠져나갔지만, 의암댐을 완공하고 나서는 거대한 담수호가 생기고 물 흐름이 완만해지면서부터 박사 배출이 시작되었다는 것이다. 그 개연성만으로 단정할 수 없지만, 서면은 북한강, 소양강, 공지천, 만천천, 금산천 등 여러 물길이 합수되면서 춘천에서도 수량이 가장 풍부한 곳이다.

조선의 500년 도읍 한양은 청계천을 중심으로 형성되었다. 조선 초 한양으로 천도할 때 풍수인 윤신달은 말하기를 "**우리나라 경내에서는 송경이 제일 좋고 여기가 다음 가나, 한 되는 바는 북서쪽(자하문 고개)이 낮고 물과 샘물이 마른 것입니다.**"라고 하였다. 한양의

종로3가 인근 청계천(1904년)

명당수가 적은 것을 지적하지만, 태조 이성계는 무학대사 등의 찬성에 따라 도읍으로 결정한다.

그 후 태종은 군사 5만 명을 동원해 한 달간 대대적인 개천 준설 공사를 하고 세종은 **"경복궁은 주작이 허하고 명당에 물이 없으므로 개천을 파고 나무를 심으려 하니 이것이 나라에 유익한 것이다."**라고 하였다.

하지만 이러한 노력에도 불구하고 청계천은 근본적으로 물이 적었고, 곧고 길게 흘러 풍수에서 꺼리는 직수였다. 그 후 윤신달의 우려는 현실이 되는데, 청계천의 적은 수량에 비례해 조선의 경제력은 서구 열강에 크게 뒤처지게 된다. 오죽하면 구한말 선교사들 눈에는 조선이 세계에서 가장 가난한 나라로 보였겠는가.

해방 이후에는 6·25전쟁을 겪으면서 수도 서울은 폐허가 되고 1970년대 초까지 대한민국은 세계 각국으로부터 원조를 받는 가난한 나라의 굴레를 벗어나지 못했다. 이때까지 서울은 청계천이라는 실개천에 의지하고 있었다.

하지만 1970년대 중반 한강종합개발을 하면서 서울은 강북과 강남으로 지역이 확산되고 대규모 토목공사와 건

한강의 물길

4대강 수중보 철거를 반대하며

설 경기로 서서히 기지개를 켜게 된다. 서울의 물길이 청계천에서 한강으로 바뀐 것이다. 이때부터 '한강의 기적'이라 불리는 비약적인 성장을 하게 된다. 특히 1986년 신곡수중보가 생기자 한강은 더욱 많은 수량을 간직하면서 수도 서울의 성장을 견인할 수 있었다.

한 나라 수도의 부는 곧 국력을 의미한다는 것을 생각하면 대한민국이 지금과 같은 세계 10위권의 경제 대국으로 발전한 것은 한강 개발과 무관하지 않다.

요즈음 들어 신곡수중보를 철거할 것인지 말 것인지 각계의 의견을 수렴하고 있다고 한다. 그러나 신곡수중보를 철거하면 한강의 수량은 크게 줄어들 것이고 썰물 때는 파주까지 23km 직수로 빠지게 된다. 덩달아 지방에서는 금강과 영산강의 보를 철거하겠다고 하는데, 두 강은 수량이 크게 줄어 하천으로 전락할 것은 불 보듯 뻔한 일이다. 보를 철거하면 모래톱이 생기고 철새가 찾아온다고 하지만, 그 가치가 대한민국 경제력과 맞바꿀 수 있는 것인지 묻지 않을 수 없다.

보 개방에 대해 서강대 이덕환 교수는, 보로 인해 유속이 느려져 녹조 발생이 많아지는 것은 사실이지만, 보다 근본적인 문제는 지천에서 합류하는 유기화합물이 더 큰 문제라는 것이다. 따라서 지천의 수질을 관리하는 것이 선행되어야 하며, 그렇지

녹조 현상

않으면 보를 해체해도 녹조는 사라지지 않는다고 하였다.

그렇다면 문제는 어렵지 않다. 보를 살려 수량을 유지하면서 수질을 개선하는 방법을 모색하면 된다. 대한민국 기술력이면 해결할 수 있는 문제다. 신곡수중보를 포함해 4대강의 보를 철거해서 강물이 메마르면 이제껏 누렸던 풍요와 번영은 끝나고 국가적 재난이 닥칠 수 있다. 풍수에서 물길의 영향이 빠르다는 것을 생각하면 실로 두려운 일이 아닐 수 없는데, 물길의 길흉은 예외 없이 정직하고 정확했다는 것을 잊지 말아야 한다.

난지도의 상전벽해

필자는 난지도 인근 상암동이 고향이다. 그런 관계로 초등학교 시절부터 집과 가까운 난지도를 자주 놀러 가곤 했다. 난지도는 여의도와 비슷한 크기였으며, 난초 등의 꽃이 많이 핀다고 해서 꽃섬으로 불리기도 했다. 난지도에는 포플러나무가 많았는데, 포플러나무 길은 외지인들도 놀러오는 아름다운 곳이었다. 또 서해와 연결되어 물고기도 풍부해 수많은 철새가 날아오는 철새 도래지였다.

난지도와 샛강(1970년 무렵)

이렇듯 풍광이 좋은 탓에 겸재 정선의 그림에도 등장한다. 난지도에는 서울시에서 운영하는 고아원이 있었으며, 그들은 등하교 때 나룻배를 타고 다녔다.

상암동 어귀 쪽은 샛강이라 불렸으며, 나룻배를 타고 난지도에 들어가면 섬 안은 온통 땅콩밭이었다. 그 시절 난지도에서 쥐구멍을 찾아 땅을 파면 쥐구멍 속에는 땅콩이 가득 들어 있었는데, 겨울 양식으로 물어다 놓은 것이다.

난지도를 가로질러 가면 고운 백사장이 넓게 펼쳐진 한강 본류가 나타나는데, 은빛 모래가 눈부시게 펼쳐진 곳이었다. 이곳 강변은 물놀이를 하고 재첩을 줍던 그 시절 놀이터였다. 그러나 고운 모래가 많은 탓에 모래 채취선도 많았고, 강물 속 모래를 파간 곳에는 깊은 웅덩이가 생겨 그곳에 빠져 익사 사고도 가끔 일어나곤 했다. 여름철 홍수 때는 섬 전체가 물에 잠기곤 했는데, 상류에서 떠내려 온 짐승들의 피난처였기도 했다.

그렇듯 아름다운 추억의 난지도가 1978년부터 서울시 쓰레기 매립장으로 바뀌면서 파리와 모기가 들끓고 악취가 풍기는 최악의 환경이 되었다. 파리를 잡기 위해 집집마다 끈끈이를 달아 놓으면 순식간에 새까맣게 둘러붙을 정도였다. 오죽하면 파리, 먼지, 악취가 많다고 해서 삼다도로 불리기도 했다.

그렇게 난지도가 쓰레기 섬으로 바뀔 무렵 쓰레기 더미 옆에도 사람이 거주하게 된다. 쓰레기를 뒤져 재활용 물건을 수집하는 사람들이었다. 그들은 망태를 등에 지고 다니면서 쓰레기차가 버린 곳을

헤치며 돈이 되는 빈 병이나 플라스틱 등의 물건을 모아 파는 것이다.

당시 쓰레기 매립은 서울시 각 구별로 지정이 되었는데, 서울의 부자 동네에서 오는 쓰레기차가 인기가 많았다. 돈이 되는

물건이 많았기 때문이다. 그리고 가끔은 쓰레기 더미에서 값비싼 패물이나 돈뭉치를 주었다는 소문이 돌기도 했다.

하지만 땅콩을 캐고 조개를 줍던 난지도가 쓰레기 매립장으로 변하면서 인근에서 살던 사람들의 인심도 바뀌기 시작하는데, 순박한 사람들이 거칠고 난폭하게 변하는 것이었다.

환경은 그곳에 사는 사람들의 부귀빈천뿐 아니라 의식의 형성까지도 영향을 미친다고 보는 환경 결정론을 직접 보고 느끼면서 후일 풍수에 대한 공부를 시작하게 된다. 특히 자아 형성에 중요한 청소년기 학생들에게 큰 영향을 끼쳤는데, 난지도가 쓰레기로 점점 높아질수록 덩달아 성격도 흉포해지는 것이었다.

그렇게 15년간 쓰레기를 쌓은 난지도는 100m 높이의 산으로 바뀌었고, 1993년 포화 상태가 되어 쓰레기 매립이 종식된다.

그러자 난지도를 휘감아 돌던 샛강은 사라지고 더 이상 섬이 아닌 육지가 되었다. 이곳 물줄기를 보면 홍제천과 불광천이 합수되고 한강 건너편에서는 안양천까지 모이는 곳이다. 난지도 일대가 한강을 포함한 4줄기 물이 모이는 지점으로 바뀐 것이다. 그리고 한강 하류에는 신곡수중보까지 만들어져 난지도 앞에는 잔잔한 호수와 같은

난지도 물길

물이 가득 고여 있는 형태가 되었다.

그 무렵부터 난지도는 대규모 변신을 하게 되는데, 파리가 들끓던 곳에 고층 아파트와 월드컵경기장이 들어섰고 여러 방송국이 자리하게 된다. 재첩을 줍던 모래 강변은 난지한강공원이 되어 주말이면 각종 콘서트가 열리는 젊음의 광장이 되었다.

쓰레기 산이었던 섬은 억새풀이 넘실대는 하늘공원으로 바뀌면서 외국인들도 구경 오는 핫플레이스가 되었다. 그야말로 상전벽해란 말이 실감 나는 곳이니, 물이 모이는 곳에 사람이 모이고 도시가 형성된다는 말에 그대로 들어맞는 곳이다.

이것을 보면 땅의 팔자도 변한다는 것을 볼 수 있는데, 터를 고르기 위해서는 미래 지형의 변화까지도 생각할 필요가 있다.

김포 조강,
분단의 강에서 평화와 번영의 강으로

 김포는 서울의 서쪽에 자리하면서 강화도와 인접해 있으며, 한남정맥, 한북정맥, 예성정맥의 커다란 산줄기 3개가 모이고 한강, 임진강, 사천강이 합수되는 곳이다.

 한강과 임진강이 합수되어 강화로 흐르는 한강 하류를 조강(祖江)이라 부르는데, 강 중에서 가장 어른 격인 할아버지 강이고 바다처럼 거대한 강이라는 의미가 있다. 김포는 북녘땅과는 조강을 사이에 두고 불과 1.4km 떨어져 있다.

 현재의 조강은 남북 분단으로 인해 이용할 수 없지만, 통일이 되어 조강을 자유롭게 건널 수 있게 되면 남북 교류가 활성화되면서 크게 번성할 곳이다. 산과 물이 모이는 곳에 사람이 모이고 재물이 쌓이기 때문이다. 김포와 강화도 사이를 흐르는 강은 염하강이라 하는데, 조선 시대 예성강을 따라 내려온 상선이 마포까지 가던 뱃길이다.

조강 하류, 사진 좌측은 김포와 강화도, 우측은 황해도 개풍군

　김포라는 지명은 투금포(投金浦) 고사에서 유래되었다. 고려 말이 지역에 살던 형제가 우연히 금덩어리 두 개를 주워 하나씩 나누어 가졌다. 뜻밖의 횡재를 한 형제는 부자가 되었다는 꿈에 부풀어 배를 타고 강을 건너는데, 갑자기 동생이 자신의 금덩이를 강물에 던져 버리는 것이다. 이에 깜짝 놀란 형이 동생에게 그 까닭을 묻자 동생이 말하기를 "저희 형제가 비록 가난하지만 우애 좋게 살았는데, 금덩이가 생기자 순간적으로 형님이 없었으면 금덩이 두 개가 모두 내 것이 되었을 것이라는 욕심이 생겼습니다. 금덩이를 보자 욕심이 동하면서 형님을 시기했던 겁니다. 저의 사악한 마음이 뜻하지 않은 금덩이로 인해 생긴 것이라 생각해 형님과의 우애를 지키기 위해 금덩이를 강물에 버린 것입니다." 그러자 그 말은 들은 형 또한 동생 말이 옳다고 생각해 자신도 금덩이를 강에 던져 버렸다고 한다. 이렇듯 금을 던진 포구라는 뜻에서 김포란 지명이 생겨난 것이

　　김포 조강, 분단의 강에서 평화와 번영의 강으로

니 형제간의 아름다운 우애가 담긴 고장이다.

김포의 산줄기 한남정맥은 문수산(376m)과 애기봉(154m)까지 이어지고 애기봉은 조강 앞에서 봉우리를 일으킨 후 북녘땅을 마주 보고 있다. 앞에서도 말했지만, 현재의 조강은 분단의 강이지만 머지않아 수많은 배와 차량이 왕래할 평화와 번영의 강이 될 것이 틀림없다.

애기봉에는 애틋한 전설이 전해지고 있다. 병자호란이 터지자 평안감사와 기녀 애기(愛妓)가 함께 한양으로 피난하던 중 그만 감사가 오랑캐에 잡혀 북으로 끌려간다. 그러자 애기는 홀로 조강을 건넌 뒤 이곳 봉우리에 올라 북녘땅을 바라보며 님을 그리워하다 죽으면서 자신을 이곳 봉우리에 묻어 달라고 유언했다고 한다.

1966년 애기봉을 방문한 박정희 대통령은 이 말을 듣고 애기의 한이 실향민의 마음과 같다고 해서 애기봉이라는 이름을 짓고 휘호를 내렸다.

애기봉 평화생태공원 전시관에는 평화, 생태, 미래를 테마로 다양한 볼거리가 마련되어 있다. 그중 미래관에서는 디지털 아트로 표현된 환상적인 영상을 감상할 수 있으며, VR 체험관에서는 개성 가는 열차를 타고 고려의 궁궐인 만월대 등을 돌아볼 수도 있다.

애기봉 표석은 평안감사를 사모하다 죽은 애기의 묘가 있던 곳으로 박정희 대통령 글씨다. 망배단에서는 매년 명절 때마다 실향민들이 차례를 지내는 곳이고, 평화의 종은 DMZ 내에 있던 철조망과 탄

애기봉 흔들다리

피를 녹여서 만든 것인데, 종소리가 청아하게 울려 퍼지는 곳이다.

평화생태공원에서 애기봉 조망대까지는 흔들다리를 건너면 된다. 애기봉 조망대에 오르면 조강 건너 북녘땅이 파노라마처럼 펼쳐져 보이는데, 손에 잡힐 듯한 거리의 그곳은 황해도 개풍군에 속한다.

이곳 애기봉에서는 1971년부터 매년 크리스마스트리가 점등되어 환하게 불을 밝혔었다. 밝은 빛이 북녘땅을 비추면서 평화통일을 기원하던 상징물이었다. 그러나 남북한이 군사분계선 일대에서 상대를 자극하는 선전 활동을 중단하기로 하면서부터 2013년을 마지막으로 애기봉 크리스마스트리는 역사의 뒤안길로 사라지고 만다.

애기봉에서 가까운 곳에는 유도라는 작은 무인도가 있다. 1996년 7월 북한 지역에 큰비가 내렸을 때 송아지 한 마리가 임진강을 따라 표류하다 이곳 유도에 닿게 된다. 당시 해안 초소에 근무하던 해병대원이 소의 울음소리가 들려서 발견했는데, 추위와 굶주림으로 건강 상태가 점점 나빠지면서 죽기 직전이었다. 나중에 확인한 결과 황소는 지뢰를 밟아 다리까지 심하게 다친 상태였다.

그리하여 해병 청룡부대에서는 6개월 만에 황소를 구출하기로 작전을 세운다. 비무장지대에 들어가는 것이기 때문에 자칫하면 북한군과 총격전이 벌어질 수도 있는 긴박한 상황이었지만, 1997년 1

김포 조강, 분단의 강에서 평화와 번영의 강으로

월 고무보트에 장병 8명과 수의사 1명이 유도에 들어가 마취총을 사용해 황소를 구출하는 데 성공한다.

극적으로 구출된 황소는 김포 농촌 지도소에서 치료를 받으면서 '평화의 소'라는 이름을 갖게 된다. 건강을 회복한 이듬해인 1998년에는 제주도의 암소(통일 염원의 소)와 짝을 맺었으며, 7마리 새끼를 낳고 김포 통진에 살

구출된 소

다 2006년 자연사했다. 7마리 새끼들은 '평화통일의 소'라는 이름이 지어졌고, 제주도 등에 분양되어 널리 퍼지게 된다.

필자는 미래 통일된 한반도의 수도로 파주 적성이 적지라고 말한 바 있다. 한탄강과 합수된 임진강이 크게 굽이치는 곳이고, 남과 북을 관통하는 임진강은 통일에 대한 상징성도 있기 때문이다. 지리적으로는 한반도의 중심이고 남과 북의 접경에 위치하면서 물리적 화합이 용이한 곳이기 때문이다. 그럴 경우 조강 지역은 산과 강이 모이는 지점이라는 특성을 살려 통일 수도 배후 도시로 활용하는 것이 좋다고 말한 바 있다. 조강 자체는 물이 풍부하지만, 조수간만의 차가 심할 뿐 아니라 강화도까지 16km 직수로 흐르면서 장단점이 있기 때문이다. 이럴 때는 조강이 직접 보이는 강변보다 보이지 않는 곳에 입지해야 강바람을 피하면서 조강의 수운을 이용할 수 있게 된다.

그런 면에서 보면 개성공단과 가까운 개풍군 황강리와 조현리 지

역을 경제특구로 지정해 활용하는 것이 좋다. 두 곳은 조강과 멀지 않은 곳에서 작은 하천을 끼고 넓은 평야 지대를 형성하고 있어 지리적으로 유리한 지형을 갖춘 곳이기 때문이다.

그리 되면 김포 지역은 남북한에서 모이는 물류 집산지가 되어 경제적 부흥기를 맞이하게 된다. 아직은 이념의 갈등에 따라 냉전이 지속되고 있지만, '통일은 대박'이라는 어느 대통령의 말처럼 머지 않은 시기에 통일은 반드시 이루어지리라 본다. 그에 따른 시너지 효과는 김포가 가장 많을 것으로 예상하는데, 김포 애기봉에 올라 유유히 흐르는 조강을 바라보면서 가슴 벅찬 통일을 염원해 본다.

김포 조강, 분단의 강에서 평화와 번영의 강으로

LH 본사의 입지는 어떠한가

얼마 전 LH(한국토지주택공사) 전·현직 직원들의 부동산 투기가 전 국민적 공분을 산 적 있다. 내부 정보를 이용해 차명으로 부동산 투기를 하는 직원이 적지 않다고 하는데, 이는 공직자 윤리강령을 위반한 것이기 때문에 고양이에게 생선가게를 맡긴 꼴이라는 것이다. 물론 LH에는 묵묵히 소신을 지키며 업무에 매진하는 직원이 더 많을 것이다. 하지만 이들도 상대적 박탈감에 갈등이 적지 않았을 것이다.

LH 사옥

이번에 드러난 것은 빙산의 일각일 뿐이며, LH 직원들의 부동산 투기는 이미 오래전부터 관행처럼 이어진 것으로 보고 있다. 그러한 관계로 시민단체에서는 항의 시위를 벌이고 언론에서는 연일 LH 문제를 거론하면서 걷잡을 수 없이 확대되고 있다.

국민들의 분노는 하늘을 찌를 듯해서 이참에 아예 LH를 해체하는 것은 물론이고 3기 신도시 지정도 취소해야 한다는 주장까지 나오는 실정이다.

이러한 시기에 필자는 진주혁신도시에 자리한 LH 본사 위치를 보고 깜짝 놀랐다. 개인이 집을 옮길 때도 산세와 물길 등을 따져 신중하게 정하는데, 신도시급 터를 정하면서 이러한 곳에 선정한 까닭을 알 수 없다. 지역의 균형 발전이라는 명분을 내세웠지만, 예로부터 단 한 번도 마을을 이루지 못한 이곳에 터를 정한 정책 입안자의 무개념에 놀랄 지경이다.

터를 정할 때 가장 우선적으로 살필 것은 물길이다. 물길이 경제력과 경쟁력을 좌우하기 때문이다. 이곳 물길을 보면 영천강과 갈전천이 합수되어 남강까지 1km 직수로 빠지는 지점이다. 그리고 남강은 다시 5km를 곧고 길게 빠진다. 풍수에서 가장 꺼리는 물길에 LH 본사가 자리한 것이다.

거기에 더해 진주종합경기장이 자리한 곳은 풍수에서 흉하게 여기는 퇴전필(退田筆)의 모습이다. 퇴전필이란 산줄기가 펜촉과 같이 뾰족하게 생겨서 물을 쫓아가는 형태로서 퇴전필이 근처에 있으면 전답을 모두 팔아 없앤다는 것이다. 이러한 입지에 있는 관공서나 기업은 정상 경영을 기대할 수 없는데, 백약이 무효이기 때문이다.

LH 본사의 입지는 어떠한가

퇴전필에 자리한 종합경기장 역시 마찬가지이다. 종합경기장은 시에서 운영하기 때문에 수익성에 대해서 크게 걱정할 것은 아니지만, 남강이 길게 빠지는 지점인 까닭에 앞으로는 진주시의 골칫거리로 전락할 가능성이 높다.

그뿐 아니다. LH 본사는 건물의 형태가 한쪽으로 기울어 삐딱한 모습이다. LH 직원들은 출퇴근 할 때마다 바라보이는 건물의 삐딱함에 자신도 모르게 익숙해지면서 차츰 그 삐딱함을 정상으로 생각하는 착시 현상을 겪게 된다. 이를 비정상의 정상화라고 한다.

풍수에서 말하기를 산이 기울면 사람도 기운다고 했는데, 건물을 산으로 간주하기 때문에 그

LH 본사 물길

곳에 거처하는 사람들에게 부정적인 영향을 미치게 된다.

LH 건물의 전면은 촘촘한 그물과 같은 모습이다. 관상에는 꼴대로 산다는 말이 있는데, LH 건물을 보면 자기가 친 그물에 자기가 갇힌 꼴이다.

이곳과 흡사한 경우가 경주에 자리한 한국수력원자력 본사이다. 한수원은 수력발전소와 원자력발전소를 관리하고 운영하면서 대한민국 전력의 32%를 담당하고 있다. 한수원은 경주시의 방폐장 유치에 대한 보상으로 서울 강남에 있던 본사를 2016년 이곳으로 이전한 것이다. 입지를 보면 탑정천과 우품천이 합수되어 대종천을 이룬 뒤 약

3km 길게 빠지는 곳으로 풍수에서 가장 꺼리는 물길이다. 더욱이 사옥의 형태 또한 LH 본사와 흡사해 한쪽으로 기운 삐딱한 모습이다.

한국수력원자력 사옥

우연인지 이곳으로 이전한 이듬해(2017년) 출범한 문재인 정부는 탈원전 정책을 펴면서 원자력 발전을 주력으로 하는 한수원의 입지가 점점 위축되고 있다. 더 심각한 것은 설사 탈원전 정책이 해소된다 할지라도 물 빠짐은 여전하기 때문에 한수원의 위기는 어떠한 식으로든 계속된다는 점이다. 이는 LH 사태와는 비교할 수 없는 문제로 대한민국 경제에 엄청난 영향을 미치게 되는데, 이점을 해결하기 위해서는 대종천 물길을 바꾸든가 아니면 본사를 이전하는 방법밖에 없다.

이번 LH 사태를 보면 풍수는 거짓도 없고 용서도 없다는 말을 실감할 수 있다. 지방의 균형 발전은 반드시 실현되어야 하지만, 국민을 위한 공공기관 입지는 신중하게 정할 필요가 있다.

멋과 맛의 고장 전주시청을 옮겨라

전주는 예로부터 호남 지역을 대표하는 도시로 전라감영이 있던 곳이고 조선 시대에는 한양과 평양 다음가는 대도시였다. 전주는 유서 깊은 예향으로 고풍스러움을 자랑하는 멋의 도시이자 음식 문화가 발달한 맛의 고장이기도 하다.

현재는 전라북도 도청 소재지로 인구는 66만에 이른다. 전주는 완산구와 덕진구로 구분되는데, 완산구는 전라감영이 있던 곳으로 역사와 문화유적이 밀집된 곳이다. 근래에는 효자동 일대에 전북도청, 전라북도경찰청 등이 자리하면서 신도시급으로 변모하였다. 덕진구는 전북대학교가 자리한 곳으로 최근 신흥 주거지인 송천동에 대규모 아파트 단지가 생기면서 인구가 증가하는 추세다.

전주 시민의 경제와 복지 등을 총괄하는 전주시청은 완산구 서노송동에 자리했다. 현재의 전주시청은 예전에 철도 전주역이 있던 곳이었으나, 1983년 철도 역사를 이전하고 세워진 곳이다. 그러나 지은 지 40년이 넘다 보니 건물과 부지가 협소해 인근 건물을 임대해 사용하면서 업무의 비효율뿐 아니라 심한 주차난 등으로 시민들의 불편을 초래하고 있다. 그러한 까닭에 몇 해 전부터 전주시청을 이

전해야 한다는 말이 공론화되고 있다.

　이전 후보지는 전주생명과학고, 전주종합경기장, 대한방직 터 등이 거론되지만, 시청이 이전할 경우 구도심에 공동화 현상이 생길 것을 우려해 현재의 시청을 증축 또는 신축하는 방안도 고려하는 실정이다.

전주시청 후보지

　이 문제는 정치적인 이해관계를 떠나 입지 조건이 최우선적으로 고려되어야 한다. 새로운 시청은 도시의 균형 발전은 물론 향후 전주시의 새로운 도약을 이끌 수 있어야 하기 때문이다. 과연 최선의 방안은 무엇인지 이해관계가 없는 제삼자 입장에서 각각의 입지를 살펴본다.

　　　　　　　　　　멋과 맛의 고장 전주시청을 옮겨라

전주시 지형은 모악산(794m)과 승암산(306m) 북쪽 기슭에 자리하고 있으며, 삼천과 전주천이 흘러 야트막한 구릉지를 이룬 곳이다. 거시적으로 보면 남고북저의 지형으로 전주천이 북쪽으로 흘러 만경강과 합수된다.

1. 현 전주시청

위치: 완산구 서노송동 568-1

1983년 준공된 현 시청사는 지하 1층 지상 8층이다. 그러나 업무공간이 턱없이 부족하기 때문에 인근 두 곳 빌딩에서 각각 6개 층과 4개 층을 별관으로 사용하면서 막대한 임대료를 지출하고 있다. 시청사 형태는 한옥 도시라는 전주의 역사성을 나타내고자 콘크리트 건물 한가운데 기와집이 들어앉은 모습이다. 나름대로는 전통과 현대의 조화라고 말하는데, 전통을 오히려 현대의 틀 속에 가두고 압박하는 형상이 되고 말았다. 그러한 관계로 2013년 모 언론에서 조사한 해방 이후 최악의 건축물 20곳에 꼽히기도 했다.

전주시청사

당시 평가를 보면 **"전통에 집착한 나머지 시대착오적 건물이 되어버렸다. 도대체 저렇게 기둥으로 둘러칠 거면 기와지붕은 왜 만들었는지 모르겠다. 괴악스러움으로 따지면 다른 건축물들을 압도할 수준이다."**

전주시청 앞 도로

그뿐 아니라 사방이 도로로 둘러싸인 외딴섬처럼 되면서 마치 전주시 스스로 고립됨을 자초하는 모습이다.

더 큰 문제는 남서향 청사 앞에 광장이 있고 방사형처럼 5개 도로가 나 있다는 점이다. 풍수에서는 도로를 물길로 간주하는데, 여러 물길이 합수된 후 한 곳으로 흘러야 경제력에 유리한 것으로 여긴다.

하지만 이곳은 도로 한 곳에서 물길이 들어와 광장에서 사방으로 뿔뿔이 흩어지는 형상이 되고 말았다. 이는 시민들로부터 거둔 세금이 문어발처럼 줄줄 새는 듯한 모습이다.

2. 전주생명과학고

위치: 덕진구 인후동 2가 24

전주농고로 알려진 공립학교로 1910년 개교하여 110년 전통을 자랑하면서 수많은 동문을 배출한 곳이다. 학교 입지 조건은 도당산에서 이어진 산봉우리가 학교 뒤편에서 봉긋하게 솟은 정남향의 언덕 위에 자리했으며, 학교 앞에는 넓은 실습장을 확보하고 있다. 특히 운동장 주변에는 히말라야삼나무가 운치 있게 둘러 준 멋스러운 곳이다.

전주생명과학고 히말라야삼나무

이곳은 모 국회의원이 2013년 지방선거 당시 공약으로 시청 이전을 제안한 곳이다. 그러나 학교 측과 총동창회 등에서 거세게 반발해 공약 철회와 공개 사과를 요구하기도 했다.

학교 앞 6차선 도로는 작은 개천이었으나 복개된 상태로 비스듬히 빠지다가 모래내시장 인근에서 건산천과 합류한다. 1년에 예산 1조 7천억 원을 다루는 시청사 입지의 물길로 좋은 편이라 할 수 없다. 인근에는 유난히 학교가 밀집되었는데, 전주여고, 전일중학교, 전주동중학교, 전주동북초등학교, 전주전라초등학교, 유일여고, 전주북일초등학교가 있어 면학 분위기에 알맞은 곳이라 할 수 있다.

3. 전주종합경기장

위치: 덕진구 덕진동1가 1220-1

1963년 개장한 곳으로 3만 명을 수용할 수 있는 종합경기장이다. 그러나 노후화된 탓에 롯데쇼핑이 사업권을 갖고 운동장 부지에 호텔과 백화점 등을 2022년부터 짓기로 계획된 곳이다. 모 정치인은 이러한 개발 계획을 백지화하고 이곳에 시청과 공원을 조성해야 한다는 주장이다. 하지만 전주시가 롯데와 체결한 계약을 취소하기에는 부담이 크기 때문에 차라리 대기업 자본으로 지역 경제를 활성화하는 것이 현실적이다. 이곳은 건산천과 전주천이 합수된 후 2km가량 빠지기 때문에 물길의 형태 또한 바람직하지 않다.

4. 대한방직 터

위치: 완산구 효자동 3가 151

이곳은 224,000㎡(6만 7,000평)에 이르는 넓은 부지로 (주)자광이 2018년 대한방직과 1,980억 원에 매매 계약을 체결하였다. (주)자광은 이곳 부지에 143층의 익스트림타워를 지어 호텔 등을 유치하고 인근을 문화공원으로 조성하여 기부채납한다는 계획을 전주시에 제안한 바 있다.

그러나 전주시는 현재의 공업용지를 상업용지로 변경할 경우 특혜 소지가 있기 때문에 일단 계획을 반려했고, 이후 공론화 과정을 거쳐 최종 결정한다는 입장이다. 이러한 때에 모 정치인은 이곳에 전주시청을 옮기고 김제시와 완주군청도 함께 사용할 수 있도록 해야 한다는 공약을 하였다.

이곳 부지 앞을 흐르는 삼천은 중복천과 합수된 후 감싸 주고 부지를 지나서는 또다시 전주천과 합수되어 북서쪽으로 굽이치며 흐르면서 뛰어난 물길을 갖춘 곳이다. 풍수의 관점에서 보면 황방산과 삼천이 조화를 이룬 서부 신도시는 우연이 아닌데, 이러한 지리적 조건으로 인해 현재보다 더욱 성장할 잠재력이 있는 곳이다.

다만 대한방직 터에 전주시청이 자리하는 방안은 엄청난 예산이 필요할 뿐 아니라 이미 전북도청이 자리하면서 신도시급으로 발전한 이곳에 시청까지 이전할 경우 특정 지역에 대한 특혜로 비쳐질 수 있기 때문에 적지 않은 부담이 될 수 있다.

이상 살펴보았듯이 현 전주시청은 입지에 심각한 문제가 있을 뿐 아니라 청사 형태도 전주의 역사성에 반하는 모습이다. 다른 후보지들 역시 전주의 위상을 되찾기에는 입지 조건이 미흡할 뿐 아니라 전주의 균형 발전이라는 측면에 부합되지 않는다. 그리하여 또 다른 장소는 없는지 풍수인의 관점에서 살펴보겠다.

5. 덕진구 팔복동 일대

전주시청을 이전할 때 가장 고려해야 할 사항은 전주 시민 모두에게 경제적 풍요로움을 약속하면서 전주의 균형 발전을 도모할 수 있는 곳이 되어야 한다. 그러기 위해서는 무엇보다 물길이 좋아야 한다. 물길이 길게 직수로 빠지는 곳은 어김없이 쇠락하고 여러 물길이 합수되면서 크게 굽이치는 곳은 반드시 경제적 부를 이룬다는 것을 기억할 필요가 있다. 실제로 런던, 파리, 로마, 모스크바, 베를린, 서울 등 유서 깊은 도시의 물길은 크게 굽이치며 흐르고 여러 물길이 합수된다는 공통점이 있다.

멋과 맛의 고장 전주시청을 옮겨라

팔복동 물길

전주천 물길은 삼천과 합수되어 수량을 늘린 후 덕진구 팔복동 일대를 감싸고 흐를 뿐 아니라 건너편에서 작은 물줄기 두 개가 합수되고 있다. 전주천은 완주군 슬치재에서 발원해 만경강까지 총 41km를 흐르다 팔복동에서 가장 역동적인 물줄기가 되었는데, 이는 마치 중국 최대 도시 상해 푸둥의 물길과 흡사한 형태다.

팔복동은 오랜 세월 저지대로 상습 침수 지역이었기 때문에 그동안 주목받지 못했다. 그러나 전주천 변에 제방을 쌓아 도로를 만들면서 수해에 대한 걱정은 사라졌다. 지형이 바뀌면서 땅의 가치가 크게 바뀐 것이다. 상해 푸둥 역시 상습 침수 지역이었으나 제방을 쌓고 신도시를 조성했듯이 팔복동 일대를 보토한 뒤 이곳으로 시청을 옮겨오면 앞에서 거론한 어떠한 곳보다 뛰어난 입지가 된다.

한편, 팔복동 일대는 1969년 공업 지역으로 지정되었으나 50년이 지나면서 노후화되고 침체되었다. 하지만 시청이 이곳으로 이전할 경우 전주에서도 낙후된 지역을 정비할 수 있게 된다. 일석삼조

(一石三鳥)란 이러한 경우인데, 전주에서 최고의 명당에 시청이 자리하면서 새로운 도약을 꾀하고 인근의 노후 지역을 개발하여 거시적으로는 전주의 균형 발전을 도모할 수 있게 된다. 전주의 백년대계를 위해 팔복동을 적극 활용할 필요가 있다.

안동의 명문 고택 임청각

안동 낙동강 변에 자리한 임청각은 조선 중기(1519년)에 지어진 500년 고택으로 현재는 보물 제182호로 지정되었다. 임청각은 임시정부 초대 국무령을 지내고 신흥무관학교를 세워 무장 독립투쟁의 토대를 마련한 석주 이상룡(1858~1932) 선생의 생가로 3대에 걸쳐 독립운동가 9명을 배출한 명문 고택이다.

이상룡 선생

이상룡 선생은 1911년 1월 전 재산을 처분하여 독립운동 자금을 마련한 뒤 만주 망명길에 오르면서 **"공자와 맹자는 시렁 위에 얹어두고 나라를 되찾은 뒤에 읽어도 늦지 않다."**라며 독립운동에 매진할 것을 다짐하였다.

임청각에는 망명 직전까지 노비가 408명에 달했으나 망명길에 동행한 53명을 제외하고 나머지 노비 문서는 모두 불태워 해방시키고 떠난다. 압록강을 건너면서는 **"내 목이 잘릴지언정 무릎 꿇어 왜놈의 종이 되지 않겠다."** 하는 결연한 시를 남긴다. 그리고 망명길에 오른 2년 뒤인 1913년에는 임청각을 처분하여 또다시 독립운동 자금을 마련하려 했으나 문중의 간곡한 만류로 무산되었다.

임청각은 1942년 일제가 중앙선 철로를 놓는다는 이유로 99칸 집의 절반을 무참히 파괴한다. 일제는 독립운동 자금을 대고 임시정부 요인이었던 이상룡 선생에 대한 감정으로 임청각이 눈엣가시였을 것은 불 보듯 한 일이다.

임청각 앞 철도

당시 중앙선 철로는 단양에서 나온 시멘트 등의 광석을 싣고 일본으로 가져가기 위한 수탈의 철로였는데, 임청각 앞으로 하루 약 100회 지나다녔다고 한다. 그로 인해 임청각은 온종일 증기기관차가 내뿜는 새까만 매연으로 집 전체가 오염되면서 숨쉬기조차 힘들 정도였다고 한다. 다행히 집 앞을 지나던 철길은 2020년 12월 철거되었으나, 도로 등은 그대로여서 예전의 모습을 되찾기에는 한계가 있지만 최악은 면할 수 있게 되었다.

안동의 명문 고택 임청각

임청각 옆에는 국보 제16호 법흥사지 칠층전탑이 우뚝 서 있는데, 통일신라 시대 건립된 높이 17m에 달하는 웅장한 모습이다. 아무리 짓밟아도 꺾이지 않는 임청각의 꼿꼿한 역사를 대변하는 것 같다.

법흥사지 칠층전탑

현재의 임청각은 도로와 철길 등으로 어수선하여 산모퉁이 한편에 옹색하게 자리한 것처럼 보이지만, 풍수적 의미가 다분한 곳이다. 뒤편의 영남산(235m)이 주산인데, 산줄기 용맥이 임청각 안채로 이어지고 있다. 이는 풍수의 혈을 맺는 원리와 같은 것으로 산의 정기가 용맥을 타고 집안으로 들어오는 것을 말한다.

물길을 보면 집 앞을 흐르는 낙강과 임하에서 내려오는 동강(반변천)이 합수되는 지점이다. 낙강과 동강이 합쳐지면서 낙동강이 된 것이다. 임청각 좌향은 동남향인데, 반달 같은 안산을 정면으로 바라보고 있으니 부석사와 봉정사 안산과 흡사하게 닮았다. 임청각은 풍수에서 요구하는 모든 구성을 갖춘 명당에 자리한 것이다.

만약 임청각을 방문한다면 집 뒤편 산에서 산줄기가 안채로 이어지는 것을 볼 수 있으니 그 지점에서 파워 스폿 체험을 하기를 권한다. 500년을 이어온 명문가의 근원적 힘이 들어오는 곳이다. 파워 스폿 체험은 집 뒤편 산줄기에 앉아 땅 기운을 온몸으로 받아들이면 된다. 임청각에서는 숙박도 할 수 있으니 온 가족이 온돌방에서 하룻밤 묵으며 파워 스폿 체험을 하면 좋은 기운을 듬뿍 받으니 더욱 좋다.

집 앞을 흐르던 낙강은 1971년 안동댐이 만들어지면서 수량이 급속하게 줄어드는데, 경제력을 뜻하는 물길이 빈약하니 임청각은 매우 힘든 시기였다. 결국 그 무렵 후손들은 극심한 생활고에 임청각을 국가에 헌납할 지경에 이른다.

그런데 2010년 무렵 낙천교 아래 보가 만들어지면서 풍부한 수량을 유지하게 되었다. 그리고 2017년 광복절 경축사에서 문재인 대통령이 임청각을 언급하면서 280억 원에 달하는 예산을 확보하게 된다. 풍수에서 말하는 물길이 얼마나 중요한지 알 수 있는 대목이다.

이러한 풍수 환경의 변화로 임청각은 명문 고택의 위상을 되찾을 시기가 도래했으니 노블레스 오블리주를 재현해 줄 것을 기대해 본다.

임청각 앞 낙강

안동의 명문 고택 임청각

평택 미군기지 풍수는 어떠한가

　용산의 미군기지 이전은 1988년 노태우 대통령이 미국에 요구하면서 시작되었다. 미군기지 이전이 제기된 배경에는 대한민국의 수도 서울에 외국군이 주둔하고 있는 것이 민족적 자긍심뿐 아니라 도시 발전에 바람직하지 않다는 국민적 공감대가 형성되었기 때문이다. 그 후 한미 양국은 용산기지를 1996년까지 평택으로 이전하기로 합의했지만, 정치·경제·군사적인 문제 등으로 지연되다가 2016년부터 점진적으로 이전되기 시작했다.

평택 오산기지

평택으로 결정된 것은 이 지역에 기존의 험프리 기지가 있고 인근 송탄에는 미군의 공군이 주둔하고 있다는 인프라가 큰 영향을 주었다.

평택 지형은 한남정맥 중 쌍령지맥의 족보 있는 산줄기가 이어지는 곳이다. 이 산줄기는 진위천과 안성천이 합수되는 곳에서 멈추며 사방으로 넓고 기름진 평야를 확보하고 있으니 평택은 재복이 넉넉한 땅이다.

특히 쌍령지맥이 마지막으로 멈추는 함박산(56m) 인근은 나무의 열매와 같은 곳으로 풍수에서 말하는 혈처에 해당된다.

이렇듯 유리한 지형임에도 불구하고 그동안 빛을 보지 못한 것은 인근에 미군의 화약고가 자리하고 있어서 군사보호지역으로 규제되었기 때문이다. 그런데 최근 그 화약고가 이전하기로 하면서부터 동시다발적으로 개발이 이루어진다. 가장 먼저 이 지역에 고덕신도시가 건립되고 인기리에 분양되었다. 쌍령지맥이 물을 만나서 멈추는 곳이니 목마른 용이 물을 만난 것 같은 갈룡음수(渴龍飮水) 터라고 할 수 있는데, 때가 도래한 것이다. 고덕신도시와 인접한 산업단지에는 삼성전자가 120만평에 달하는 넓은 부지에 자리하면서 일련의 과정들이 봇물 터지듯 진행되고 있다.

풍수인의 관점에서 보면 애초부터 평택 관아가 이곳 함박산 아래 입지했으면 더욱 좋았을 것이라는 생각이다. 조선 시대 평택현 관아는 현재의 팽성읍에 자리했지만, 지리적으로 보았을 때 여러모로 미흡한 곳이다. 산줄기는 미약하고 물길은 멀리 떨어져 있어서 어떠한

평택 미군기지 풍수는 어떠한가

지리적 도움도 기대할 수 없기 때문이다.

진위천 물길은 서탄면에서 황구지천과 합수되어 수량을 늘린 뒤 크게 굽이치는데, 고덕동에 이르러 더욱 역동적으로 꿈틀거리는 모습이다.

평택 고덕지구 인근 궁리에는 소풍정원이란 쉼터가 있는데, S자로 휘어 나가는 물길이 아름다운 곳이다. 이처럼 물길이 좋은 곳은 예외 없이 사람이 모이게 되는데, 앞으로 주목할 필요가 있다. 진위천은 안성천과 합수된 후 큰 강을 이루고 또다시 S자로 굽이치며 흐른다. 이처럼 크게 굽이친다는 것은 물이 그대로 빠지는 것을 아쉬워하면서 새로운 터를 만들려는 의지이고 표현이다.

대추리 조감도

합수된 안성천은 대추리 일대에서 다시 한번 감싸 주면서 많은 수량을 유지하게 되었다. 대추리(大秋里)는 가을이 풍성하다는 뜻으로 재물이 넘쳐나는 땅인데, 이곳에 용산의 미군부대가 이전하여 자리한 것이다.

미군은 어떠한 기준에 의해 터를 정하는 것인지 알지 못한다. 그리고 그들이 풍수를 고려한다는 말을 들은 적도 없다. 그럼에도 불구하고 기존의 용산기지와 이곳 평택기지 등의 입지를 보면 풍수에서 요구하는 기준에 부합된다는 점이다. 또 송탄에 자리한 공군부대 또한 진위천과 오산천이 합수되고 황구지천과 합류하여 90도로 방향을 바꾸는 물길이 유리한 지형이다.

여기서 한 가지 의문이 든다. 그들은 어떻게 터를 정할 때마다 풍수적으로 유리한 땅을 차지할 수 있었을까?

풍수를 고려하지 않았다는데, 단지 우연인 것인가?

이는 감싸 주는 물길(point bar)이 군사·경제적으로 유리하다는 것을 아는 것이라 생각된다. 대추리에서 합수된 안성천은 신왕리에서 다시 한번 굽이친 후 서해로 흐른다. 하지만 신왕리부터는 수구가 넓게 벌어지면서 물길이 속수무책 빠져나가고 있다.

대추리 물길

바다와 가까워진 안성천은 기운이 소멸되기 직전이다. 그런 까닭에 안성천 좌우에는 작은 마을조차 없는 것이다. 그런데 안성천 하류에 1974년 아산만 방조제가 생기면서 안성천은 밀물과 썰물로 인한 조수간만의 차가 없어졌을 뿐 아니라 하염없이 빠지던 물길도 넓은 아산호로 바뀌면서 안정화를 이루게 되었다. 안성천은 아산만 방

평택 미군기지 풍수는 어떠한가

조제로 인해 기사회생하면서 이제는 수구가 벌어졌다거나 바다로 직수로 빠지는 것을 걱정할 필요가 없게 되었다.

결과적으로 아산만 방조제의 최대 수혜자는 대추리 미군 기지가 되었다. 아마도 대추리에 터를 정할 때 방조제로 인한 물길의 영향도 고려했을 것으로 짐작된다.

결론적으로 우리가 살피는 풍수의 관점과 그들이 터를 고르는 기준은 차이가 있지만, 터의 유·불리 결과가 같다는 사실은 부인할 수 없다.

한편, 수량이 풍부한 평택에는 대추리 외에도 또 한 곳의 명당이 있다. 미군기지가 있는 안성천 건너편은 오성면 창내리 지역인데, 역시 진위천과 안성천이 합수되면서 터를 휘감아 도는 곳이다. 이곳에서는 도일천과 통복천까지 합수되면서 4줄기 물이 모이는 지형이다. 더구나 합수되는 물길이 가깝고 수량이 많으니 재복이 빠르고 풍요로울 뿐 아니라 대추리 산줄기가 길게 뻗어 물 나가는 것을 막아 주고 있으니 미군기지를 능가하는 터가 되었다.

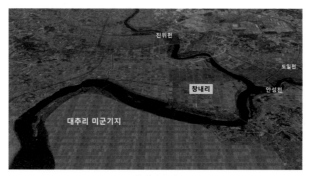

창내리 물길

물론 현재 그 지역은 농림 지역이기 때문에 당장 땅의 활용은 쉽지 않다. 그러나 평택이 현재보다 더 확산되는 미래에는 그 땅을 적극적으로 이용하는 것도 좋은 방법이 될 수 있다. 마침 창내리 지역은 남향으로 도시 계획을 할 수 있으니 여러모로 유리한 곳이다. 그럴 경우 평택의 균형 발전에도 도움이 된다.

물이 풍부한 평택은 물길을 최대한 활용하여 도시 계획을 하는 것이 필요한데, 올바른 치산치수는 이것을 말한다.

미래 통일된 한반도의 수도는 어디가 좋을 것인가

동서고금의 역사를 보면 도읍지는 나라의 흥망성쇠를 크게 좌우하였다. 도읍의 입지가 좋은 곳에서는 국력을 크게 떨쳤지만, 입지가 불리한 곳에 자리한 경우는 곧 쇠퇴하였다. 외침의 방어에 유리하고 물자의 교역이 수월해야 하며, 기후와 환경이 좋아야 했다. 요즈음 같은 첨단 무기가 있는 상황에서는 방어에 유리하다는 것이 불필요할지 모르지만, 방어의 의미는 적의 침입뿐 아니라 심리적 안정을 도모할 수 있는 지형·지세를 갖춘 장소성을 의미한다. 물자의 교역은 경제력을 의미하고 기후와 환경은 지령인걸(地靈人傑)의 토대가 된다.

남북한 정상회담

2018년 들어 남북한 정상회담이 열리고 미국과 북한의 정상회담이 열리는 등 한반도를 둘러싼 국내외 정세가 급변하고 있다. 불과 몇 해 전만 해도 연평도 포격과 천안함 사건 등으로 갈등을 빚고 급기야 개성공단이 폐쇄되는 등 남북한이 극도로 대립하던 시절이 있었던 것을 보면 격세지감이라는 말이 실감된다.

남북한 해빙 분위기에 맞추어 미래 한반도의 통일 수도에 관한 논의도 조심스럽게 제기되고 있다. 그러나 남북한이 통일된다면 자국의 수도를 통일 수도로 고집하기는 쉽지 않다. 70년간 분단된 상황에서 서울과 평양은 각각 수도의 역할을 해 왔기 때문에 남북한 국민의 물리적 화합을 당장 기대하기는 쉽지 않기 때문이다. 따라서 기존의 대도시를 활용하기보다는 신도시를 조성하는 것이 유리하다.

즉 통일 수도를 제3의 장소에 두고 일정 기간 서울과 평양을 함께 운영하는 삼경제도(三京制度)가 필요하다.

통일 수도를 선정함에 있어 가장 우선적으로 고려해야 할 사항은 한반도 국익이다. 남북한 국민 모두에게 경제적 부를 제공하고 열강의 틈바구니에서 민족의 자존감을 확보하여 부국강병을 도모할 수 있는 곳이 통일 수도가 되어야 한다. 이와 같은 조건을 충족시키기 위해서는 풍수지리 요인이 합당해야 한다.

국익 최우선이라는 대명제하에는 다음과 같은 조건을 충족시켜야 한다.

첫째, 지리적으로 남북한 통합의 상징성이 있어야 한다. 서울과

미래 통일된 한반도의 수도는 어디가 좋을 것인가

평양보다는 제3의 장소가 유리한데, 남북한 분단의 경계 지점부터 동질성을 확보하여 점차적으로 확산시키는 방법이 적합하다.

둘째, 한반도의 균형 발전이다. 남북한 균형 발전을 위해서는 경제특구를 통일 수도 인근에 지정하는 것이다. 구체적으로는 북한 지역에 개성공단 외에 또 다른 경제특구를 지정해 교역을 확장하는 것이 좋다. 개성공단은 남북한만의 경제특구지만 세계 모든 국가가 참여할 수 있는 대규모 경제특구를 조성해 북한의 경제를 활성화하는 것이다. 경제특구를 중심으로 도로와 철도 등의 인프라 확산은 남북한 모두에게 경제적 실익을 기대할 수 있다.

셋째, 통일된 한반도는 인구 8천만의 잠재력을 바탕으로 글로벌화를 지향해야 한다. 그러기 위해서는 대륙과 해양으로의 접근이 용이한 장소를 모색할 필요가 있다.

넷째, 기존의 도시는 도시 계획에 의해 주요 관공서가 이미 자리하고 있으며, 물리적 이질감이 있어 남북한 주민의 화합을 기대하기가 쉽지 않다. 따라서 신도시를 조성해 남북한 주민의 왕래가 용이한 곳부터 점차 확산하는 방안이 유리하다.

이상과 같은 조건을 충족시키는 곳은 한반도의 중부권이 통일 수도로 적합하다. 그중에서도 임진강 수계를 활용하면 조운이 편리할 뿐 아니라 남북한 경계 지

점에 자리하면서 경의선과 경원선 철도를 이용해 중국과 러시아, 유럽까지 진출할 수 있는 인프라를 갖추고 있기 때문이다.

임진강에서도 적성 수계를 풍수지리 관점에서 살펴보고자 한다. 풍수 이론으로 접근하는 이유는 고려 시대와 조선 시대를 거치면서 도읍을 정하고 주요 관공서를 정할 때 풍수 논리에 의해 이루어졌기 때문인데, 산과 하천이 많은 한반도 지형에서 풍수지리 조건은 설득력이 있다.

통일 수도 입지에서 우선적으로 고려되어야 할 점은 국가수반의 집무실과 행정부·사법부·입법부가 들어설 자리이다.《주례고공기(周禮考工記)》에 나오는 국도 건설의 원칙 또한 궁궐을 정한 다음 좌묘우사(左廟右社), 전조후시(前朝後市) 기준을 제시한 것도 국도에서 궁궐의 입지가 핵심이기 때문이다. 따라서 국가수반의 집무실과 주요 관공서가 안정적인 곳에 자리한 다음 외연을 확장하는 식으로 신도시가 조성되어야 한다.

한편, 정치적 이해관계에 따라 주고받는 식의 거래로 수도가 정해지는 것은 절대 금물이다. 정치적 요인이 개입되면 입지에 대한 평가가 묻히기 때문이다. 따라서 새롭게 정해지는 통일 수도는 오로지 한반도의 국익을 위해서만 논의되어야 한다.

이에 대해 최창조 교수는(1989), 남북한 양 체제 사이의 정치적 의도성이 개입될 경우 최선의 수도 선정은 어렵다고 우려를 표한 바 있다. 정치는 일시적이지만 국토는 영원한 것이기 때문에 수도 입지가 정치적 타협의 대상이 되어서는 안 된다는 주장이다.

혹자는 국민적 합의를 말하기도 하지만, 이는 또 다른 갈등을 야기할 우려가 있다. 국민적 합의를 도출할 경우 남한은 인구수에서 우위를 차지하고, 북한은 전체주의적 사고가 강하기 때문에 감상적 요인과 정치적 요인이 함께 개입될 우려가 있다.

통일 수도에 대한 후보지로 개성, 파주 교하, 김포 지역, 철원 등이 거론된 바 있다

그러나 개성은 분지형으로 국면이 좁을 뿐 아니라 물이 부족하다는 지적이 있다. 파주 교하는 한강과 임진강이 합수된 후 서해로 빠지면서 수구가 넓게 벌어졌다는 취약점이 있다. 한강과 임진강이 합수되는 김포 지역 역시 수구가 열려 있어 풍수 이론에 배치된다는 우려가 있다. 철원은 도읍이 들어설 만한 물이 부족하다는 단점이 있다. 따라서 이들 지역에 대한 적정성 여부는 좀 더 신중한 논의가 필요하다.

감악산과 임진강의 배산임수

통일된 한반도의 수도 입지는 국익 최우선이라는 명제하에 4가지 조건을 충족시키는 곳이어야 한다고 했다. 첫째 남북한 통합의 상징성, 둘째 국토의 균형 발전, 셋째 대륙과 해양으로의 확장성, 넷째 신도시 건설을 꼽았다.

이러한 조건을 충족시키기 위해서는 먼저 국가수반이 업무를 보는 집무실과 통일 정부의 핵심 부서가 입지할 수 있는 곳을 찾고 다

음으로는 신도시를 건설할 수 있는 가용 토지가 있어야 한다. 이러한 지리적 조건을 갖춘 곳을 찾기 위해서는 산줄기 체계와 물줄기 흐름을 자세히 살펴볼 필요가 있다.

적성은 삼국 시대에는 백제 영토였으나 장수왕 무렵 고구려 영토가 되면서 칠중현이 되었다. 《삼국사기》 '백제본기'에는 온조 18년(기원후 1년) 말갈이 침입하자 왕이 군사를 거느리고 칠중하(七重河)에서 적을 대파했다는 기록이 있다. 칠중하는 임진강의 옛 지명이다.

조선 시대 적성현은 현재의 파주시 적성면, 양주군 남면, 연천군 백학면을 아우르는 지역으로 읍치는 적성면 구읍리에 있었다. 읍치 그림은 여러 산줄기에 의해 둘러싸인 형태로 그려져 있어 풍수적 관념이 강하게 투영되고 있다. 지도 위쪽에 보이는 감악산 제단은 고려 시대에는 조정에서 주관하여 봄가을에 제사를 지내던 곳이다. 산꼭대기에는 신령스러운 용지(龍池)가 있어 아무리 가물거나 장마가 져도 물이 줄거나 불지 않았다고 전해진다.

감악산(675m)이라는 이름은 《삼국사기》에 처음 등장한다. 이후 《고려사》, 《조선왕조실록》 등 대부분의 지리서와 읍지에 등장한다. 감악산은 예로부터 경기 오악의 하나로 숭배되었고, 인

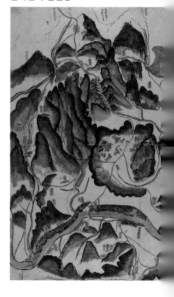

감악산과 임진강

미래 통일된 한반도의 수도는 어디가 좋을 것인가

근 주민들은 감악산을 신령스러운 산으로 인식해 왔다. 감악산 정상에 있는 연대 미상의 비는 명문이 모두 닳아 없어져 고증할 수 없지만, 광개토대왕비라는 말도 있으며, 진흥왕순수비라는 설도 있다. 어느 것이 되었든 역사적으로 감악산을 중요하게 여겼음을 알 수 있다.

감악산에서 한 줄기는 중성산(148m)으로 이어져 칠중성이 자리하였고, 또 한 줄기는 구읍리로 이어진다. 고지도에는 중성산 아래 구읍리에 읍치와 향교 등이 표기되어 있어 인근에서 가장 중심지였다.

칠중성에서 바라본 북녘땅

중성산 정상에 있는 칠중성(사적 제437호)은 삼국 시대부터 군사적 요충지로 영토의 주인이 백제-고구려-신라로 바뀌는 격전지였다. 신라 문무왕 때는 칠중성에서 당나라와 전투를 벌인다. 나당동맹(648년)을 맺은 신라가 백제와 고구려를 멸망시키자 당나라는 동맹의 대가로 한강 이북의 땅을 차지하려 하였고 신라를 속국으로 여겼다. 이에 신라는 고구려 부흥군과 힘을 합쳐서 나당전쟁(670~676)을 벌인다. 그리하여 칠중성과 그 인근에서 18차례 전투가 벌어진다. 676년 당나라가 대패하여 후퇴하자 신라는 평양과 원산을 회복하여 비로소 통일신라의 국경을 완성한다.

따라서 칠중성은 역사적 의미가 남다른 곳이다. 칠중성은 사방을 한눈에 조망할 수 있는 천혜의 요새로 맑은 날 북쪽의 개성 송악산이 보이기도 한다.

이상 보았듯이 감악산 한 줄기는 중성산에서 돌혈을 이루었고 적성면 구읍리에서도 곳곳에 양질의 터를 형성하면서 통일된 한반도의 핵심 부처가 자리하기에 부족함이 없다. 중성산 칠중성에 국가수반의 집무실이 자리하면 사방을 조망할 수 있으며, 좌향은 북향이 된다. 그러나 사방이 낮은 지형이라 햇빛을 받는데 아무 문제가 없다. 북향을 할 경우 탁 트인 조망이 뛰어나고 대륙으로의 진출을 표방하여 북방 정책을 펼치기에 적합한 곳이다.

임진강은 한강의 제1지류로 북한 강원도 두류산에서 발원한다. 길이는 272km이며, 전체 길이 2/3가 북한 지역을 흐른다. 임진강 272km 중에서 초평도는 유일한 섬으로 중요한 의미를 갖는다. 강 중의 섬은 나성이라 하여 물 빠짐을 단속하는 역할이기 때문이다. 이 말은 나성 상류에 명당 터가 있다는 말이 된다.

따라서 임진강 수계에서는 초평도 상류를 점검할 필요가 있다. 임진강 물길을 초평도에서부터 거슬러 올라가면 전곡에서 한탄강과 합류하여 수량을 늘린 뒤 적성에서 크게 굽이치고 있다. 그리고 고랑포를 지나서는

초평도

10km를 직수로 흐르다가 초평도에 가로막힌다.

적성면 주월리를 기준하면 사미천과 석장천이 앞에서 흘러와 합

　미래 통일된 한반도의 수도는 어디가 좋을 것인가

수되고, 장남면에서는 설마천이 합수된다. 터의 앞에서부터 흘러오는 물을 조수(朝水)라 하는데, 적성에서는 사미천과 석장천이 조수가 된다. 풍수 고전에서는 이러한 조수에 대해 특래수(特來水)라 하여 경제력과 경쟁력 제고에 가장 적합한 물길로 여긴다.

이러한 물줄기로 보아 임진강 수계는 파주시 적성면과 연천군 장남면에서 가장 왕성한 활동을 보이고 있다. 임진강 적성 수계는 풍수에서 요구하는 최적의 물길일 뿐 아니라 남과 북을 아우르는 모습으로 남북 통합에 상징적인 물길이 된다. 적성면 주월리를 중심으로 신도시를 건설하면 북향이지만, 연천군 학곡리, 노곡리와 장남면 원당리 일대의 넓은 들을 활용하면 남향으로 입지할 수 있다.

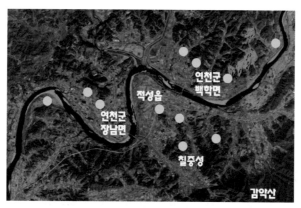

적성 지역 물줄기

참고로 나성 상류에 도시가 입지한 사례는 로마, 파리, 베를린, 모스크바, 평양, 서울 등의 도시가 있다. 이들 도시들은 섬 상류에서 발전하기 시작하여 점차 지역을 확대하였다. 이들 도시와 같이 초평도에는 생태 환경 공원을 조성하거나 혹은 남북 통합의 상징적인 박물관이나 기념관이 자리하는 것도 고려해 볼 수 있다.

적성 지역 인프라

적성은 남북한 경계 지점으로 개성과는 30km 떨어져 있고 서울까지는 45km 거리이다. 개성에서는 판문점과 문산을 거치는 1번 국도가 있고 적성에서 서울까지는 자유로와 3번 국도를 이용할 수 있다. 개성과 서울은 적성으로부터 1시간 내외 거리이다.

철도는 적성에서 동쪽으로 13km 지점에 경원선 한탄강역이 있고, 서쪽으로 20km 떨어진 곳에는 경의선 도라선역이 있다. 경원선과 경의선을 이용하면 남북한 어느 곳이든 수월하게 이동할 수 있으며, 시베리아횡단철도(TSR), 만주횡단철도(TMR), 몽골횡단철도(TMGR), 중국횡단철도(TCR)와 연계해 러시아와 중국 대륙을 거쳐 유럽으로의 진출이 용이하다. 구체적으로 경의선은 부산-서울-개성-평양-신의주를 거쳐 중국횡단철도(TCR)와 연결되고, 경원선은 부산-서울-금강산-원산-나진·선봉-블라디보스톡을 거쳐 시베리아횡단철도(TSR)와 연계된다.

한반도종단철도를 러시아와 중국 철도로 연장하면 정치·경제·사회 등 모든 면에서 엄청난 시너지 효과를 올릴 수 있다. 남북한 교역 확대, 물류비용의 개선, 천연자원의 안정적 확보, 수출입선 다변화, 교역 확대 등 정치·경제적 파급 효과를 가져다 줄 것으로 기대된다. 또한, 동북아시아 지역에서의 물류 중심지로 부상할 가능성이 확대된다.

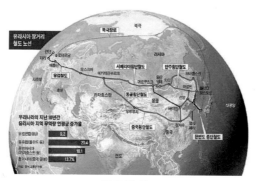

유라시아 철도

　교통연구원 자료에 의하면, 선박을 이용하여 유럽으로 물류를 수송할 경우 약 30일 소요되지만, 철도를 이용하면 절반인 15일 걸린다고 한다. 이 경우 일본은 한반도종단철도(TKR)를 활용하면 중국, 러시아, 유럽과의 수출입이 훨씬 수월하게 된다. 또 철도 여행을 통한 관광 산업이 크게 증대될 것으로 예상된다. 따라서 한반도종단철도는 새로운 실크로드의 출발점이 될 수 있다.

　이렇듯 적성은 기본적인 도로와 철도망이 이미 확보되어 있고 수운을 통해 선박까지 운행된다면 교통 인프라는 최적인 곳이다.

맺음말

　한반도의 중심에 위치한 임진강은 삼국 시대부터 현대에 이르기까지 갈등과 분단의 상징처럼 되었다. 하지만 영원한 것은 없듯이 이제 임진강을 사이에 둔 갈등과 분단을 해소하고 평화와 번영의 상징으로 바뀌어야 한다.

한반도 중앙을 흐르는 임진강은 여러 차례 굽이치면서 유속이 완만할 뿐 아니라 수량도 풍부해서 풍수에서 요구하는 물길의 조건을 갖추고 있다. 그중에서도 임진강의 유일한 섬 초평도를 주목했는데, 물 빠짐을 단속하는 나성 역할이기 때문이다.

임진강은 한탄강과 합수된 후 수량이 증가하면서 굽이침이 더욱 심해지는데, 산과 강을 유기체로 간주하는 풍수의 인식 체계로 보면 임진강은 매우 역동적인 모습이다. 그중 적성 지역 물길은 3개의 물길이 합수되면서 마치 상해 푸둥을 감싸고 흐르는 황포강과 흡사한 모습이다. 더욱이 임진강 적성 수계에서는 사미천과 석장천이 앞에서부터 들어오는 물길이 되어 풍수에서 속발한다는 땅이 된다.

적성 지역 산줄기는 감악산을 주산으로 하여 중성산까지 많은 봉우리를 형성하면서 중성산 정상 칠중성에 이르러 북향으로 돌혈을 이루었다. 칠중성에서는 사방을 조망할 수 있으며, 특히 북쪽으로는 넓은 평야가 펼쳐지면서 개성 송악산이 바라보인다. 이렇듯 탁월한 조망으로 인해 칠중성은 삼국 시대부터 군사적 요충지였다. 이곳에 통일된 한반도의 국가수반 집무실이 북향으로 자리하면 광대한 대륙으로의 진출과 북방 정책을 표방할 수 있다.

중성산 기슭에는 칠중성 외에도 구읍리 인근에 주요 기관이 들어설 만한 장소가 있으므로 이를 기반으로 신도시를 조성하면 통일 수도 입지로 가능할 것으로 보인다. 임진강 수계는 적성 외에도 연천군 학곡리와 노곡리, 장남면 원당리 일대에서 남향으로 넓은 평야를

미래 통일된 한반도의 수도는 어디가 좋을 것인가

형성하였다. 이들 지역은 톱니바퀴처럼 서로 맞물리면서 신도시가 들어서기에 알맞은 지형 조건을 갖추고 있다.

산과 강이 모이는 김포 조강 지역은 배후 도시로 경제특구를 조성하는 것이 좋다. 황해도 개풍군 지현리와 황강리 일대는 작은 하천의 물길이 뛰어날 뿐 아니라 넓은 들을 확보하고 있어 경제 활동에 유리한 지형이기 때문이다. 70년간 보존된 초평도는 생태 환경 공원으로 조성하거나 남북 통합의 상징이 자리하는 것도 고려해 볼 수 있다. 결론적으로 통일된 한반도의 수도 입지는 감악산과 임진강이 조화를 이룬 적성 수계를 적극 활용할 필요가 있다.

조강 지역 물길

땅(地)

풍수지리 동기감응은 무엇인가

　동기감응론(同氣感應論)은 풍수가 2,000년 동안 유지되어온 핵심 키워드로 만약 동기감응이 이루어지지 않는다면 풍수 이론 자체가 성립될 수 없을 정도로 중요한 부분을 차지하고 있다. 동기감응이란 부모님이 돌아가시어 매장을 하면 망자가 땅의 기운을 받게 되고 그 기운이 자손에게 전해진다는 것이다.

박소 묘

　즉 조상의 유해를 좋은 땅에 안장하면 그 후손도 편안하지만, 좋지 못한 땅이라면 후손에게 불리하고 불편한 기운이 미친다는 것이다.
　그것이 어떻게 그럴 수 있는지 논리적이고 과학적으로 설명하라

하면 어쩔 도리가 없다. 그러나 묘 터의 좋고 나쁨에 따라 후손들의 삶에 큰 차이가 있는 것이 사실이다.

경험에 의하면 동기감응은 반드시, 항상, 늘, 꼭 그런 것은 아니지만 확률적으로 70%를 상회한다고 생각한다. 묘가 좋은 경우 후손들은 대체로 형제 모두가 편안하고 순탄할 뿐 아니라 그중에서도 특히 뛰어난 후손이 있게 마련이다.

하지만 묘가 좋지 못한데도 불구하고 성공하고 출세하는 사람도 많이 보았다. 이는 본인의 피땀 어린 노력의 결과라 할 수 있는데, 노력은 어떠한 어려움도 극복할 수 있는 힘이라 할 수 있다. 단, 성공가도를 달리다가 어느 순간 급속히 추락하는 등 부침이 심한 경우가 종종 있다. (질병, 사고, 부도, 구설수 등)

그래서 나름대로 다음과 같이 정리해 보았다.

국가고시에서 특혜를 얻고 시작한다면 남들보다 쉽고 유리할 것은 분명하지만, 특혜가 있다 해서 그것을 믿고 소홀히 한다면 노력하는 보통 사람들보다 나을 것 없을 것이다. 그와 반대로 불이익을 당하고 시험을 치른다 해도 평범한 사람들보다 그 부분만큼 어려움은 있겠지만 합격하지 못할 것도 없다.

20년 전 방영된 남·북한 이산가족들 상봉 장면에서 매우 흥미로운 사실을 보았다. 50년 전 어린 나이에 헤어져 생사도 모른 채 전혀 판이한 환경과 교육 속에서 살았음에도 현재는 남과 북에서 비슷한 처지의 일에 종사하는 것이다.

2000년 8월 16일 상봉

오승재(67) 전 한남대학교 원장

오영재(64) 북한 최고의 시인 칭호

오형재(62) 시립대학교 교수

오근재(59) 홍익대학교 교수

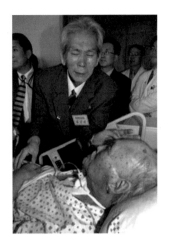

2000년 12월 2일 상봉

운보 김기창 화백(87)

운봉 김기만 화백(74) 북한 공훈예술가, 4대 화가

2000년 12월 2일 상봉

김기옥(72) 남한에서 의사

김영환(70) 북한 TV 편집 부국장

김순환(68) 전주 문화방송 편성 부국장

김영옥(64) 탤런트

김정원(34) 김순환 아들, 청주방송 PD

2000년 12월 2일 상봉

김한(73) 남한에서 화가 활동

김철(67) 북한에서 공훈 시인

2015년 10월 21일 상봉

북한의 가족 의사

풍수지리 동기감응은 무엇인가

남한의 가족 의사

남북한 총 5명 의사가 현업에서 활동 중

몇몇 가족의 재회를 보았지만 우연이라 하기에는 예사롭지 않은
데, 그 무엇인가가 그들 가족의 DNA를 이끌고 있다는 생각이 든다.

일반적으로 화장하면 '무해무득(無害無得)'이라고 알고 있지만
풍수는 망자의 체백뿐 아니라 혼백까지 고려하고 있다. 다만 동기감
응 영향은 매장에 비해서는 덜할 것으로 생각한다. 조선의 유학자
택당 이식은 **"요즈음은 조상을 섬기는 예법을 소홀히 해서 조상이
복을 주지 않은 지 오래되었다."**라고 하면서 조상에 대한 추모를 정
성껏 해야 함을 강조하고 있다.

비슷한 글은 이미 당나라 때 풍수인 양균송 글에도 있다. **"친자식
이라도 조상에 대한 공경의 마음이 없으면 감응이 없고, 양자라도 조
상을 잘 모시면 혼백의 기운은 양자에게 전해진다."** 동기감응은 조상
의 유해뿐 아니라 혼백만으로도 전해진다는 것을 강조하는 말이다.

2017년 10월 15일 '신비한 TV
서프라이즈'에서 흥미로운 내용이
방영되었다. 양자물리학 이론 중에
'양자 체셔 고양이 이론'이 있는데,
이론의 핵심은 실체는 사라져도 그
성질은 남아 있다는 것이다. 체셔

엘리스와 체셔 고양이

풍수지리 동기감응은 무엇인가

고양이는 《동화 이상한 나라의 엘리스》에 등장한다. 고양이는 동화 속 주인공 엘리스가 가는 곳마다 갑자기 나타났다가 사라지는데, 사라지고 나서도 고양이 웃는 모습이 한참 동안 남아 있다는 것에서 착안해 2014년 미국 채프먼 대학교를 비롯한 국제공동연구진이 발표하여 큰 반향을 불러일으켰다.

다음은 동화 속 내용이다.

고양이가 이번에는 아주 서서히 사라졌다. 꼬리 끝부터 사라지기 시작해서 씩 웃는 모습이 맨 마지막으로 사라졌는데, 웃는 모습은 고양이의 나머지 부분이 다 사라진 뒤에도 한동안 그대로 남아 있었다. 이때 엘리스는 **"웃음 없는 고양이는 자주 봤지만 고양이 없는 웃음 이라니. 태어나서 이렇게 이상한 일은 처음이야!"**라며 놀라워했다.

'양자 체셔 고양이 이론'과 동기감응은 실체는 사라져도 잔상이 남아 있다는 점에서 유사한 면이 있는데, 과학 문명이 점점 발전하면서 예전에는 미신이라 치부했던 일들이 현실이 되는 것을 볼 수 있다.

장묘 문화의 변천

2000년대 들어 장묘 문화가 급격히 변했다. 〈2020년 국민의식조사〉를 보면 약 88%가 자신의 사후 화장을 꼽았으며, 매장은 10%에 불과했다. 화장을 선호하는 이유는 사후 관리 편리가 45%로 가장 많았으며, 국토 협소, 자연환경 보존 등의 순위였다. 매장을 선호하는 사람들은 최상류층이거나 선산이 있는 경우인데, 이 비율 또한 당분간 계속될 것으로 본다.

이러한 장묘 문화 변화는 대가족 제도에서 핵가족화되면서 가족 간의 유대감이 약화된 것이 가장 큰 원인이고, 사회가 점점 복잡해지면서 편의성만을 추구하는 개인적 사고방식의 증가도 꼽을 수 있다. 수천 년간 이어지던 매장 문화가 불과 20년 만에 바뀐 것인데, 화장에 의한 장례 문화는 이미 우리 사회에 뿌리 깊이 정착했다고 볼 수 있다.

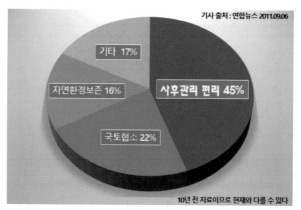

기사 출처 : 연합뉴스 2011.09.06

기타 17%

자연환경보존 16%

사후관리 편리 45%

국토협소 22%

10년 전 자료이므로 현재와 다를 수 있다

화장을 선호하는 이유

다만 화장 후 본인 유골의 처리 방법에 대해서는 봉안당(44%), 자연장(43%), 산골(10%) 순으로 전체 응답자의 87%가 흩뿌리기보다는 안치되기를 원했다. 이는 자신의 삶에 대한 최소한의 흔적을 남기고자 하는 인간적 본능이라 할 수 있다. 아울러 남은 가족들 또한 떠난 가족을 추모할 수 있는 공간을 필요로 한다는 점에서 봉안 또는 자연장 방식은 지속될 것으로 보인다.

봉안은 어떠한 시설에 유해를 안치하는 것으로 봉안당, 봉안담, 납골묘 등이 있다. 자연장이란 화장한 유골을 나무, 화초, 잔디 등의 밑에 묻어 장사를 지내는 방식을 말한다. 이러한 시기에 문중을 중심으로 여기저기 흩어진 묘를 한곳에 모아 자연장으로 조성하는 방식이 급속히 증가하는 추세다.

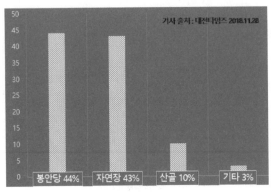

화장 후 처리

　　이러한 방식은 관리가 편리할 뿐 아니라 온 가족이 함께 추모할 수 있는 공간이 있다는 점에서 우리나라의 대표적인 묘제가 될 것으로 보인다. 이는 필자 또한 적극 권장하는데, 어설픈 매장으로 인해 망자가 불편한 것을 수없이 목격했기 때문이다. 자연장 방식의 긍정적 측면을 살펴본다.

- 기존 묘와 마찬가지로 조상에 대한 추모의 기회와 공간이 제공됨으로써 한국인의 전통적 효 사상과 정서에 부합된다.
- 개인 묘지로 인한 산림 훼손을 대폭 줄일 수 있다.
- 유지 관리를 쉽게 할 수 있다.
- 형제 친척 간에 유대를 돈독히 함과 동시에 화합을 도모할 수 있다.

　　언제까지고 먼 조상의 묘를 관리하고 보존한다는 것은 현실적으로 어려운 일이다. 그렇다면 곳곳에 흩어져 있는 묘를 한곳에 취합하는 것도 대안이 될 수 있다. 사실 이것이 가장 큰 걸림돌이 되는데,

전통적인 유교 문화권에서 마치 조상에게 불효를 저지르는 것 같기 때문이다. 하지만 기존 묘지가 편안한 곳보다 불편한 곳이 절대다수를 차지하므로 이 방법은 망자에게 오히려 좋을 수 있다. 물론 이 경우 상징적인 묘와 명혈은 후손들의 자긍심을 고취하고 가문의 명예를 위해 보호하면 된다. 그리고 그 아래 가족묘 형태로 조성한다면 문중 산을 효율적으로 활용할 수 있게 된다.

민무질 묘와 가족묘

다만 한 가지 우려되는 것은 동기감응 논리상 개인 묘를 쓰는 경우 그 직계 자손만 영향을 받지만, 선대 묘를 함께 장만한다면 여러 후손에게 동시에 영향을 미칠 수 있다는 점이다. 따라서 가족이나 종중의 자연 장지는 양지바르고 편안한 곳에 정할 필요가 있다.

이러한 동기감응과 관계없이 어떠한 식으로든 부모님의 유택을 장만한다면 이왕이면 양지바르고 경관 좋은 곳을 정하고 싶은 것이 인지상정이다. 반대로 온종일 그늘져서 춥고 습한 곳이라면 후손들이 성묘를 와도 늘 마음이 불편할 것은 자명한 일이다. 따라서 산 자들의 입장에서 유택을 정하지 말고 망자의 입장이 되어 망자가 편안한 곳을 정하면 망자와 산 자가 모두 편안할 것이니 동기감응은 저절로 이루어질 것이다.

명혈(明穴)은 국가의 소중한 자산

풍수에서 명혈(明穴)은 산의 꽃이요 나무의 열매에 비유한다. 혈이란 산천 정기가 어느 특정한 지점에 뭉친 곳으로 산 중에서 가장 따뜻하고 건강한 지점을 말한다. 이때 나무의 열매가 가장 끝에서 맺히듯이 산의 혈 또한 산줄기 끝에서 이루어지는데, 부드러운 야산이 많은 우리나라에 명혈(명당)이 많은 이유이다.

이러한 명혈에 조상 묘를 쓰면 후손이 번창하고 큰 인물이 나지만, 좋지 못한 곳에 묘를 쓰면 가문이 쇠퇴하고 몰락하게 된다. 이를 동기감응이라 하며 풍수가 2천 년간 유지되어온 핵심 키워드이다.

예전에 중국과 조선에서는 권력을 가진 극소수만이 풍수를 접할 수 있었다. 당나라 황제 현종은 풍수 서적은 자신 외에 또 다른 황제를 배출할 수 있는 불온한 것이라 여겨 비단주머니에 쌓아 극비리에 보관했다고 해서 '금낭경'이라 부르기도 했다. 하지만 그만큼 비밀스럽게 전해지면서 점차 변질되었고 그릇된 풍수로 인해 피해를 보는 경우도 비일비재했음을 부인할 수 없다.

본 장에서는 조선 시대 음택 명혈의 사례를 보면서 동기감응과 명혈의 가치를 살펴보고자 한다.

참고로 양택은 길흉화복 영향이 빠르지만 거주자의 경우에만 해당되고, 음택은 그 영향이 더디지만 자손 모두에게 오랫동안 미친다는 것이 차이점이다. 이 말은 양택보다 음택의 영향이 크고 넓고 길다는 뜻이다.

	양택	음택
영향	신속하다	더디다
범위	거주자	직계 후손
기간	거주할 때만 영향	약 30~120년

1. 진주강씨 강회백 묘

위치: 경기도 연천군 왕징면 강내리 699, 동향

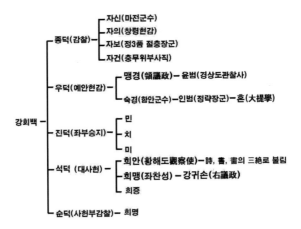

이곳은 조선 초 무학대사가 잡아 준 곳이라고 한다. 묘에 이르는 산줄기는 롤러코스터를 타고 하늘로 솟구치듯이 경쾌한 모습으로 마치 용이 승천하는 듯한 형상이다. 필자는 30년 넘게 전국을 다녔

명혈(明穴)은 국가의 소중한 자산

지만 이곳보다 아름다운 묘는 아직 보지를 못했다. 문중에서는 이곳을 연꽃이 물에 떠 있는 형상이라고 해서 연화부수형이라 부른다. 이 묘 후손 중 손자 대에서 강희맹·강희안 등 수많은 인재를 배출하면서 진주강씨는 조선의 명문가로 자리 잡게 된다.

2. 광산김씨 김반 묘

위치: 대전시 유성구 전민동 산 18-17, 남향

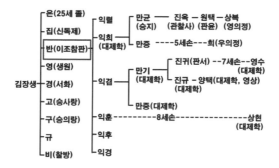

대제학 품계는 판서와 동등한 정2품이지만, 열 정승이 대제학 한 명만 못하다는 말이 의미하듯 문치주의를 표방한 조선 시대에는 최고의 영예로운 벼슬로서 정승·판서보다 높이 우대하였다. 광산김씨는 김반 자손에서만 3대 대제학과 7명의 대제학이 배출되었다.

병자호란 때 강화도에서 전사한 아들 김익겸(23세) 묘가 위에 있으며, 아래에 김반 묘가 자리하고 있다. 김반 자손 중 김익겸 후손이 특히 뛰어난 것을 볼 수 있는데, 두 곳의 묘가 혈처에 자리하면서 시너지 효과를 낸 것으로 보인다. 묘에 오르면 사방이 잘 둘러 주어 아늑하면서도 조망이 뛰어난 곳이다.

3. 안동김씨 김생해 묘

위치: 남양주시 와부읍 덕소리 산 5(석실), 남향

	아들	손자	증손	고손
생해(군수) 1512-1558	대효 (현령)	상헌(양자)		
	원효 (군기시정)	상준 (참판)	광욱 (우참찬)	수일 (도정)
	극효 (도정)	상용 (우의정)	광형 (증 승지)	수창 (부사)
		상헌 (좌의정)	무후	
		상관 (부사)	광찬 (부사)	수흥(영의정) 수항(영의정)
		상복 (부윤)	광무 (군수)	수남 (증 군자감)

안동김씨는 구(舊)안동김씨와 신(新)안동김씨로 구분한다. 구안동김씨 중 대표적인 인물은 김사형, 김시민 장군, 백범 김구 등을 꼽을 수 있다. 신안동김씨는 조선 중기 김생해 손자 상용·상헌 형제가 정승이 되면서 두각을 나타내기 시작한다. 이들 후손에서는 부자 영의정, 형제 영의정, 부자 대제학을 비롯해 정승 12, 왕비 3, 판서 수십 명을 배출했다. 또 김삿갓으로 유명한 김병연과 김옥균, 김좌진, 김두한 등도 신안동김씨이다.

김상용과 김상헌 두 분의 성품을 보면 김상용은 병자호란 당시

명혈(明穴)은 국가의 소중한 자산

77세 고령에도 불구하고 강화도에서 항전 중 성이 함락되자 화약고에 불을 지르고 장렬하게 자결하였다. 김상헌 또한 대표적인 척화파로 6년간 청나라에 볼모로 잡혀가서도 절의를 굽히지 않았다고 하니 두 분 모두 부러질지언정 굽히지 않는 강직한 성품이었다.

참고로 김생해 묘 산줄기는 강한 석맥으로 이루어져 있는데, 후손들의 성품 또한 강직하여 조부 묘 영향을 받았음을 알 수 있다.

4. 광산김씨 김성우 장군 묘

위치: 충남 보령시 청라면 나원리 290-1, 남서향

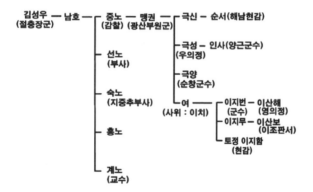

장군은 고려 말 충신이다. 1392년 이성계가 조선을 건국하면서 새 국가에 참여할 것을 수차에 걸쳐 회유했으나 거절하였고, 오히려 자신의 군대로 이성계를 치고자 계획했으나 세 불리함에 뜻을 이루지 못하고 자결하였다.

묘를 중심으로 좌청룡 우백호가 겹겹이 감싸 주며, 묘가 있는 곳은 작은 동산처럼 이루어져 당당한 포스를 자랑하는 곳이다.

광산김씨 족보를 보면, 이례적으로 한산이씨인 토정 선생에 관한 부분을 상세하게 기술하고 있다. 이산해 사위 이덕형(영의정), 사위 정엽(참판)---정엽의 사위 라만갑(참판)---라성두(문과 급제)---사위 김수항(영의정)---김창립(영의정)

족보에서는 계속해서 외손들을 소개하고 있다. 그러한 관계로 이곳 묘를 '외손 발복지'라 부르기도 한다.

5. 울산김씨 김요협 묘

위치: 전북 고창군 아산면 삼인리 산 77, 동남향

대한민국 제2대 부통령을 지낸 인촌 김성수 조부 묘이다. 이곳은 원래 선운사 소유 암자가 있던 곳이었으나 선운사에 거액을 시주하고 묘를 쓴 곳으로 알려져 있다. 선운산(336m) 밑에 자리한 묘는 꿩이 엎드린 형국이라 해서 복치형으로 불린다. 이곳 묘 뒤쪽은 대나무 숲이 빽빽하게 있어 뒤편을 확인하기 어렵기 때문에 한겨울에 답사를 해야 진면목을 알 수 있다.

맵시 있는 산줄기 끝에 이르러 커다란 열매를 맺은 듯한 형상이며, 빼어난 안산의 봉우리가 구슬처럼 이어져 도열하고 있다. 좀처럼 보기 쉽지 않은 모습이니 주인과 손님의 품격을 미루어 짐작할 수 있다.

이 가문은 하나의 명당에 묘 한 기를 고집했는데, 쌍분으로 묘를 쓸 경우 정확한 혈심에서 벗어날 것을 우려했기 때문이다. 따라서 철저하게 풍수를 신봉한 집안으로 알려진다. 인촌 선생은 고려대학

명혈(明穴)은 국가의 소중한 자산

교 전신인 보성전문학교를 설립했으며, 동아일보를 창간하였다. 김
성수 사촌 김연수는 삼양그룹을 창업했으며, 그의 아들이 국무총리
를 지낸 김상협이다.

	아들	손자	증손	고손	5세손
김요협 1833-1955	김기중 (군수)	김성수(양자) (부통령)	김상만 (동아일보명예회장)	김병관 (동아일보회장)	김재호 (고려중앙학원이사장)
	김경중 (통정대부)	김연수 (삼양그룹 창업)	김상협 (국무총리)	김상홍 (삼양사명예회장)	김윤 (삼양홀딩스회장)

6. 청풍김씨 김징 묘

위치: 경기도 의왕시 왕곡동 산 27, 남향

깊은 산중에 꼭꼭 숨겨진 묘소로 제비집과 같이 둥그렇게 둘러싸
여 '와혈'이라 부른다. 묘소는 야무지게 이루어진 결정체 위에 말을
타듯 당당하게 자리하였다. 특히 우백호가 가까이서 감싸 주었기 때
문에 금시발복했다고 전해진다.

묘 아래는 사시사철 마르지 않는 작은 샘물이 있는데, 이를 진응
수라 하며, 명당의 기운이 넘쳐흘러 샘이 된 것을 말한다. 이 묘 후손
중 손자 대에서 김재로·김치인 부자가 영의정에 오르는 등 6명의 정
승이 배출되어 가문의 최고 전성기를 누리게 된다.

	아들	손자	증손	고손
김징 1623-1676	구(우의정) 유(대제학)	재로(영의정) 취로(판서) 약로(좌의정) 상로(영의정)	치인(영의정)	종수(좌의정)

7. 여흥민씨 민기 묘

위치: 충북 제천시 백운면 도곡리 319 뒤편, 남향

이곳 묘 용세는 극히 미미하여 역시 겨울에 답사를 해야 용맥의 상태를 알 수 있다. 묘를 중심으로 좌우측 능선이 포근하게 감싸고 있으며, 특히 전면의 문필봉과 정면으로 마주하면서 혈을 맺었다. 참된 혈은 반드시 수려한 봉우리와 마주 보며 이루어지는 법이니 유유상종이라 하였다.

경기도 남양주 일패동 선영에는 그의 선대 묘가 한곳에 있는데도 불구하고 굳이 머나먼 제천까지 왔을 때는 이곳 지리에 관해 확신이 있었을 것으로 짐작된다.

결국 이 땅은 그들의 기대를 저버리지 않고 9대 연속 문과 급제와 3대 연속 장원을 배출하였다. 특히 증손 대에서는 숙종비 인현왕후와 구한말의 명성황후, 순종효황후, 민영익, 민영환 등등 헤아릴 수 없는 인재를 배출하면서 구한말 최고의 명문가를 이루었다.

	아들	손자	증손	고손	5세손	6세손	7세손	8세손
민기(부윤) 1568-1641	광훈 (관찰사) 문과장원	시중 (대사헌)	진주 (판서)	용수 (우의정)	백창 (승지)	명혁 (판서)	치문 (부사)	달용 (응교)
		정중 (좌의정) 문과장원	진장 (우의정) 문과장원					

명혈(明穴)은 국가의 소중한 자산

8. 반남박씨 박소 묘

위치: 경남 합천군 묘산면 화양리 산 53, 동남향

야천 박소 묘 터는 친구 이진사가 잡아 주었다. 이진사가 산을 살펴다가 어느 곳에 이르러 말하기를 **"야천이 어질면서도 장수하지 못한 것을 슬퍼하여 자손을 위해 좋은 땅을 구하였다."** 라고 했다. 이진사는 미망인에게 **"이 묘 터는 후손에서 고관대작이 이어지는 터입니다."** 라고 예언하였다.

묘소 입구에서 바라본 주산과 용세는 역동적인 모습으로 웅장한 스케일을 보이고 있다. 야천 묘 좌측에서 시작된 능선은 묘 앞을 크게 휘돌아 안산을 이루었는데, 마치 주인 앞에서 하명을 기다리는 듯한 모습이다. 그리고 또 역시 저 멀리 빼어난 문필봉과 마주하고 있다.

반남박씨는 조선조에 문과 급제자 215명과 정승 7명을 배출했는데, 그중에서도 박소 후손에서만 127명의 문과 급제와 5명의 정승이 나왔으며, 선조비 의인왕후와 4명의 부마를 배출하였다.

후손의 영달이 이러하니 어느 누군들 명혈에 대해 부정할 수 있겠는가.

	아들	손자
박소 1493-1534	응천(부사)	동현(응교) 동호(참봉) 동노(승문원부정자) 동준(도사) 동민(참봉) 동선(좌참찬)
	응순(부원군)	동연(좌랑) 의인왕후(선조비)
	응남(도승지)	동도(군수) 동효 동점(현감)
	응복(대사헌)	동윤(익위사부솔) 동열(참의) 동망(목사) 동량(판서)
	응인(부사)	동기(사마) 동직 동위(절충장군)

9. 연안이씨 이석형 묘

위치: 경기도 용인시 모현면 능원리 산 3, 북서향

이곳은 포은 정몽주 묘와 나란히 있다. 이석형은 정몽주 증손녀 사위인데, 부인이 이른 나이에 죽자 포은 선생 옆에 묘를 쓴 것이다. 즉 포은 정몽주 손자 '정보'가 자신의 못 자리를 딸이 먼저 죽자 양보한 것이고, 그 후 32년이 지난 1477년 이석형 선생이 돌아가시자 합장을 하여 오늘에 이른 것이다.

이곳은 풍수를 공부하는 사람들에게 순례 코스와 같은 곳이다.

명혈(明穴)은 국가의 소중한 자산

만고의 충신으로 불리는 정몽주 묘와 이석형 묘가 여인의 젖가슴처럼 나란히 있어서 공부하기 좋은 곳이기 때문이다.

연안이씨 대종회 자료에 의하면, 이석형 직계 후손에서는 부원군 3, 정승 8, 대제학 6, 판서 42, 공신 4, 청백리 2, 문과 급제자 120명을 배출하였다. 특히 고손 대에 이르러 대제학 월사 이정구와 이귀 등을 배출하면서 연안이씨 최고의 황금기를 맞이하였다. 묘 하나의 후손 중에서 이토록 많은 인물이 배출되기는 드문 일로서 명혈의 소응을 말해 주는 대표적 사례이다. 특히 손자 대에서 당시로서는 이례적으로 장수하고 있다.

특이한 것은 광산김씨는 김반 자손에서만 3대 대제학과 7명의 대제학을 배출했는데, 연안이씨 중에서는 이석형 후손에서만 3대 대제학을 비롯하여 6명의 대제학을 배출했다.

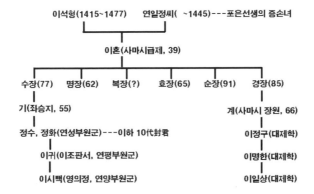

10. 덕수이씨 이안성 묘

위치: 경기 양평군 양동면 쌍학리 산 9-1, 남서향

조선 중기 대문장가로 손꼽히던 택당 이식은 1613년 부친이 작고하자 3개월간 부친의 장례를 미루면서 산을 찾은 끝에 양평 백아곡 현재의 장소를 찾는다. 당시 택당 또한 여느 사대부가들처럼 어느 정도 풍수의 지식을 갖추고 있기 때문에 가능한 일이었다.

택당이 백아곡에 묘를 쓸 당시 그의 나이는 30세였다. 그 이전까지 택당은 병치레가 잦고 현실에 대한 비관 등으로 극히 소심했기에 마을 사람들로부터 폐인 소리를 들을 정도였다. 그러나 부친 묘를 쓴 이후부터는 관직에 참여하는 등 학문에 매진하면서 이전과는 전혀 다른 모습을 보이게 된다. 명혈은 후손의 성품까지도 긍정적으로 변화시키는 영향을 주는 것을 볼 수 있다.

덕수이씨 족보에 의하면, 택당의 직계 후손 중 영의정 2, 좌의정 1, 대제학 2, 판서 6, 문과 급제 22, 무과 급제 18, 생원·진사 68명을 배출했다.

그 외에도 증손 기진과 고손 담은 이조판서를 역임하였고, 5대손 이병모는 영의정에 이른다. 6대손에 이르러서는 공조판서 이노춘, 이조판서 이노병, 예조판서 이노익 등을 배출하여 학문적 명성과 벼슬이 끊이지 않고 이어진다. 6대손까지 약 150년간 영향을 준 것으로 볼 수 있다.

명혈(明穴)은 국가의 소중한 자산

	아들	손자	증손	고손
이안성 1554-1570	식(판서)	면하(수찬)	류(현감)	태진(현감) 숭진(현감) 형진(도정)
		신하(예빈시정)	변(부사) 여(영의정) 당(현감)	기진(대제학) 태진(도정) 규진(군자감정) 익진(참판) 성진(현령)
		단하(좌의정)	심(군수)	의진(도사) 정진(사직) 구진(참의) 후진(통덕랑)
			자(참의)	도진(정랑) 악진(찬성) 중진(지사) 동진 정진(통덕랑)

11. 동래정씨 정난종 묘

위치: 경기도 군포시 속달동 39-1, 남향

군포 수리산 아래에 자리한 정난종 묘 직계 후손에서 13명의 정승을 배출하여 단일 가문에서는 최다 정승을 배출했으며, 사화나 역모 등에도 휘말리지 않고 가문을 온전히 보존하였다. 이는 조선의 정치 상황에서 유래를 찾기 힘든 사례이다.

	3남	증손	고손	6세손	7세손	9세손	10세손	11세손	12세손	14세손
정난종 1433-1489	광필 (영의정)	유길 (좌의정)	지연(우의정) 창연(좌의정)	태화(영의정) 치화(좌의정) 지화(좌의정)	재승(좌의정)	석오(좌의정)	홍순 (좌의정)	존겸 (영의정)	원용 (영의정)	범조 (좌의정)

이곳 묘역의 특징은 자식과 손주 묘가 할아버지 묘소보다 높은 곳에 있다는 점이다. 이와 같은 형태를 일러 사람들은 불효 막급한 역장(逆葬)이며 집안이 뒤집어지는 난장이라며 호통이지만, 과연 누가 대학자였던 정난종 가문을 무례한 가문이라 말할 수 있겠는가?

그리고 역장임에도 수많은 정승과 판서를 배출한 것은 어찌 설명하겠는가?

율곡 이이, 월사 이정구, 사계 김장생, 우계 성혼 같이 위대한 선현들도 이와 같은 역장의 형태를 하고 있지만, 그 가문들이 잘못되었다는 말을 듣지 못하였다.

만약 조상의 혼백이 있다면 어느 조상이 자식과 손주가 할아버지 머리맡에서 재롱부리는 것을 싫어하겠는가? 설사 자신보다 후손들이 좋은 땅에 들어간다고 해서 그 후손을 시기하고 미워하겠는가?

요즈음은 대체로 가까운 친인척들이 반대하는데, 아마 사촌이 땅을 사면 배가 아픈 것과 같은 연유일 것이다. 옛 선인들의 효심과 적극적인 땅의 활용을 새삼 본받을 필요가 있다.

12. 장수황씨 황균비 묘

위치: 전남 남원군 대강면 풍산리 산 4, 북서향

단군 이래 최고의 명재상으로 꼽히는 황희 정승은 이 묘 이후에 태어나며, 100년 넘게 수많은 인재를 배출하였다. 특히 황희·황수신은 부자가 영의정에 오르면서 장수황씨 최고의 전성기를 구가한다. 이 묘 후손 중에서 워낙 인물이 많이 배출되자 다른 성씨가 황균

명혈(明穴)은 국가의 소중한 자산

비 묘를 없애고 자신들 선산으로 삼기도 했다. 그리하여 조선 시대에 치열한 산송이 벌어지기도 했다.

세간에서는 이 묘소를 나옹대사가 점지해 준 것이라 하며, 족보에서는 관주형(貫珠形)이라 기술하고 있다. 이는 주산으로부터 구슬 같은 봉우리를 여럿 만들면서 묘소까지 이어졌기 때문이다.

특이한 점은 주변은 온통 험한 암석으로 이루어졌으나 묘를 쓴 지점만 바위가 없고 흙으로 이루어졌다.

묘에서 보면 물 빠짐이 다소 길게 보이는데, 황희 정승 청백리와 무관하지 않다고 본다.

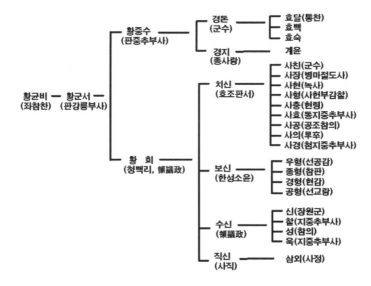

이상 살펴보았듯이 음택 명혈은 100년 넘게 후손에게 좋은 기운을 유지하면서 뛰어난 인재를 배출함을 볼 수 있다. 이처럼 가문을

일으켜 세우고 존귀하게 장수하며 사는 방법이 땅에 있다는 것을 안다면 어느 누군들 명당에 대한 관심이 없을 것인가. 이것은 인간으로서 당연한 욕망이고 본능이다. 다만 혈의 희소가치가 높아지면서 그에 따른 부작용과 폐해가 만연되었기에 급기야 지금과 같은 대중의 외면에 이른 것이다.

명혈은 사용 기간이 정해진 것 아니며, 샘물처럼 근원이 마르지 않으면 얼마든지 새것처럼 재사용이 가능하기 때문에 그 어떠한 자원보다 긍정적 에너지를 갖고 있는 지구상 최고의 자원이다.

명혈은 크지 않다. 전 국토에 있는 모든 혈을 찾아 쓴다 해도 36홀 골프장 하나에도 미치지 못한다. 많은 돈이 드는 것도 아니고 심각한 부작용을 초래하는 것도 아니다.

외국의 자원과 기술을 값비싼 로열티를 지급하며 들여올 것 아니라 국가 백년대계를 위해서 우리 땅에 있는 고유의 자산을 적극 활용하자는 것이다.

거듭 말하지만 그 어떠한 천연자원보다 소중한 명혈은 적극 활용되고 또 보호되어야 한다. 작지만 강한 나라, 경쟁력 있는 나라를 지향함에 있어 풍수가 국가와 사회에 기여할 부분이 있다.

명혈(明穴)은 국가의 소중한 자산

피해야 하는 8가지 흉한 산

고서에서는 8가지 흉한 산으로 사(射), 충(衝), 파(破), 규(窺), 압(壓), 반(反), 주(走), 단(斷) 8가지로 구분하니 찌르고, 치고, 무너지고, 엿보고, 누르고, 등지고, 달아나고, 끊어진 산을 말한다. 이러한 산 근처에 자리하거나 혹은 보이면 흉사가 잦고 가까이 있으면 흉사 또한 빠르게 닥친다. 각각의 산을 사례를 들어 소개해 본다.

1. 규봉(도적봉)

규봉(窺峰)은 다른 말로 도적봉이라 한다. 산줄기 뒤에서 작은 산이 넘겨다보는 모습으로 비유하면 도둑이 담장 너머에서 고개만 내밀고 집안을 엿보는 형상이다. 집이나 묘에서 규봉이 보이면 재물의 손실이 많고 구설수가 잦으며, 늘 감시당하는 모습이니 불편한 모습이다. 규봉은 전후좌우 어디에 있어도 마찬가지인데, 특히 주산 뒤에 규봉이 있으면 크게 흉하게 여긴다.

김포 장릉

1623년 인조는 반정을 일으켜 광해군을 축출하고 왕위에 오른다. 그리고 3년 후 생모 묘를 이곳에 쓰고 부친 묘까지 이곳으로 이장 후 장릉이라 하였다.

그러나 10년 후 병자호란으로 인해 인조는 삼전도에서 치욕적인 항복을 한다. 병자호란으로 인해 조선의 국토는 철저하게 유린되었고 수많은 인질이 청나라로 붙잡혀 갔으며, 매년 조공을 받쳐야 했으니 조선의 역사 중 가장 치욕적인 시기였다.

인조는 그 후 청나라에서 돌아온 소현세자와 세자빈을 죽이고 소

현세자 자식들까지 죽이는데, 이 모든 일이 이곳 장릉에 묘를 쓰고부터 시작된다.

이곳 지형을 보면, 청룡은 등 돌리고 안산은 고개를 돌려 도망가는 형태다. 그리고 치명적으로 백호 쪽에서 규봉이 보일 듯 말듯 넘보고 있다.

피해야 하는 8가지 흉한 산

2. 갈라진 산

터 주변에 날카롭게 갈라진 산이 있으면 흉하다. 마치 예리한 칼날에 베인 듯한 모습이기 때문이다. 이러한 산 아래 사는 것도 불리하지만, 이러한 산이 바라보이는 곳도 불리하긴 마찬가지이다. 대체로 이러한 산이 보이면 흉한 일이 많기 때문이다.

매천필(罵天筆)은 마치 붓끝이 갈라진 것처럼 산 끝이 갈라진 형태다. 매천필이란 하늘에 욕을 한다는 뜻이다. 고서에서는 이러한 산이 보이면 관직을 해도 부정이 많아 삭탈관직을 당하고 과거 시험 10번을 보면 9번 떨어진다고 했으니 흉한 산이다.

갈라진 산

매천필

3. 험하고 추한 산

조선의 실학자 이중환은 《택리지》에서 말하기를, 터 주변에 험한 암석으로 이루어진 악산이나 한쪽으로 기울어 비딱한 봉우리, 혹은 엿보거나 넘겨다보이는 산이 있으면 살만한 곳이 못 된다. 또 사방이 높아 하늘이 조금 바라보이는 곳도 불가하다고 했다. 멀리 있는 산은 맑게 빼어나게 보여야 하고, 가까이 있는 산은 밝고 깨끗해야 한다고 강조했다.

앞에서도 말했지만 산이 크고 험한 지형에서 암 환자가 많았으며, 야트막한 평지에서는 암 환자가 적었다. 그러므로 요양과 치료를 목적으로 한다면 흙이 많은 야트막한 산으로 이루어진 곳이 좋다. 풍수 이론으로 보면 험한 바위는 찬 기운이며, 흙은 따뜻한 기운이기 때문이다.

4. 높은 앞산

내 집 앞에 높은 산이나 건물이 절벽처럼 가로막고 있다면 매우 답답할 것이다. 이때는 사람의 운 또한 막히게 된다. 조선을 침탈한 일제는 경복궁 근정전 앞에 조선총독부 건물을 높게 짓는다. 앞이

꽉 막힌 상태를 만들어 왕실을 억누르기 위한 술책인데, 그 결과 조선은 힘 한번 쓰지 못하고 망하고 만다. 풍

피해야 하는 8가지 흉한 산

수에서 말하기를 앞이 꽉 막힌 상태면 매사불성이라 하니 무엇을 해도 이루어지지 않는다고 하였다.

요즈음 아파트는 남향을 고집하다 보니 높은 산을 바라보며 짓는 경우가 많은데, 좌향보다 우선하는 것이 지리적 안정감이다.

5. 끊어진 산

● 도로 절개

마을 뒤편에 도로가 생기면서 산줄기가 끊어지는데, 그 무렵부터 마을에서는 갑자기 사람이 죽고 다치는 일이 연속적으로 벌어진다. 거듭되는 우환에 마을 주민들은 도로 건설을 찬성한 사람과 반대한 사람 간에 다툼이 벌어지게 된다. 특히 이곳 마을에서  오랫동안 풍수 일을 보던 사람은 자신이 경고했는데, 자기 말을 듣지 않았기 때문에 이러한 일이 벌어졌다고 분개한다.

● 결항사(結項砂)

산줄기가 갑자기 가늘어지면서 마치 목이 끊어진 듯한 모습이다. 이러한 산을 단두사(斷頭砂) 혹은 결항사라고 하며, 집이나 묘에서 보이면 매우 흉하게 여긴다. 이러한 지형에 집이나 묘가 자리하고 있어도 마찬가지이다. 따라서 터를 정할 때는 이러한 형태의 산을 피해야 한다.

6. 충(沖)하는 산

산줄기가 내가 사는 집을 찌르듯 치는 경
우를 말한다. 혹은 흉한 암석이 집 가까이 있
는 경우도 마찬가지이다.

● 경기도 모처에 흉가로 소문난 집이다.
집 뒤편에서 커다란 흉석이 찌르듯 치는 곳
이다. 멀쩡한 사람도 그 집에 들어가면 병에
걸려 죽거나 사업이 실패하는 등 거의 모두가 망해서 나온다고 한
다. 그러한 까닭에 3년마다 주인이 바뀐다고 한다.

● 크고 높은 아파트의 날카로운 모서리가 마치 칼날같이 아래 사무
실을 치는 듯하다. 아파트가 지어지면서부터 많은 문제가 생겨 결국
이전해야 했다. 그래서 건물도 이웃을 잘 만나야 한다. 주변 건물의 모
서리가 내가 사는 아파트를 치는 경우 거리가 멀면 다행이지만 가까운
집에서는 뜻하지 않은 사고가 생기게 된다.

7. 파괴된 산

풍수에서 말하기를 산이 파괴되면 사람에게 슬픔이 닥친다고 한다. 또 홀연히 산이 무너지는 것이 보이면 반드시 화가 따른다고 하였다.

● 진주시 대곡면 중촌마을

여느 시골과 다름없는 평온하던 마을이 1991~1992년 2년 동안 멀쩡하던 동네 사람 30여 명이 잇따라 죽는 변괴가 벌어진다. 200명에 불과한 마을이기에 한 집 건너 줄초상이 나는 것이다. 갑작스런 죽음의 공포에 마을에서는 굿을 하기도 했으나 사고는 계속되었다. 마을 사람들 표현에 의하면, 때 아닌 우박에 풋과일이 떨어지는 것처럼 사람이 죽어 나갔다고 한다. 그런데 그 시기를 알아보니 마을에서 정면으로 바라보이는 산이 파헤쳐지면서부터 죽음의 공포가 시작되었다고 한다.

이를 괴이하게 여긴 인근 마을 풍수사가 진단해 보니, 앞쪽의 석산은

피해야 하는 8가지 흉한 산

호랑이를 닮은 형국인데, 호랑이가 석산으로 파헤쳐지면서 다치게 되자 화가 난 호랑이가 행패를 부리는 것이라고 한다. 그리하여 호랑이를 제압할 수 있는 것은 코끼리이므로 코끼리 상을 석산을 향해 세우면 될 것이라 해서 마을에 코끼리 동상을 세웠다. 그리고 석산 측에서는 발파 지점을 옮기고 파헤친 산에 나무를 심는 등 성난 인심을 달래려 했다.

마을 사람들은 그것으로 문제가 해결되고 죽음의 공포가 끝난 것으로 생각했지만, 그 후에도 마을 구판장에 차가 들이닥쳐 5명의 사상자가 발생하는 등 우환은 계속되었다. 이 내용은 2006년 8월 MBC 'TV 특종 놀라운 세상'에서 방영되기도 하였다.

● 온양 설화산이 석산이 개발되면서 바로 아래 위치한 마을 사람들 10여 명이 죽거나 다치게 되자 석산과 마을 사람들 간에 법정 공방으로까지 이어지게 된다. 이러한 사례는 전국 각지에서 무수히 일어나고 있다.

8. 퇴전필

퇴전필(退田筆)은 산줄기가 붓처럼 뾰족하게 생겨서 물 흐름과 같이 되어 있는 경우를 말한다. 풍수에서 가장 흉한 것으로 표현하는데, 집이나 묘가 퇴전필이 보이는 곳에 있으면 모든 재산을 잃고 순식간에 망한다는 최악의 산이다.

● 사진 속 물길은 좌측에서 우측으로 흐르는데, 가운데 산줄기가 뾰족한 형태로 물을 쫓아가고 있으니 전형적인 퇴전필이다.

퇴전필이 정면으로 보이는 곳에 모 기업이 연수원을 짓게 된다. 강변의 후련한 조망과 시원한 강바람이 좋다고 생각한 것이다. 그런데 공교롭게도 연수원을 지으면서부터 건실하던 기업은 불과 몇 년 만에 도산하면서 결국 연수원 완공조차 못하고 말았다.

물론 대기업이 작은 연수원 때문에 도산한 것은 아닐 것이고 우연의 일치일 수 있다. 그러나 풍수인의 관점에서 보면 퇴전필이 보이는 연수원 터는 불행의 시초가 된 블랙홀인 셈이다.

● 얼마 전 대한민국은 촛불 집회와 태극기 집회로 국론이 크게 분열된 바 있다. 그로 인한 후유증은 아직까지 우리 사회 곳곳에 남아 있다. 이때 연루된 인물의 선대 묘가 용인에 있다고 밝혀진다. 이곳 묘지 200m 앞에는 하천이 흐르는데, 수량이 많은 편이다. 그러나

하천 변에는 펜촉과 같이 뾰족한 모습으로 물 빠짐을 쫓아가는 산줄기가 있으니 퇴전필의 모습이다. 결과적으로 이곳에 묘를 쓰고 세월이 지난 후 후손은 사회적으로 큰 지탄을 받고 구속되기에 이른다.

● 모 정치인 선영

모 정치인은 두 번의 대통령 선거에서 근소한 차이로 패하고 만다. 그 후 정치인은 고향 읍내에 있던 부친 묘를 종중산으로 이장을 한다. 그런데 하필이면 퇴전필이 정면에 보이는 곳이다. 그리고 또한 번 대통령 선거에 무소속으로 나서지만, 이번에도 낙선하고 만다. 이곳으로 이장할 때는 나름대로 신중했겠지만, 판단을 잘못한 것이다.

퇴전필은 물가에만 있는 것이 아니고 산에도 있는데, 계곡은 물길이기 때문이다. 이때 계곡은 물이 없거나 많지 않아도 물길로 간주한다. 비가 오면 작은 물이 흐른다는 것을 생각하면 된다.

요즈음 들어 강이나 하천 변에 조망이 좋다고 터를 정하는 경우

피해야 하는 8가지 흉한 산

가 많은데, 물줄기 흐름뿐 아니라 산줄기 모습까지 세심하게 살펴야 한다. 단순히 물가를 선호하다가 큰 낭패를 볼 수 있기 때문이다.

퇴전필의 반대로 진전필(進田筆)이란 것도 있다. 이는 뾰족한 산줄기가 물 흐름과 반대로 된 모습인데, 재물이 순식간에 불어나 큰 부자가 되는 곳이다. 따라서 진전필이 있는 곳에 묘나 집을 정하면 금시발복한다고 한다.

어느 순간 댐이나 저수지가 조성되면 이러한 퇴전필과 진전필이 생길 수 있으니 유심히 살펴볼 필요가 있다.

어떠한 산을 바라볼 것인가

사람은 바라보이는 산세와 풍광에 큰 영향을 받는다. 그래서 사람은 산을 닮는다고 했다. 특히 산이 많은 우리나라는 어디서건 산과 마주하게 되는데, 봉우리 형상은 그 터의 부귀빈천을 좌우하게 된다. 산봉우리가 우뚝 솟아 수려하고 반듯하면 귀한 인물이 나고, 반면에 산봉우리가 밋밋하거나 기울고 험하면 인물 또한 볼품없어 천하고 비루한 것이니 바라보이는 산봉우리는 그에 걸맞은 힘을 품고 있기 때문이다. 그러한 까닭에 풍수 고서에서는 다음과 같이 말하고 있다.

> 산이 수려하면 사람이 귀하고, 산이 산만하면 사람도 천하고,
> 산이 살찌면 사람이 부유하고, 산이 야위면 사람도 가난하고,
> 산이 순하면 사람이 온화하고, 산이 거칠면 사람도 난폭하다,

이는 집, 묘, 사무실 등에 관계없이 일관되게 적용되기 때문에 터를 정하거나 집의 좌향을 정할 때 주변 산세를 살피는 것은 중요한 부분이다.

좋은 봉우리는 크게 3가지로 구분하는데, 첨(尖)·원(圓)·방정(方正)한 형태를 말한다. 첨은 문필봉이니 학자가 많고, 원은 노적봉으로 부자가 나며, 방정은 중후한 모습이니 큰 인물이 난다고 해석한다.

양택 사례

● 양동마을 서백당

경주 양동마을은 월송손씨와 여강이씨가 500년 동안 지켜온 유서 깊은 마을로 세계문화유산에 등재되었다. 그중에서도 월송손씨 종가댁 서백당은 특히 손꼽히는 명당으로 최초에 이곳에 터를 잡아 준 풍수가 이 집에서 3명의 현인이 날 것이라 예언하였다. 그 후 실제로 손  중돈과 이언적 두 분이 이곳에서 출생했기에 가문에서는 또 한 명의 인물이 태어나기를 학수고대하고 있다.

서백당 사랑채는 성주산을 바라보고 있는데, 성주산은 부석사와 봉정사에서 보았던 봉우리와 닮았다. 산봉우리가 중후하고 반듯한 형상이니 이언적과 손중돈의 성품을 미루어 짐작할 수 있을 정도다. 땅이 인재를 키운다는 지령인걸은 이곳에서 여실히 입증되고 있다.

서백당(書百堂)이란 당호는 하루에 '참을 인(忍)'을 백 번을 쓰면 어떤 어려움도 이겨낼 수 있다는 의미이다.

철원 도피안사

도피안사는 신라 말 도선국사가 창건한 천년고찰이다. 전하는 말에 의하면, 철불(비로자나불)을 만들어 다른 절에 봉안하기 위해 암소 등에 싣고 운반하는 도중 불상이 없어져 사방으로 찾아보니 현재의 도피안사 자리에 앉아 있어 도선국사가 그 자리에 절을 세우고 불상을 모셨다고 한다. 절 이름은 철로 만든 불상이 피안(모든 번뇌를 벗어난 이상적인 세계)에 이르렀다는 뜻에서 유래되었다.

이곳 철조 불상은 6·25 전쟁 때 절이 파괴되면서 땅속에 묻히게 된다. 그런데 1959년 이곳을 관할하던 육군 제5사단장 이명재 소장 꿈에 철불이 나타나 답답해하는 꿈을 꾼 뒤 수소문 끝에 이곳을 발굴하여 철불을 발견했다고 한다. 그 후 국보 제63호로 지정되었다. 대적광전 앞 3층 석탑(보물 223호)에는 금와보살(金蛙菩薩)로 불리는 금빛 개구리가 살고 있다 하여 TV에 소개되기도 했다.

도피안사 지형은 마치 제비 둥지와 같은 형태를 하고 있어 외부에서는 전혀 알 수 없는 곳이다. 이곳의 안산 또한 우뚝 솟아 반듯한 모습이니 국보급 사찰의 공통점이다.

어떠한 산을 바라볼 것인가

서산 유기방 가옥

유기방 가옥은 풍수에서 요구하는 용(龍)·혈(穴)·사(砂)·수(水) 조건을 모두 갖춘 집터이다. 집 뒤편의 봉우리는 높지 않지만 정기 충만한 모습으로 집터를 감싸 주고 봉우리부터 집까지 용맥이 이어지면서 산천 정기를 공급하고 있다. 좌우 청룡·백호는 집터를 유정하게 에워싸고 있으며, 멀리 봉긋한 봉우리를 정면으로 마주 보면서 자리하였다. 고서에서 말하기를, 용과 혈이 참되면 전후좌우 산들이 저절로 상응한다고 했는데, 이곳 지형지세가 꼭 그러하다.

집 뒤편에 오르면 부드럽고 따뜻한 느낌의 땅 기운을 오롯이 느낄 수 있다. 산줄기는 은봉산(隱鳳山)에서 시작되는데, 은봉산이란 명칭은 봉황이 숨어 들은 산이라는 데서 유래되었다. 은봉산에서 이어진 산줄기가 집터 뒤편에 이르러 나지막한 봉우리를 이루었으니 이를 현무정이라 한다. 현무정은 산천 정기를 취합해 집터로 전달해 주는 저장 창고 역할이다.

이곳은 4월이면 수선화 꽃밭으로 장관을 이루지만, 수선화가 지고 나면 울창한 송림 사이에 편안하게 앉아 그림 같은 전경을 감상하면서 파워 스폿 체험을 할 수 있다. 풍수인의 입장에서는 수선화 군락을 보는 것보다 더 귀한 체험이다.

땅에서는 온화한 기운이 올라오고 송림 사이에서는 그윽한 솔내음이 바람을 타고 불어오며, 눈앞의 고즈넉한 풍광은 도심에서의 고단한 눈빛을 정화시켜 준다.

도무지 발길을 떼고 싶지 않은 곳이니 봉황이 숨어들었다면 아마도 이곳일 거라 확신한다.

오정방 고택

안성 양성면 덕봉리에 자리한 해주오씨 오정방 고택은 우뚝한 앞산을 바라보며 자리했으며, 이후로 오상(이조판서), 오두인(형조판서) 등 수많은 인재를 배출한 명문 고택이다. 참고로 덕봉리에는 해주오씨들 묘가 많은데, 여러 유형의 묘가 있어 풍수인들이 즐겨 답사하는 곳이다.

어떠한 산을 바라볼 것인가

조지훈 생가

경북 영양 주실 마을은 한양조씨 집성촌으로 청록파 시인 조지훈을 비롯해 많은 학자와 문인이 배출되었다. 조지훈이 태어난 호은종택은 정면의 문필봉을 바라보고 자리했다. 문필봉 형태가 끝이 뾰족한 것으로 보아 조지훈의 필설 또한 예리하고 날카로울 것이라 짐작할 수 있다.

주실마을 앞으로는 장군천이 흐르는데, 물줄기가 마을 앞에서 가장 굽이침이 많은 형태다. 이것을 보면 물길의 굽이침이 많은 곳에서 명당 터를 이룬다는 것을 알 수 있다. 하지만 마을을 지나서는 장군천이 곧고 길게 빠져나가는 결함이 있다. 이것을 비보하고자 숲을 조성했는데, 마을의 좋은 기가 빠져나가는 것을 막아 주고 장군천 하류에서 부는 바람을 차단하는 역할이다.

홍명희 생가

대하소설《임꺽정》을 쓴 벽초
홍명희(1888~1968)는 괴산 동부
리에서 태어난다. 홍명희의 부친
홍범식은 금산군수로 재직하던 중
일제가 조선의 주권을 강탈하자 울

분을 이기지 못하고 죽음으로써 항거하였다. 홍명희는 일제강점기
시절 이광수, 최남선과 더불어 조선의 3대 천재로 불렸다.

광복 후에는 1948년 월북한 뒤 북한에서 정치인으로 활동하면서
부수상을 지냈다. 홍명희는 월북자라는 신분적 약점에도 불구하고
북한에서 최고위직을 지내다 79세까지 천수를 누렸다.

생가는 동진천 변에 남향으로 자리하였다. 산줄기는 집터 뒤편에
서 주산을 형성하고 마치 구슬을 꿴 듯한 모습으로 집까지 이어지고
있다. 그 형태가 마치 구슬을 꿴 듯한 모습이니 연주패옥(連珠佩玉)
이라 부른다. 연주패옥이란 고관대작 옷에 달린 영롱한 옥구슬로 지
극히 귀한 신분을 뜻하며, 구슬이 많을수록 고귀한 것이니 극품의
벼슬을 이룬다는 명당이다.

집은 우뚝한 남산(393m)을 바라보며 자리했다.

음택 사례

● 강맹경 묘

강회백 손자로 영의정을 지냈다. 묘는 양평군 신복리에 있으며,

동쪽의 백운봉을 바라보는 형태다. 이런 봉우리를 문필봉이라 하며 뛰어난 학자나 문장가를 배출한다.

● 민기 묘

묘는 전면의 문필봉을 향하고 있으며, 이 묘 이후로 9대 연속 문과 급제를 배출하면서 구한말 최고의 명문가를 이루게 된다.

● 박소 묘

멀리 빼어난 봉우리를 바라보고 있으며, 이 묘 이후에 127명의 문과 급제와 5명의 정승을 배출한다.

● 윤관 장군 묘

파주에 자리한 윤관 장군 묘는 단아한 안산을 바라보고 자리했다. 안산이 예쁘면 여자가 귀하게 되는데, 파평윤씨는 조선 시대 4명의 왕비를 배출했다.

● 이석형 묘

이석형 직계 후손에서 정승 8, 판서 42, 문과 급제자 120명을 배출한다. 전면의 안산이 중후한 모습이다.

● 최진립 묘

최진립 장군 묘는 노적봉을 바라보는 형태다. 이 묘 이후 400년 간 영남 지방 최고의 부자를 유지할 뿐 아니라 노블레스 오블리주를 실천한 조선 최고의 명문가로 자리매김하게 된다.

이처럼 묘 터가 좋으면 앞산이나 주변에 그에 상응하는 수려한 봉우리가 있게 마련이다.

강맹경 묘

민기 묘

박소 묘

윤관 장군 묘

이석형 묘

최진립 묘

　앞에서 보았듯이, 바라보이는 산세는 인재를 양성하는 중요한 요인임을 알 수 있다. 특히 집터에서 바라보이는 산봉우리가 좋으면 절반의 성공이라 해도 과언이 아니다. 따라서 단독주택이나 아파트 등에서 집을 정할 때는 수려한 봉우리가 바라보이는 곳이 좋다. 전원주택을 지을 때도 빼어난 봉우리를 바라보는 형태로 좌향을 정하는 것이 좋은데, 이때는 반드시 정면이 아니어도 된다.

　사람은 자주 바라보는 산을 차츰 닮게 되면서 넉넉한 인품을 기르게 된다.

전설의 명당 가리산 천자 묘

　춘천 가리산 깊은 계곡에 있는 천자 묘는 근방에 살던 머슴이 이곳에 자신의 부친 묘를 이장한 뒤 중국에 가서 천자가 되었다는 전설이 있는 묘이다.

　이곳 물로리 마을에서 태어나 현재까지 거주하는 박치관 옹(85세)의 증언에 의하면, 천자 묘 전설은 어릴 적부터 마을 어른들에게 들었으며, 소양댐이 생기기 전에는 내평리 초등학교에서 소풍을 오던 곳이라 한다. 그 당시 마을에 심한 가뭄이 들거나 변고가 생기면 천자 묘를 파 보는데, 어김없이 밀장(密葬)한 유골이 들어있었다고 한다.

　묘지 속 광중은 사람 한 명 누울 수 있는 내광이 있었다고 한다. 박치관 옹의 기억으로는 최근 70년 동안 3차례 묘를 파냈으며, 이때 암장된 유골은 인근 산에 묻어 주었다고 한다. 따라서 현재의 천자 묘는 주인이 없는 상태다.

　그럼에도 불구하고 방문객이 끊이지 않는데, 심마니들은 산에 오르기 전 꼭 이곳에 들러 제를 지낸다

고 한다. 아마도 가리산 산신에게 제를 지내는 최고의 명당으로 여기는 듯하다. 그래서 묘소 앞에는 늘 제기가 놓여 있다.

천자 묘에서 산줄기를 타고 오르면 가리산 정상(1,051m)에 이른다. 가리산은 인근 지역에서 가장 높은 봉우리로 다른 산들을 압도하기 때문에 산의 형태 구성(九星) 중 탐랑목성(貪狼木星)으로 분류한다.

가리산 최고봉에서 시작된 중출맥은 북산면 물로리 방향으로 이어지는데, 그 흐름이 마치 용틀임하는 것처럼 생동감 있다. 용맥은 규칙과 질서가 있는 중에 아리따운 맵시가 있으며 작은 봉우리가 봉긋봉긋 이어지면서 마치 구슬을 꿴 듯하니 연주패옥형(連珠佩玉形)이다. 그리고 용맥 끝에 이르러 불현듯 평탄한 지형을 이루었다. 가리산 정상부터 가파르게 달려온 기맥은 그 지점이 자신이 머물기에 최적의 장소라 판단한 것이다.

　　　　　　　　　　　　전설의 명당 가리산 천자 묘

봉분 주위에는 작은 암석이 땅속에 뿌리를 박고 원을 그리듯 박혀 있다. 마치 게 눈 주변에 작은 돌기가 솟은 형상이기 때문에 풍수에서는 이와 같은 곳을 해목혈(蟹目穴)이라 부른다. 해목혈은 금시발복한다는 혈이니 머슴이 자신의 부친 묘를 이장하고 나서 얼마 후에 천자가 되었다는 전설과 맥락을 같이 한다.

천자 묘는 북향이지만 좌청룡 우백호가 감싸 주면서 바람잔잔한 곳이고, 혈처 앞에서 합수된 물은 구불구불 구곡수를 이루며 흐른다. 그중에서도 전면의 안산과 조산이 빼어난 모습으로 마주하면서 혈처의 품격을 더욱 가치 있게 해 주고 있다.

안산은 물로리 마을회관 뒤편에서 수구막이 역할을 하고 그 너머에는 소양강댐 물이 깊고 푸르다. 이처럼 보이지 않는 물을 암공수(暗拱水)라 하는데, 천자 묘는 소양강댐으로 인해 부귀 겸전의 땅으로 업그레이드되었다.

천자 묘 주변에는 험한 바위가 많이 노출되어 있지만, 지극히 귀한 땅은 자신의 자취를 졸렬하게 위장하거나 남들이 싫어하게끔 스스로 감추는 법이니 많은 사람이 좋아하지 않는 땅이 곧 대귀지(大貴地)라 했다.

● 무릇 좋은 땅은 추하게 혈을 맺으니 세상 사람들과 더불어 말하기 쉽지 않다.

• 귀한 혈처는 추하고 악한 형태가 대부분이니 보통 사람들은 마음속 깊이 두려워한다.

이곳 천자 묘의 기운은 가리산을 닮아 강한 카리스마가 넘치는 곳이다. 이곳에서 좌향과 재혈)이 올바르면 그 누구도 넘볼 수 없는 절대 권력을 쥐고 생살여탈권을 휘두르는 모습이니 극강의 권력자가 된다.

차선 역시 권력자지만 지나치게 강한 기운 탓에 말로가 편치 않을 수 있다. 차차선은 군인이나 판검사가 되어 조직의 수장이 될 수 있으나 때로는 피를 볼 수도 있다. 차차차선이면 살기 넘치는 조폭 두목이나 깡패 우두머리가 되지만, 자칫 자신이 크게 다칠 수 있다. 그리고 최하는 질병, 파산, 요절이 잇따르는 종합 세트다.

최선이나 최하를 막론하고 보스 기질은 타고나는데, 이곳 산줄기가 가리산 중출맥이기 때문이다.

간혹 이곳 천자 묘 전설을 믿고 남몰래 암장을 하는 경우가 있다. 그러나 위에서 말했듯이 이곳과 같은 귀한 터는 한 치 오차 없는 재혈이 이루어져야 한다. 만약 그렇지 못하면 길함이 흉함으로 바뀌기 때문에 섣부른 욕심은 오히려 조상의 체백을 비바람 치는 땅에 버리는 것과 같은 것이 된다. 자식이 동네 깡패가 되어도 좋다면 말리지 않겠지만, 그런 부모는 없을 터이니 애초에 단념하는 것이 좋다.

결론적으로 천자 묘는 전설이 아니라 실현 가능한 혈이다. 그럼에도 불구하고 쉽사리 접근할 수 없는 것은 귀한 땅은 주인이 아니면 하늘에서 주지도 않고 땅에서 받아 주지도 않기 때문이다. 하지만 언젠가 때가 되어 천자 묘가 새로운 주인을 맞이한다면 위대한 지도자가 태어나 한민족의 국운이 크게 융성할 것으로 믿어 의심치 않는다. 그것이 언제 어떻게 될지는 아무도 모른다. 오직 가리산의 허락만 기다릴 뿐이다.

필자와 같은 범상한 사람들이 천자 묘의 덕을 보기 위해서는 이곳을 답사하며 가리산 중출맥 기운을 체험하는 것이 좋다. 기운을 체득하는 방법은, 천자 묘 앞에서 전면의 안산과 조산을 바라보며 좌향을 맞추면 된다.

분에 넘치는 과욕만 아니라면 이곳 천자 묘의 기운은 강한 카리스마와 지도력을 원하는 사람들에게 적합하다. 또 심신이 병약한 사람들에게는 부족한 양의 기운을 보충하기에 최적의 장소다. 그리고 영험한 기운을 원하는 사람들에게도 신비한 체험이 될 수 있다.

영월엄씨 시조 묘와 가문의 저력

영월엄씨 시조 엄임의(嚴林義)는 당나라 현종 때 신라에 사신으로 파견된 후 영월 땅에 정착하면서 영월엄씨 시조가 되었다. 처음 뿌리를 내린 영월읍 하송리에는 그가 심었다는 은행나무가 있는데, 수령이 1,200년으로 추정된다. 용문산 은행나무와 함께 국내에서 가장 크고 오래된 나무로 천연기념물로 지정되었다. 이 은행나무는 국가의 큰 이변이 있을 때마다 예시가 있다고 해서 신목으로 불린다.

영월엄씨가 두각을 나타내기 시작한 것은 1457년(세조2) 영월호장 엄흥도가 청령포에서 단종의 시신을 거두어 자신들 문중 산에 장

레를 치르면서 비롯된다. 전하는 말에 의하면, 음력 10월, 땅이 얼어 작업이 어려웠으나 노루가 머물던 양지바른 자리를 발견하고 그곳에 안장했다고 한다.

남몰래 장례를 마친 엄흥도는 '위선피화 오소감심(爲善被禍吾所甘心)'이라는 말을 남기고 가족과 함께 자취를 감춘다. 옳은 일을 하고도 화를 당한다면 달게 받겠다는 뜻으로 엄흥도는 당시의 절대 권력에 저항하며 죽음을 무릅쓴 것이다. 하지만 그로 인해 영월엄씨는 200년 동안 벼슬길에 나가는 것은 고사하고 엄씨 성을 감추며 숨죽인 채 지내야 했다. 그리고 1669년 송시열의 주청에 의해 비로소 은 둔에서 벗어나게 된다.

그 후 엄흥도는 1743년(영조10) 공조판서에 증직되었으며, 사육신과 함께 영월 창절사에 배향되었다. 그 시기부터 영월엄씨들은 과거 급제를 통해 벼슬길에 나갈 수 있게 된다.

영월엄씨 근대의 주요 인물을 보면, 고종황제 후궁인 엄귀비는 영친왕 생모로서 교육 사업에 사재를 털어 양정, 진명, 숙명 등의 사학을 세우니 구한말 선각자셨다.

엄복동은 일제강점기 시대 때 수차례 자전차 대회에 출전해 일본 선수들을 물리치고 우승을 함으로써 국민적 영웅이 되었다. 당시 어린이부터 노인에 이르기까지 그의 이름을 모르

는 사람이 없었을 뿐 아니라 '하늘에는 안창남, 땅에는 엄복동'이라는 유행어까지 등장하게 되었다. 최근에는 그의 일대기를 다룬 영화가 만들어지기도 했다.

엄항섭은 김구 주석 최측근으로 상해임시정부 외교부장을 지냈다. 김구 선생은 《백범일지》에서 다음과 같이 기록하고 있다.

엄항섭 김구

"엄항섭 군은 자기 집 생활은 돌보지 않고 석오 이동녕 선생이나 나처럼 먹고 자는 것이 어려운 운동가를 구제하기 위해 불란서 공무국에 취직을 하였다. 그가 불란서 공무국에 취직한 것은 두 가지 목적이 있었다. 하나는 월급을 받아 우리에게 음식을 제공해 주는 것이고, 다른 하나는 왜(倭) 영사관에서 우리를 체포하려는 사건을 탐지하여 피하게 하고 우리 동포 중 범죄자가 있을 때 편리를 도모해 주려는 것이었다."

그 후 엄항섭은 6·25 때 납북되었다가 1962년 북한 애국열사 능에 묻혔다. 남북한 모두에서 독립운동가로 추앙받는 인물이다.

최근에는 영화배우 엄앵란, 아나운서 엄기영, 히말라야 8,000m급 16개 봉우리를 세계 최초로 완등한 엄홍길 등이 있으며, 그 외에도 정치·경제·문화·학계 등에서 수많은 인재가 활동하고 있다.

영월엄씨 시조 묘와 가문의 저력

참고로 우리나라 성씨는 274개에 달하는데, 영월엄씨가 충효에 관해서는 타 성씨의 추종을 불허할 정도다. 아마도 충효가 그들 가문으로 면면히 이어지는 DNA라고 생각한다.

그러한 저력이 과연 어디서 비롯된 것인지 궁금하여 풍수인의 관점에서 영월엄씨 시조 엄임의 묘를 주목하게 된다.

영월엄씨 시조 묘는 영월읍 내에 우뚝 솟은 봉래산(802m)을 주산으로 삼아 동강 변에 남향으로 자리했다. 풍수 고전에 '산고인귀수심인부(山高人貴水深人富)'라는 말이 있는데, 산은 인재를 키우고 물은 부의 근원이라는 의미에 딱 들어맞는 곳이다.

봉래산은 중국 전설상에 나오는 삼신산(三神山: 방장산, 봉래산, 영주산)의 하나로 이름부터 범상치 않다.

성삼문은 단종 복위를 꾀하다가 형장의 이슬로 사라지기 전 시를 남기는데, 이곳에도 봉래산이 등장한다.

이 몸이 죽어가서 무엇이 될까 하니
봉래산 제일봉에 낙락장송 되었다가
백설이 만건곤할 제 독야청청하리라

단종이 유배되었다가 죽음을 맞는 청령포와 그 후 단종이 묻힌 장릉은 모두 봉래산과 가까운 거리에 있다. 시조 묘, 엄흥도, 성삼문, 청령포, 장릉 등은 모두 봉래산과 연결되어 있다는 점에서 미스테리한 퍼즐의 한 단면을 보는 것 같다. 이를 토대로 영월에서는 봉래산 정상에 운치 있는 소나무를 심어 스토리텔링으로 활용하는 것도 좋을 듯하다.

봉래산은 그 형태가 빼어나면서도 중후한 형상이고 멀리 오대산에서 시작된 주왕지맥의 끝 지점이다. 산줄기가 이처럼 길고 유구하다는 것은 지기의 역량이 오랫동안 이어진다는 것이고, 산줄기 끝부분에 있다는 것은 주왕지맥의 꽃과 열매에 해당된다는 의미다. 힘차게 달려온 기맥은 봉래산에 이르러 다시 한번 호흡을 가다듬고 현재 장소에 이르러 마치 용상에 걸터앉듯 당당하게 자리했다.

결국 엄문에 큰 인물이 끝없이 이어짐은 봉래산의 역량에서 기인한다고 볼 수 있다.

시조 묘 앞에서는 동강, 서강, 석항천이 합수된다. 풍수에서는 이처럼 여러 물줄기가 합수되는 것을 가장 길하게 여기는데, 경제력을 좌우하기 때문이다. 따라서 영월엄씨 중 재력가가 많은 것은 시조 묘 앞의 물줄기와 무관하지 않다.

사방을 둘러보면 수많은 봉우리가 봉래산 혈처인 묘소를 에워싸고 있으니 주인과 손님의 품격이 기품 있게 어우러진 곳이다.

결론적으로 영월엄씨 시조 묘는 장엄한 산줄기가 끝나는 혈처에 여러 물줄기가 합수되는 곳이고, 수구처(水口處)까지 잘 이루어졌다. 그리고 뭇 산의 봉우리가 웅장한 스케일로 마치 주군을 보필하듯 서 있으니 풍수에서 지극히 귀하게 여기는 명혈이다.

최근 30년 동안 시향제를 치르면서 단 한 번도 비가 오거나 흐린 날 없이 청명하였다고 하니 마치 후손들에게 밝은 미래를 비추어 주는 것 같다.

아! 뉘라서 조상의 음덕이 없다 할 것인가.

엄문이여! 그대들은 축복받은 가문이니 자긍심을 마음속 가득 지녀도 좋다.

어느 건축가의 명당 실험

 1970년대 무렵 대한민국은 풍수가 크게 성행하였다. 당시는 일제강점기와 6·25전쟁이 끝난 후 오랜 봉건사회의 계급 질서가 사라진 시기였기에 너도나도 신분 상승을 꾀하려 할 때였다. 그중에서도 가장 확실한 방법은 풍수지리였다. 그동안 사대부가의 전유물로만 여겨지던 풍수가 일반 대중에게 전파되면서 '탈신공개천명(奪神功改天命)'이라는 풍수의 캐치프레이즈가 급속한 공감대를 형성했기 때문이다.

 탈신공개천명이란 풍수 고서 《금낭경》에 나오는 글로 '풍수를 활용하면 신의 힘을 빼앗아 타고난 운명을 바꿀 수 있다'는 뜻이다. 쉽게 말하면 풍수의 힘을 얻으면 누구라도 왕후장상이 될 수 있다는 것이다. 그리하여 집을 새로 짓거나 혹은 묘지의 이장을 통해 신분 상승을 도모하려는 풍조가 크게 확산되었다.

 그 무렵 박시익은 한양공대 건축공학과를 졸업(1965년)하고 건축사 사무실에 근무하고 있었다. 그러던 어느 날 자신이 설계한 도면을 갖고 건축주가 찾아와

젊은 시절 박시익

어느 건축가의 명당 실험

대문을 남쪽에서 동쪽으로 바꾸고 안방과 화장실 위치 또한 변경해 달라고 요청하는 것이다. 그 이유가 풍수지리에 맞게 집의 주요 공간을 배치하기 위해서라는 말을 듣게 된다.

설계를 했던 젊은 건축가로서는 도무지 이해가 안 될 뿐 아니라 자존심 상하는 일이었다.

달나라 가는 세상에 미신 같은 풍수를 적용해 건축한다는 것은 상상조차 할 수 없었던 일이기 때문이다. 하지만 의뢰인의 요구를 거절할 수 없어서 다시 설계할 수밖에 없었다. 그때부터 박시익은 풍수가 무엇인지, 건축에 왜 풍수가 필요한지를 알기 위해 전국의 고수를 직접 찾아다니게 된다. 이때 만난 스승이 하남 장용득으로 당시 이병철 회장과 가까운 풍수인이었다.

박시익은 장용득 선생에게 양택의 길흉을 판별하는 안목부터 묘지의 좋고 나쁨을 분석하는 방법까지 상세하게 배우게 된다. 그중에서도 박시익은 건축가로서 특히 양택에 관심이 많았는데, 훌륭한 인물이 살던 집뿐 아니라 당시 신문에 보도된 흉가를 답사하여 어떤 특징과 문제점이 있는지 살피는 것이었다. 그래서 살인 사건이 일어난 집, 유괴 사건이 발생한 집, 교통사고로 일가족이 사망한 집 등을 방문하여 집의 구조, 주변 지형, 건물 형태, 도로, 방위 등을 일일이 조사하기에 이른다.

그런 식으로 박시익은 풍수 이론뿐 아니라 현장에서의 경험을 겸비하면서 풍수의 매력에 깊이 빠지게 되는데, 명당과 흉가의 원인을 밝혀낼 때 희열은 이루 말할 수 없을 정도였다고 한다.

가운데 넥타이 맨 사람이 하남 장용득, 좌측에서 두 번째는 정암 김종철

그 무렵 혜화동 어느 집에서는 학생이 친구들과 싸우다 흉기에 찔려 죽었다는 보도를 접하고 그 집을 방문한다. 그리고 내부를 보고 싶은 욕심에 초인종을 누르고 집주인에게 **"실례지만 이 집의 풍수지리를 조사하고 싶습니다."**라고 말했다.

그러자 집주인은 불같이 화를 내며 **"남의 귀한 아들이 죽었는데, 조사는 무슨 조사야."** 하면서 멱살을 잡혀

내동댕이친 후 발길질에 폭행을 당하다 도망치는 사례도 있었다. 당시 그 집은 일본식 가옥이었는데, 담장이 지붕까지 닿을 정도로 높았으며, 지붕이 뾰족한 형태였다고 한다.

참고로 사람은 집을 닮는다고 했다. 집의 날카로운 형태는 그곳에 거주하는 사람의 심성 역시 날카롭게 할 뿐 아니라 높은 담장은 집안에 탁한 공기가 쌓이면서 가족에게 좋지 못한 영향을 주게 된다. 모든 만물은 고유의 진동과 파동이 있는데, 집의 외형과 구조에 따라 진동과 파동이 다르다고 박시익 건축가는 설명한다.

따라서 집은 원만한 형태가 좋으며, 요철이 많고 복잡한 형태는

어느 건축가의 명당 실험

불리하게 여긴다.

그즈음 박시익은 파격적인 발상의 전환을 한다.

"죽은 사람이 명당에 들어가서 그 후손이 복을 받는다면, 산 사람이 땅속에 들어가도 좋은 영향을 받지 않겠는가?"

그리하여 1979년 스승에게 부탁해 남양주시 진건면의 한 야산을 매입하기에 이른다. 집 한 채 값에 달하는 거금을 들여 1,300평의 임야를 산 것이다. 당시 그 터는 어느 양반가 묘가 있던 곳으로 이장을 할 때 좋은 상태의 황골(黃骨)이 나왔다고 한다. 당시 풍수계는 황골은 명당의 틀림없는 증거라 해서 파묘 터라도 서로 차지하려는 경향이 있었다.

더구나 명당이 증명된 곳이라는 희소성까지 붙어 땅값은 천정부지로 뛰곤 하였다.

황골이 나온 명당 터를 매입한 박시익은 그곳에 1.5m 깊이의 토굴을 파서 이불을 깔고 자신의 잠자리를 마련한다. 혈을 정하는 것은 침을 놓는 것과 마찬가지로 조금만 어긋나도 효과가 떨어지기 때문에 꺼림칙해도 어쩔 수 없는 일이었다.

민가 한 채 없는 깊은 산속의 토굴 위에는 나뭇가지와 짚으로 덮

명당 실험 장소

어 반지하 구조 움막이 되었고 내부에는 트랜지스터 라디오가 유일한 집기였다. 이러한 형태는 당시 무장간첩들 은신처와

흡사하였다. 보통 사람들은 묘지가 있던 곳이라면 두려운 생각에 접근조차 꺼릴 터인데, 박시익은 음택 명당의 발복 메커니즘을 밝히고자 하는 일념뿐이었다. 하지만 일반 사람들이 생각하기에는 정신이 나가도 한참 나간 사람처럼 보일 뿐이니 무모할 정도였다. 더군다나 당시 그는 결혼한 지 얼마 안 된 신혼이었으니 그때가 1979년 4월이었다.

그리하여 아침이면 넥타이를 메고 산을 내려와 건축사무소로 출근하고 퇴근 후에는 산속 토굴로 들어가 잠을 자는 일이 시작되었다. 그러기를 두 달쯤, 마을 사람들이 보기에 30대 중반의 젊은 사람이 산속에서 생활하는 것이 보통 수상한 게 아니었다. 당시는 간첩 신고만 해도 큰 포상금을 받던 시기였기 때문에 경찰서에 신고를 하게 된다.

그러던 어느 날 새벽, 토굴에서 잠을 자던 박시익은 커다란 확성기 소리에 놀라 잠을 깬다.

확성기에서는 **"무장공비, 너는 완전 포위됐다. 두 손을 머리 위로 들고 나와라. 무기를 버리고 투항하라. 안 나오면 무차별 발포한다."** 라는 확성기 소리가 귀가 찢어질듯 계속되는 것이었다.

놀란 박시익이 토굴에서 나오자 수많은 군인과 경찰이 에워싸 자신에게 총을 겨누고 있는 것이 보인다. 그 즉시 박시익은 체포되어 파출소로 연행되기에 이른다. 나중에 듣기를, 자신을 생포하기 위해 이미 오래전부터 수많은 군인이 감시하며 작전을 펼쳤다고 한다. 파

어느 건축가의 명당 실험

출소에 연행된 박시익은 무덤 터에서 명당의 발복을 체험하기 위해 토굴을 파고 실험한 것이라 말해도 믿어 주는 사람은 아무도 없었다. 오히려 박시익에게 신분을 숨긴 고정간첩 아니냐는 말까지 할 정도였다.

박시익이 연행되었다는 소식에 스승 장용득은 당시 청와대 정보수석 비서관으로 있던 권모 씨에게 연락을 취하는데, 권모 씨는 오래전부터 장용득 선생 답사에 참여하면서 젊은 박시익을 알고 있었다. 결국 청와대 비서관의 신원보증 후에 풀려날 수 있었다.

명당 실험 두 달 만에 박시익은 어쩔 수 없이 토굴 생활을 청산할 수밖에 없었다. 누군가 또 다시 간첩 신고를 할 수 있을 뿐 아니라 무엇보다 가족들 반대가 심했기 때문이다. 이렇게 박시익의 명당 실험은 허무하게 끝나는 것 같았다.

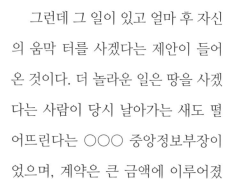

그런데 그 일이 있고 얼마 후 자신의 움막 터를 사겠다는 제안이 들어온 것이다. 더 놀라운 일은 땅을 사겠다는 사람이 당시 날아가는 새도 떨어뜨린다는 ○○○ 중앙정보부장이었으며, 계약은 큰 금액에 이루어졌다. 명당 실험을 더 이상 하지 못할 상황에서 박시익은 마다할 이유가 없었던 것이다.

그리고 박시익이 명당 실험을 한 위쪽에 ○○○은 자신의 모친 묘를 이장한다.

장소가 조금 더 위쪽으로 올라간 것은 파묘 터보다 생자리를 원했기 때문이다.

박시익 입장에서는 간첩 사건이 전화위복되었을 뿐 아니라 명당 실험 두 달 만에 땅을 매입한 금액보다 몇 배가 넘는 큰 금액을 받게 되었으니 금시발복한 셈이다.

이 사례는 풍수계에 전설처럼 회자되는 일이다.

그 후 박시익은 고려대학교 대학원에 진학해 풍수지리를 주제로 대한민국 최초의 박사학위를 받았고, 대학원 등에서 오랜 강의 활동을 통해 수많은 제자를 배출했다. 현재는 여든이 넘은 나이에도 왕성한 체력을 바탕으로 종로에 있는 사무실에서 새로운 책을 집필하고 계시는데, 시인은 시에 미치고 가수는 노래에 미치듯 풍수인은 산에 미쳐야 한다고 말씀해 주신다.

어느 건축가의 명당 실험

나의 묘는 절대 이장을 하지 말라

지방에서 운수업을 하던 H씨, 풍수에 심취하여 50대 초반부터 전국으로 명당을 찾아 나선다. 이때는 1960년대로 온전한 도로가 없어 교통이 크게 불편했던 시절이었다. 당시 H씨는 작은 문중의 종손이었지만, 문중 산이 포화 상태였을 뿐 아니라 부인이 병상에 있었기 때문에 서두른 것이다.

H씨가 가장 먼저 한 일은, 횡계에 거주하는 지관을 찾아가 정중하게 예를 표하면서 자신의 생각을 말한다. 당시 H씨에 비해 지관은 열 살 적은 나이였지만, 윗사람을 대하듯 깍듯하게 예우하였다. 그러자 지관은 H씨 정성에 감복해 마음을 열고 도움을 주기로 한다. 당시 횡계의 지관에게는 은밀하게 전해져 오던 비결록이 한 권 있었는데, 그곳에 나오는 장소를 일일이 찾아다니기로 하였다. H씨는 잘나가던 사업을 접고 명당 찾기에 매진한 것이다. 명당만이 쇠락한 가문을 다시 일으킬 수 있다는 확고한 믿음을 갖고서.

H씨 아들 말에 의하면, 횡계의 지관에게 매년 두루마리 옷감과 경제적 지원을 아끼지 않았다고 한다. 그러나 명당을 찾기도 전에 H씨 부인이 1966년 50세 이른 나이에 세상을 떠나자 종중산에 임시

로 묘를 조성한다. 당시 선산에는 마땅한 장소가 없기 때문에 H씨는 전보다 더 열심히 산을 다니지만, 자신의 마음에 드는 명당은 쉽사리 찾을 수 없었다. 그 당시 H씨 생활은 온통 명당 찾기에만 몰두해 필사한 비결록과 지도를 대조해 보며 현장을 찾아다니는 것이 전부였다고 한다.

어느 고장에서는 방 한 칸을 얻어 한 달을 묵기도 했는데, 아무 말 없이 잠만 자면서 아침 일찍 나가고 저녁 늦게 들어오는 행동을 수상하게 여긴 마을 사람이 간첩 신고를 해서 경찰서에 잡혀가 곤욕을 치르기도 했다고 한다. 산도를 보여 주며 명당을 찾으러 다닌다고 말해도 곧이 믿지를 않았다는 것이다.

그렇게 지관과 함께 강원 지방 산을 다니기를 15년, 마침내 1975년 자신이 그토록 원하던 비결록에 나오는 땅을 찾기에 이른다. 당시 20대였던 H씨 아들 기억에 의하면, 비결록에는 지형 그림과 함께 ○○산 2리 동쪽에 해좌(亥坐)의 터가 있는데, 비룡승천혈(飛龍昇天穴)이라고 기록되었다고 기억한다.

15년의 인고 끝에 명당을 찾은 H씨, 주저 없이 이곳에 부인 묘를 이장하기로 한다. 횡계 지관의 주도하에 선산에서 파묘를 하고 운구를 하는데, 하필이면 하관 시가 밤 12시라고 한다. 그뿐 아니라 파묘가 끝나자 비가 억수같이 내리는 바람에 H씨 아들이 오늘밤 12시에 이장을 하기는 도저히 불가능할 것 같다고 하자 횡계 지관은 태평스럽게 아무 걱정 말고 초저녁에 일찍 잠을 청하는 것이 좋을 것이라 말한다. 가족들은 장마처럼 쏟아지는 비에 믿기지 않았지만 달리 방도가 없었다. 그런데 밤 9시경부터 점차 비가 그치더니 밤하늘에는 언제 그랬냐는 듯 별이 초롱초롱 빛나는 것이었다.

가족들은 지관의 선견지명에 귀신이 곡할 지경이라고 탄복을 하면서 그날 밤 12시에 횃불을 켜고 무사히 H씨 부인 묘를 안장할 수 있었다. 이때 자신의 신후지지(身後之地)를 부인 묘 위에 마련해 둔다. 깊은 산중에서의 작업은 인근에 민가가 없기 때문에 10km 떨어진 곳에서 숙식을 하며 몇날 며칠 작업을 했는데, 토질은 콩가루 같은 오색토였다고 한다.

그리고 10년 후 1986년 H씨(78세)가 죽음을 앞두고 자식들에게 유언하기를 "너희들은 나의 묘에 성묘를 오지 않아도 되고 벌초나 관리를 하지 않아도 된다. 나무가 자라고 풀이 우거져도 상관없다. 단 우리 묘는 절대 이장을 하지 말라." 신신당부하면서 숨을 거두었다.

H씨 장사 날도 어머니 묘를 이장할 때와 마찬가지로 장대 같은 비가 새벽부터 내렸다. 그러나 운구하여 산에 이르자 거짓말같이 비가 그치면서 무사히 장사를 치를 수 있었다고 한다. 이 말을 듣고 필자가 생각하기에 명당은 귀신이 지키고 감춘다는 말이 있는데, 땅이 임자를 만난 것인지 하늘도 허락한다는 생각이 들었다.

　그 후 H씨 4남 2녀의 장성한 자식들은 각자 자신의 분야에서 순탄하게 생활하면서 세월이 흐른다. H씨 4남 중 막내는 이름만 대면 알만한 중견 기업에서 십여 년 최고경영인으로 지내다 은퇴하기에 이른다. 이분을 의뢰인이라고 부르겠다.

　의뢰인에게는 누님이 한 분 계셨는데, 누님 딸이 사법고시를 치르지만 번번이 낙방하였다. 그러자 의뢰인이 조카에게 말하기를 **"할아버지 할머니 산소가 보통 자리가 아니니 네가 산소에 가서 고시에 붙게 해 달라고 한번 빌어보렴."** 하였다.

　젊은 조카는 외할아버지 외할머니 묘를 한 번도 가본 적 없지만, 바람 쐴 겸해서 어머니와 함께 성묘를 가서 봉분의 잡초를 뽑으며 머물다 온다. 그때 젊은 조카는 **"묘지가 이렇게 아름다울 수도 있구나."** 감탄을 한다. 묘 앞에 펼쳐진 전경은 자신이 생각했던 일반적인 묘지의 개념과 전혀 달랐을 뿐 아니라 무언가 벅차오르는 감동까지

　　　　　　　　나의 묘는 절대 이장을 하지 말라

느꼈기 때문이다. 그리고 거짓말같이 그해 그토록 원하던 사법고시에 최종 합격한다. 그 후 결혼한 조카는 변호사를 개업하였고 남편은 현재 부장판사에 올랐으며, 오빠도 변호사라고 한다.

그러자 그 소문이 온 집안에 퍼져 성묘하는 날이면 젊은 조카들이 모여들기 시작한다. 예전에는 나이 많은 어른들만 오다가 손주들까지 오면서 묘역은 점점 활기를 띠는 것이다. 그래서 요즘은 성묘갈 때는 음식을 바리바리 준비해야만 온 가족이 먹을 수 있다고 하니 가족 간의 우애가 점점 돈독해짐은 두말할 것 없다.

그리고 몇 해 전 의뢰인의 여동생 아들은 박사학위를 받고 대학에서 교수가 되었다. 이곳에 묘를 쓰고 난 후 가까운 친인척들과는 모든 면에서 점점 격차가 벌어지는 것이다.

사실 필자는 이러한 사례를 종종 경험하기 때문에 의뢰인이 부친묘에 가 보자는 말을 듣고도 크게 기대하지 않았다. 절대 이장을 하

지 말라는 묘일수록 기대에 못 미치는 경우가 많았기 때문이다. 그러한 곳을 파묘해 보면 비바람에 백골은 흔적도 없이 사라진 상태가 대부분이었다.

그러나 이곳은 처음부터 필자 생각과 달랐다. 주산은 웅장하고 현무정은 옹골차게 솟았으며, 용맥은 상하좌우 흐름이 역동적이면서도 맵시가 있다. 산줄기 용맥이 아리땁다는 말이 어울리는 곳으로 용맥을 타고 걸으면 마치 발끝을 타고 짜릿한 기운이 온몸에 전해지는 듯한 느낌이다. 그리고 산 끝에 이르러 크게 솟구치면서 커다란 결정체를 이루었는데, 그 형상은 마치 지존이 용상에 걸터앉은 것처럼 당당한 포스를 보이고 있다. 좌청룡 우백호는 가지런하고 전면의 안산과 조산은 겹겹으로 도열해 있으며, 좌향은 빼어난 봉우리와 마주하고 있다.

아! 뉘라서 음택의 명당이 없다 할 것인가.

아! 뉘라서 음택의 동기감응을 부정할 것인가.

"이러한 묫자리를 갖는다는 것은 귀댁의 크나큰 홍복입니다.

땅은 절대 거짓이 없으니 두 분 묘소를 잘 관리하도록 하십시오."

　　　　　　　　　나의 묘는 절대 이장을 하지 말라

돌아가신 어머니가 약속한 부귀의 땅

충청도 모처에는 예로부터 연꽃이 물에 떨어진 형상의 연화부수혈(蓮花浮水穴)이 있다고 알려진 곳이 있다. H씨 어머니가 깊은 병중에 계시자 효자인 아들이 어머니 묘를 미리 마련해야 한다고 하여 여러 사람을 불러 땅을 찾게 했으나 별다른 소득이 없었고 어머니 병환만 점점 깊어 갈 따름이다.

이때 필자에게 연락이 되어 산을 답사했으나 7월 복더위에 숲은 우거지고 푹푹 찌는 더위 때문에 필자 역시 아무런 소득 없이 내려올 수밖에 없었다. 그러나 의뢰인의 깊은 시름에 겨운 모습을 보고는 오기가 발동하여 이튿날 다시 그 산을 둘러보게 되었는데, 그야말로 우연히 어느 한 곳을 발견하게 되었다.

아침에 소나기가 잠시 내려 땅이 젖은 상태에서 여름철 태양이 내리쬐자 수분이 증발하면서 유독 한 곳에서 집중적으로 아지랑이처럼 모락모락 피어오르는 곳이 보였다. 이런 현상은 혈처는 따뜻한 온기가 밀집되어 있는 곳이기 때문에 생기는 자연 현상이다. 순간적으로 심상치 않음을 느끼고 그곳으로 달려가 자세히 살펴보니 제법 묘 한자리 쓸 수 있을 정도의 공간이 있었다.

하지만 온통 나무로 둘러싸여 주변이 전혀 보이지 않는 상황이었지만, 이틀간 본 곳 중에서 가장 깨끗하고 안정적인 형세를 이룬 곳이었기에 의뢰인에게 주변을 정비할 것을 일러주었다.

며칠 후 잡목을 정리했다는 말을 듣고 다시 그곳을 방문한 순간 숨이 막힐 정도의 감동을 느꼈다. 전면에는 산이 아름답게 펼쳐져 있고, 앞산에서 시작된 물이 묘를 향해 들어온 후 크게 감싸 주며 흐르는 형상이었다. 그야말로 하늘이 감추고 땅이 비밀스럽게 한다는 천장지비(天藏地秘)의 터였던 것이다. 이것이 연화부수혈인지는 모르겠지만, 의뢰인은 그곳에 어머니 묘를 쓰기로 결정하였다.

그리고 몇 달 후 의뢰인의 어머니가 돌아가셨다는 연락을 받고 묘 작업을 하는데, 겉흙은 잡석으로 좋지 못했으나 2m 깊이를 파자 마치 달걀 노른자위 같은 고운 흙이 출토되었다. 의뢰인은 이제껏 남의 산소 작업을 많이 보았지만 그러한 흙은 처음 보았다 하고, 현장에 있던 사람들은 너도나도 흙을 보관한다며 가방에 담는다.

의뢰인은 슬픔 속에서도 정성껏 어머니 장사를 치렀다. 그리고 며칠 후 연락이 오기를 돌아가신 어머니가 부인 꿈에 나타나셨는데, 돌아가실 때의 모습과는 딴판으로 깨끗한 옷을 입고 밝은 얼굴로 여러 명의 하인을 거느리고 큰 집으로 들어가더라는 것이다. 부엌에는 수많은 사람이 음식을 만들고 있었으며, 으리으리하게 큰 집이었다고 한다.

그리고는 어머니가 안방에 앉아서 미소를 지으며 며느리에게

돌아가신 어머니가 약속한 부귀의 땅

"부와 귀를 모두 줄 것이다."라고 말하면서 금은보화를 잔뜩 던져 주시더라는 것이다.

깜짝 놀라 잠을 깨니 어머니가 돌아가신 지 7일째 되던 날이었다. 새벽에 잠을 깬 부부는 **"아마도 돌아가신 어머님이 묏자리가 편안하신 모양이야."** 하고는 슬픔 속에도 서로를 위로하였다.

당시 의뢰인은 이름난 회사에서 전무로 있었는데, 그것으로 만족하고 있었다. 오너 일가 위주로 운영되던 회사였기에 전무면 자신이 생각하기에 가장 높은 위치까지 왔다고 생각했기 때문이다. 그런데 어머니 장사를 마친 1년 후 전혀 기대하지 않은 부사장으로 승진하게 되었다. 이례적인 일로 여기면서도 어머님이 꿈에서 하시던 말이 생각나는 것이다.

그리고 다시 2년이 지난 2007년 1월 1일 아침 7시, 의뢰인으로부터 감격적인 전화를 받는다.

"선생님 방금 회사에서 연락이 왔습니다. 제가 대표이사가 되었습니다. 어머니가 꿈속에서 말씀하신 그대로 모든 게 이루어졌습니다. 선생님 은혜는 평생 잊지 않겠습니다."

그 후 10년 넘게 대표이사를 맡고 있다가 부회장을 거쳐 그룹 회장까지 올랐다. 2023년 현재까지도 그룹의 총수를 맡고 있는데, 오너 일가가 아닌 사람으로 매우 이례적인 일이라고 한다. 필자에게는 아직까지도 명절마다 선물을 보내며 보은의 약속을 지키고 있다.

망자와 어느 가족의 꿈 이야기

젊어서부터 풍수에 관심이 많았던 김모 씨는 2008년 부친이 돌아가시자 고향 인근 공원묘지에 장사를 치렀다. 당시 부친께서 급작스럽게 돌아가셨기 때문에 묘 터의 좋고 나쁨에 대해서 생각해 볼 경황이 없었다. 부친의 장례를 치루고 얼마 후 전부터 알고 지내던 풍수 선생을 만났는데, **"당신은 서울에서 사는 것보다 충청도 모처로 이사를 가면 큰 부자가 될 수 있습니다."**라고 말하였다. 이 말에 귀가 솔깃해진 김모 씨는 2012년 충청도 모처에 집을 구입해 이사를 했다. 충청도에서 서울까지 출퇴근하는 것이 크게 불편하지만, 머지않아 큰 부자가 될 거라는 희망을 품고 참고 견딘 것이다.

그러나 기대와 달리 이사 2년 뒤부터 하던 사업이 급속하게 내리막길로 접어들었다. 건축 사업을 했는데, 입찰을 따서 공사를 들어가면 엉뚱한 곳에서 손해가 나서 하는 일마다 적자를 입었다. 이때의 경제적 손실이 수십억 원에 달했다.

그 무렵 연로한 모친이 아들에게 말하기를 **"내가 죽으면 나를 좋은 땅에 묘를 쓰고 아버지와 합장해라. 그래야 네가 하는 사업이 잘 풀릴 뿐 아니라 너희 형제가 모두 잘된다."** 하고 말씀하셨다. 참고로 김모 씨는 6남매 중 5째이다.

어머님의 그 말에 효자인 김모 씨는 이번에는 빚을 내서 충청도 모처의 임야를 매입하는데, 이번에도 집을 살 때 조언해 준 풍수의 말을 따랐다. 그 풍수가 추천해 준 집을 사서 큰 손해를 봤지만 묘터가 좋은 자리라고 말하니까 또 한 번 믿고 싶었던 것이다.

그로부터 2년 후(2018년) 모친이 작고하자 어렵게 구한 임야에 어머니 장사를 치루고 공원 묘지에 있던 부친의 묘를 이장했다. 당시 풍수가 하는 말이 이곳은 천장지비한 명당인 탓에 봉분을 크게 하면 산신이 노하므로 몇 년간은 묘인지 모를 정도로

부친 평장 묘

평장으로 묘를 쓰는 것이 좋다고 한다. 산신이 노하면 명당이 오히려 흉지가 된다는 말에 김모 씨는 그 말을 따라 봉분을 만들지 못하고 평장으로 묘를 썼다.

그리고 나니 누가 봐도 묘인지 모를 정도로 초라한 형태였고, 경사진 땅에 성묘할 곳도 없어 절하기도 어려운 곳이 되고 말았다.

형제들은 이제까지는 김모 씨 말을 믿고 따라 주었으나 부모님 묘를 이처럼 초라하게 쓰는 것을 보고는 아예 등을 돌려 형제간의 우애가 모두 끊어지고 말았다.

망자와 어느 가족의 꿈 이야기

그 후 김모 씨는 성묘를 갈 때마다 부친 묘에서 싸늘한 기운을 느꼈는데, 혹시나 하는 마음에서 신내림을 받은 지인과 함께 부모님 묘를 방문하였다. 그러자 지인이 빙의되어서 말하기를 **"어째서 나를 이런 봉분도 없고 답답한 곳에 가두어 놓았냐? 너도 나처럼 갇혀 있으면 좋겠냐?"**라면서 매우 불편함을 표했다. 그래서 김모 씨는 묘에 제물을 차려 위령제를 지내기도 했다.

하지만 위령제 이후에도 사업은 점차 악화되어 급기야 살던 집이 경매에 넘어가고, 은행과의 거래도 끊어지고 말았다. 풍수의 말을 믿고 이사를 하고 임야를 구해 부모님 묘를 썼지만, 점점 더 나락에 빠지는 자신을 자책하다가 필자와 만나게 된 것이다.

얼마 뒤, 필자는 김모 씨와 그곳 묘를 점검하러 갔다. 민가 한 채 없는 첩첩산중에 자리한 부모님 묘는 역시나 형편없는 곳이니 가족의 어려움이 파노라마처럼 눈에 스쳐 지나가는 곳이었다. 10년 넘게 자신이 믿고 의지했던 풍수의 수준이 엉터리였던 것이다.

이때 필자는 김모 씨와 함께 그곳 임야를 둘러보다 인근에서 마치 수박처럼 동그랗고 평탄한 땅을 찾게 되었다. 그야말로 나무꾼이 쉬어가고 싶은 마음이 들 정도로 양지바르고 편안한 곳이었다. 그곳의 소나무들은 곧고 바르게 쭉쭉 뻗은 모습이었고, 여러 마리의 짐승이 잠을 잔 흔적이 역력했다.

혈처

숨이 막힐 듯한 흥분감에 전후좌우를 둘러보니 직관적으로 예사롭지 않다는 것을 느꼈다. 수차례 산을 오르내리며 다시 살펴봐도 나무의 열매와 같은 곳이었다. 다행히 그곳은 김모 씨 소유 임야였다.

답사를 다녀온 지 이틀 후 김모 씨는 꿈을 꾸었다. 어느 집에서 불이 났는데, 불난 집이 펑 터지면서 이웃으로 번져 온천지가 불바다가 되는 꿈이었다. 꿈속에서 불의 열기가 느껴질 정도로 생생했다고 한다. 꿈에서 깨어난 김모 씨는 꿈이 예사롭지 않다고 생각해 그날로 부모님 묘에 가서 고했다.

"아버님 어머님 불효 자식이 이처럼 초라한 곳에 묘를 써서 너무 죄송합니다. 형님, 누님들과도 불편한 사이가 되고 말았습니다. 아버님 이곳에서 멀지 않은 곳에 양지바르고 편안한 땅을 보았는데, 그곳으로 이장을 모실까 합니다. 혹 제 판단이 잘못이라면 이장을 하지 않겠으니 말씀해 주세요."

망자와 어느 가족의 꿈 이야기

묘소를 다녀 온 그날 밤 김모 씨 꿈에 아버님이 깨끗한 한복을 입고 편안한 모습으로 나타나서 **"우리 아들도 참 좋은 옷을 입었구나."** 하며 김모 씨 옷을 만지며 흐뭇해하셨다.

김모 씨는 부친이 자신에게 현몽한 것이라 생각하고, 한 달 후 좋은 날을 택해 부모님 묘를 새로운 곳으로 이장할 계획을 세웠다.

이장하는 날은 날씨가 좋았다. 짐승이 잠을 자던 곳을 중심으로 땅을 파자 밝고 고운 흙이 나오지만, 봉분 없는 부모님 묘는 빗물이 스며들어 축축한 상태였다.

점심 무렵 사이가 좋지 않았던 형님 두 분이 찾아왔다. 동생이 또 이장을 한다고 하니 도무지 미덥지 않았지만, 참석하지 않는 것은 도리가 아니라고 생각했기 때문이었다. 그런데 두 형님이 묘 터를 보고는 **"가까운 곳에 이렇게 좋은 자리를 놔두고 동생이 부모님 묘를 엉뚱한 곳에 썼구나."** 하고 나무라면서도 한편으로는 너무 편안한 곳이라고 좋아들 하셨다.

묘를 쓰고 며칠 후 이번에는 누님 두 분이 꿈을 꾸었다. 누님들은 김모 씨가 2년 전 부모님 묘를 형편없게 썼다고 해서 크게 우애가 갈라진 상태였다. 그래서 미안한 마음에 김모 씨는 누님들께 부모님 묘를 이장한다고 알리지도 않았었다.

먼저 작은 누님 꿈에 부친이 나타나는데, 엄청나게 큰 집에 사시는 것을 자랑하며 구경시켜 주었다고 한다. 그리고 딸의 손을 잡고 집 뒤로 과일 따러 가는 꿈을 꾸었다고 한다.

며칠 후 작은누님 꿈에 이번에는 모친이 건강한 모습으로 나타나셨는데, 돈이 가득 쌓인 안방에 앉아 계시는 것이 그야말로 돈방석에 앉은 모습이었다. 부러움과 놀라움에 작은누님이 **"어머니! 저도 용돈 좀 주세요."** 했더니 흔쾌히 지폐 뭉치를 몇 개 주시더라는 것이었다.

그 시기에 큰누님 꿈에도 부친이 나타나시는데, 고급 호텔 같은 곳에 앉아서 **"이곳이 내가 사는 집이다."** 하며 좋아하시는 꿈이었다고 한다.

꿈을 꾼 큰누님이 김모 씨에게 전화를 하였다.

"동생이 부모님 묘를 이장한 모양이구나."

"네… 그런데 어떻게 아셨어요? 누님들께는 죄를 지어서 말씀도 드리지 못했습니다."

"아버지가 내 꿈에 나타나셨는데, 이사했다고 하시면서 호텔같이 으리으리한 집에 앉아서 매우 즐거워하시더구나."

잠시 말을 끊었다가 한결 온화한 목소리로 말을 이었다.

"동생이 오랫동안 마음고생 많았는데, 부모님이 꿈에 나타나신 걸 보니 이제 더 이상 걱정하지 않아도 되겠다. 나도 마음이 이렇게 편할 수가 없구나."

그때까지 김모 씨는 은행 거래가 막혀 고금리의 사채를 빌려 회사를 어렵게 꾸려가고 있었다. 얼마 전에는 밀린 세금을 내기 위해서 또 다시 1억 원을 빌린 상태였으니 그야말로 하루하루가 풍전등

망자와 어느 가족의 꿈 이야기

화 같은 상황이었다.

그런데 이장하고 한 달이 지날 무렵 돌연 사채업자가 연락오기를 **"김 사장, 회사가 요즘 많이 어렵지요! 회사가 정상화될 때까지 내게서 빌려 간 1억 원을 유예해 줄 테니 회사 운영에만 전념하세요."**

저승사자 같던 사채업자가 갑자기 천사로 바뀐 것인데, 한편으로는 큰 시름을 덜었을 뿐 아니라 용기백배하는 계기가 되었다.

이장한 묘

그 무렵부터 김모 씨는 이전과는 다른 자신의 심리 상태를 느끼게 되었다. 이장하기 전에는 늘 쫓기듯 초조하게 살았는데, 이장 후부터는 매사 자신감이 생기고 여유가 생기는 것이었다. 바로 그 시기에 김모 씨는 제법 규모가 있는 공사에 입찰했는데, 입찰 가격이 높은 탓에 3등으로 탈락했다. 입찰에 떨어진 김모 씨는 다음에 또 기회가 있겠지 하고 생각할 무렵, 1등과 2등 입찰자가 돌연 공사를 포기하는 일이 일어났다. 자연히 3등이었던 김모 씨가 공사를 맡게 되는 믿기 어려운 일이 벌어진 것이다.

연이은 뜻밖의 도움과 행운으로 묶였던 자금줄이 풀리고 그와 동시에 전혀 예상치 못했던 곳에서 공사를 해 달라는 요청이 쇄도했다. 부모님 묘를 이장하고 나서 돌아가신 부모님이 자식들 꿈에 나타나 힘을 실어 주시더니, 한 달 후부터는 현실에서도 일이 술술 풀리기 시작했던 것이다.

김모 씨는 부모님이 자신을 지켜 주고 또 알 수 없는 큰 힘이 자신을 밀어준다는 생각이 들자 그 후부터는 부쩍 부모님 묘에 가는 일이 잦아지게 되었다.

이장한 지 아직 얼마 되지 않았지만, 가족 모두가 편안해하고 흡족해하는 것을 보니 필자 또한 뿌듯한 마음이다. 부친과의 교감이 민감했던 김모 씨 가족의 꿈이 더 좋은 결실을 맺기를 고대하면서 그들 가족의 삶에 어떠한 변화가 있을지 지켜볼 따름이다.

망자와 어느 가족의 꿈 이야기

어느 망자의 사랑과 영혼

2015년 3월, 의뢰인 부친께서 85세로 돌아가시자 선영에 묘를 쓰기로 한다. 이곳 가족묘는 50년 전 의뢰인 부친이 장만한 곳으로 당시 주인 없는 고총(古冢)이 자리하고 있었는데, 고총은 고분같이 큰 상태였다. 하지만 부친은 가족묘를 조성하기에 양지바르고 편안한 곳이었기 때문에 고총과 상관없이 이곳 터를 매입하고 가족묘를 조성하였다. 그리고는 가족들에게 이렇게 말했다.

"이 땅의 주인은 고총이다. 우리가 조금 불편해도 고총 주변에 묘를 쓰면 된다. 앞으로는 이곳에 올 때마다 고총에 먼저 술을 부어 예를 표한 다음 참배하도록 해라. 우리 조상이라 생각하고 정성스럽게 보살펴라."

그리하여 고총 주변에는 가족묘 10여 기가 있는 상태였다. 마침 적당한 곳이 비어 있었는데, 반듯한 안산을 바라보는 곳이다.

묘를 만들기 위해 터를 고르자 이곳에서 구들장과 토기가 발견되었다. 아마도 그 옛날 누군가 자신의 부모님을 장사 지내고 그 자손이 시묘살이하던 초막이 있던 곳으로 짐작되었다. 고총의 크기로 보아 묘의 주인은 그 당시 명망 있는 집안이었으나 그 후 오랜 세월이 흐르면서 주인 없는 묘가 된 것으로 보인다.

고총의 망자는 비록 직계 후손은 아니지만, 새로운 후손(?)을 만나 지금껏 향화를 받아왔던 것이다. 모든 작업을 마치고 나서 보니 단정한 안산과 정면으로 마주하니 품격 있는 모습이었다.

장사를 지낸 다음 날, 의뢰인은 꿈을 꾸었다. 의뢰인의 손가락에 독지네가 마치 반지처럼 둥글게 들러붙어 날카로운 이빨을 드러내고 있었다. 무서운 마음에 독지네를 떨구기 위해 세차게 손을 흔들어도 지네는 손가락에서 떨어지지를 않았다. 그러다 어느 순간 지네는 앞을 향해 짙은 독을 뿜어대기 시작했다. 처음에는 노란색의 짙

어느 망자의 사랑과 영혼

은 독을 뿌리더니, 두 번째와 세 번째는 차츰 엷은 독을 뿌려댔다. 그렇게 의뢰인 주변에 세 차례 독을 뿌린 지네는 그제서야 슬며시 손가락을 풀고 숲으로 사라졌다.

놀란 가슴을 진정하고 자동차를 타려는데, 이번엔 갑자기 뒤 트렁크에서 꽃사슴 한 마리가 튀어나왔다. 꽃사슴은 의뢰인 부부에게 절을 하면서 많은 사람과 동물들에게 소식을 알리고 모아서 다시 오겠다는 말과 함께 사라졌다.

의뢰인으로부터 꿈 이야기를 듣고 이런 생각이 들었다. 독을 품은 지네가 의뢰인의 몸에 붙었으나 해를 끼치지 않고 오히려 주변의 위협적인 요소를 제압하는 모습이니, 지네는 의뢰인을 도와주는 고마운 존재로 보인다. 그리고 꽃사슴이 많은 사람에게 소식을 알리고 모아 오겠다는 것 또한 주변에 사람이 모인다는 것을 의미하므로 좋은 뜻으로 해석할 수 있었다. 무언가 의뢰인 신변에 변화가 있음을 암시해 주는 것으로 추측되었다.

삼우제를 치르고 난 다음 날 의뢰인 어머니 집에서 이런 일이 있었다고 한다.

의뢰인 모친과 형님이 계신 집에 오후 3시경 갑자기 안방 문이 조금씩 열리면서 노크와 같은 소리를 냈다. 바람 한 점 없는 집안에서 그 현상은 수 분간 계속되는데, 마치 누군가 자신의 존재를 알리려는 것 같았다. 이상한 마음에 의뢰인의 형님과 어머니가 그 모습을 지켜보다가 형님이 말했다.

"아버님 오셨군요. 아버님 이제 저희들 걱정은 마시고 하늘나라에서 편히 쉬세요. 어머님은 저희들이 잘 모시겠습니다. 그리고 아버님이 맞으시면 이제 3번만 더 문을 두드려 주세요."

뒤를 이어 어머니도 급히 말했다.

"여보 당신이유? 나도 곧 갈 터이니 조만간 만나자구요."

그러자 거짓말같이 문이 3차례 더 소리를 내더니 감쪽같이 소리와 동작이 멈추었다.

이상은 부친의 장사를 마치고 나서 두 아들에게 일어난 일인데, 둘째아들의 꿈도 예사롭지 않지만, 어머님 댁에서의 기이한 일도 미스테리하다. 마치 〈사랑과 영혼〉의 영화 속 스토리 같은 실화이다.

그 후 의뢰인은 직장을 그만두고 사업을 시작했는데, 승승장구하여 적지 않은 부를 이루었을 뿐 아니라 가족 모두가 건강하고 편안하다고 소식을 전해왔다.

어느 망자의 사랑과 영혼

성묘를 갈 때 부모님 묘 근처에 이름 모를 고총이 있다면 망자의 입장이 되어 술 한 잔 부어 주고 풀 한 포기 뽑아 준다면 망자 또한 고마워할 것이다.

동백꽃이 아름다운 고창 선운사와 김요협 묘

고창 선운산은 도솔산으로 불리면서 호남의 내금강이라 불리는 명산이다. 선운이란 구름 속에서 참선을 한다는 뜻이고, 도솔이란 미륵불이 사는 도솔천궁을 말한다. 도솔산 아래 자리한 선운사는 577년 백제 위덕왕 때 검단선사가 창건한 것으로 전해지며, 대웅전(보물 제290호) 등 보물로 지정된 문화재가 여럿 있다.

선운사 뒤뜰에는 동백나무 3천 그루가 숲을 이루고 있는데, 4월 중순에 절정을 이룬다. 동백나무는 조선 중기 때 사찰을 화재로부터 지키기 위해 조성한 것이라 한다. 동백나무는 목재지만 불이 잘 붙지 않는 성질이 있기 때문이다. 그래서 방화수로 불린다. 도선국사가 창건한 옥룡사지도 주변이 온통 동백나무로 둘러싸여 있는데, 동백나무 기름은 등불을 밝히는 용도로 사용하기도 했다.

　선운사 동백나무는 빨간 꽃잎 가운데 노란 꽃술을 찍어 놓은 듯한 모습으로 땅에 떨어진 낙화가 되어도 시들거나 오그라들지 않고 활짝 핀 상태를 오랫동안 유지하는 기품이 있다. 그래서 선운사 동백나무 숲은 철학적이라는 수식어가 따라다닌다. 또 꽃이 피고 지는 것이 나설 때와 물러날 때를 아는 지조 높은 선비와 같다는 표현도 한다. 이처럼 예로부터 많은 시인 묵객들이 예찬하기도 했지만, 떨어진 꽃잎을 보면 누구라도 우수에 젖게 하는 곳이기도 하다.

　선운산 정상은 수리봉(336m)이다. 수리봉이란 지명은 전국 곳곳에 많은데, 산봉우리가 매의 부리처럼 날카롭게 생겼기 때문이다. 도솔산 정상 수리봉부터 이어진 산줄기 끝에 자리한 선운사는 나무의 열매가 가지 끝에 열리듯 풍수에서 말하는 혈처에 자리했다. 전국의 많은 사찰 중에서도 보기 드문 명당 터에 위치한 것이다. 산줄기 흐름을 보면 묵직하고 중후하게 이어지면서 수리봉의 빼어난 기운이 멈춘 곳이다.

이곳에서 수행하는 스님들은 저절로 명당의 기를 받는 것이니 이보다 좋을 수는 없을 것이다. 명당의 기운은 많이 받을수록 좋으니 가급적 오래 머무는 것이 좋겠다.

선운사 뒤편 동백나무 숲 안쪽으로 들어가면 잘 관리된 묘가 있는데, 대한민국 제2대 부통령을 지낸 인촌 김성수의 조부 김요협 묘이다. 김요협(1833~1909)은 조선 말기 군수 등을 거친 관료이다. 원래 가난한 집안 출신이었으나 처가의 재력을 바탕으로 고창에서 큰 부를 일구었다. 그 후 77세로 죽자 이곳에 묘를 쓰는데, 원래 선운사 소유의 암자가 있던 곳이지만, 선운사에 거액을 시주하고 묘를 쓴 것으로 알려져 있다. 이 묘는 꿩이 엎드린 형국이라 해서 복치형으로 불린다. 묘 뒤쪽은 대나무 숲이 빽빽하게 있어 용맥을 확인하기 어렵기 때문에 한겨울에 답사를 해야 진면목을 볼 수 있는데, 그 움직임이 맵시 있게 생동감 있음에 감탄할 정도다.

동백꽃이 아름다운 고창 선운사와 김요협 묘

위성 지도를 보면, 묘는 좌우의 능선, 즉 청룡·백호가 완벽하게 감싸 준 한가운데 있으니 마치 동백나무의 꽃술 같기도 하고 어찌 보면 여인의 자궁을 닮은 모습이다. 이러한 지형을 오목한 소쿠리 형상이라 해서 와혈(窩穴)이라 한다.

참고로 혈의 모습은 크게 와(窩)·겸(鉗)·유(乳)·돌(突) 4가지 형태로 구분한다. 와혈은 제비집 같은 오목한 지형에 자리한 것이고, 겸혈은 엄지와 검지손가락 가운데 합곡처에 생기는 것이고, 유혈은 여인의 젖가슴처럼 볼록한 모습이고, 돌혈은 평지에 불쑥 솟은 형태를 말한다.

동남향의 묘 앞쪽을 보면 웅장한 4개 봉우리가 구슬처럼 이어져 있는데, 그 형태가 노적가리를 쌓은 것처럼 부를 가득 담고 있는 모습이다. 실제로 봉우리 이름도 노적봉이다. 봉우리마다 인경봉(引慶峰), 구황봉(九皇峰) 등 이름도 예사롭지 않을 뿐 아니라 모습 또한 웅장하니 큰 인물 4명이 난다고 해석한다.

묘의 좌향은 구황봉과 노적봉 사이 가운데를 향하고 있다. 사진 좌측 봉우리가 노적봉, 우측이 구황봉이다. 이처럼 두 봉우리가 있을 때는 특정한 봉우리를 향하지 않고 봉우리 사이로 좌향을 정하는 법이다.

묘 앞으로는 도솔천이 흐르는데, 두 물줄기가 합수된 후 우측에서 좌측으로 흐른다. 이럴 때는 물 빠짐을 막아 주는 백호의 역할이 중요한데, 부도탑이 자리한 능선이 높이 솟아 꼬리를 감싸며 물 빠짐을 제어하고 있다. 계속 흘러가는 물길은 마지막 순간 주진천과 합수되는데, 천변 좌우에서 여러 산이 수구처를 틀어막고 있으니 이래저래 부가 충만한 터이다.

이 묘 이후 손자 대에서 부통령을 지낸 인촌 김성수와 삼양그룹을 창업한 김연수가 출생한다. 그리고 중앙중·고등학교와 고려대학교를 설립하고 동아일보를 창간하니 부귀겸전의 터가 되었다. 그 후로도 김상협 국무총리가 배출되는 등 인재가 끊이지 않고 있다.

전해지는 말로는 이곳에 자리를 잡아 준 풍수에게 거액으로 보답을 하려했으나 거절했다고 한다. 그 대신 자기 후손들을 5대까지 극진히 보살펴 줄 것을 청했다 하니 개인의 영달보다는 가문의 먼 훗날을 도모한 현명한 풍수라 할 수 있다.

이 가문은 하나의 명당에 묘 한 기를 고집했는데, 쌍분으로 묘를 쓸 경우 정확한 혈심에서 벗어날 것을 우려했기 때문이다. 따라서 풍수를 신봉한 집안으로 알려진다.

동백꽃이 아름다운 고창 선운사와 김요협 묘

선운사를 답사하는 사람들은 이곳을 꼭 들렀다 가기를 권한다. 풍수를 몰라도 상관없다. 그저 묘 뒤편에 편히 앉아 접지하듯 땅 기운을 온몸으로 받아들이면 된다. 부자 터의 기운을 듬뿍 받아가겠다는 마음으로 파워 스폿을 체험하면 된다.

금섬복지혈로 불리는 이병철 회장 증조부 묘

예로부터 경남 의령에는 금두꺼비가 엎드려 있는 형국의 금섬복지혈(金蟾伏地穴)이 있다고 전해지는데, 이 터는 우리나라 제일의 부자가 나온다는 대명당이라고 한다.

당시 이병철 회장 조부께서는 이 자리를 찾고자 10년을 산에 다녔다고 한다. 금섬복지혈을 찾아 그곳에 자신의 부친 묘를 쓰고자 했던 것이다. 그러다가 인근 사찰에 있던 스님의 도움으로 기어코 묘 터를 찾았는데, 그곳에 자신의 부친 묘를 썼다.

이병철 회장 조부는 어린 이병철을 데리고 이곳에 와서 **"너(이병철)는 앞으로 조선 제일의 갑부가 될 것이다."**라고 말해 주었다고 한다. 조부는 이곳이 금섬복지혈이라 생각한 것이다.

이병철 회장은 조부 묘는 1967년 수원으로 옮기지만, 증조부 묘가 있는 이곳은 명당이라 생각해서 이장하지 않았다.

많은 풍수인이 이곳을 천하대지며 괴혈이라고 말한다. 이 묘 이후에 이병철이라는 불세출의 거인이 등장하기 때문이다. 그러나 이성적 판단보다는 감성적 요인으로 인해 풍수의 왜곡과 변질이 심각한 곳이니, 묘소는 아무 말 없으나 사람들만 공연히 흥분하고 있다.

금섬복지혈로 불리는 이병철 회장 증조부 묘

과연 풍수의 정체성이 무엇인지 고민하지 않을 수 없는데, 몇 가지 지적해 보겠다.

첫째, 이곳은 경사가 매우 급하다. 하지만 혈처는 산 사람이 서 있을 때 불편하지 않을 정도로 당판이 안정되어야 함은 기본 중의 기본이다. 이곳으로 인해 급경사지에도 혈을 맺을 수 있다고 주장하는 것이 첫 번째 오류이다. 혈은 편안하게 멈춘 곳에서 취하라고 했다(穴取安止).

측면에서 바라본 묘소

둘째, 산 능선은 용맥과 가지로 구분하는데, 산의 가지는 용맥의 균형을 잡아주는 지겟작대기와 같은 역할이다. 따라서 좋은 땅은 반드시 용맥 위에서 말을 타듯 당당하게 이루어지는 법이다. 반대로 상하좌우 변화가 없는 가지에서는 좋은 땅이 생길 수 없다. 이것은 풍수에서 불변의 이치이다.

묘에서 바라본 전경

이곳 묘는 용맥의 변화가 없는 산의 가지에 매달리듯 쓰여 있다. 그런 까닭에 능선 상태가 지겟작대기처럼 뻣뻣한 것이다.

이곳에서 사람들은 용맥과 가지를 분별하지 못하고 있으니 두 번째 오류이다.

금성복지혈로 불리는 이병철 회장 증조부 묘

셋째, 이곳 묘에서는 청룡·백호와 앞산의 전망이 뛰어나다. 그 모습에 많은 사람이 감탄을 자아내고 있다. 하지만 혈의 좋고 나쁨은 오로지 주산과 용세에 모든 것이 달려 있다는 것을 망각하고 있다. 이를 일러 전탐후실(前貪後失)이라 했으니 세 번째 오류이다.

규봉

안산 멀리에는 규봉도 있으나 그에 대해서는 침묵하고 있다. 규봉이라고 전적으로 흉한 것은 아니지만, 이는 나의 몸이 흉한 것을 제압할 수 있을 정도가 되어야 한다. 하지만 이곳은 용맥도 아닌 지각이기 때문에 흉살을 이겨낼 기운이 부족하다

그때그때 아전인수 격으로 산을 해석하면서 자가당착의 우를 범하고 있음이다.

넷째, 묘소 앞 축대의 좌우 경사를 보면 당판이 어떠했을지 굳이 말하지 않아도 짐작할 수 있다. 평시에는 그토록 균형과 안정을 말하면서 왜 이곳에서는 그토록 관대한지 알 수 없는 일이다. 풍수는 늘 일관된 기준과 원칙이 적용되어야 하는데, 그때그때 다르게 말하는 것이 네 번째 오류이다. 땅이 귀한 것은 평탄한 것이라 했다(地貴平夷).

다섯째, 묘 앞에는 큰 바위가 박혀 있다.

묘 앞 축대

금섬복지혈로 불리는 이병철 회장 증조부 묘

사람들은 이것을 보고 기가 빠지는 것을 막아 주는 역할이라고 말한다. 하지만 이는 암석이 힘과 권력을 뜻한다고 해서 무작정 돌을 좋아하는 풍수인들의 편협한 사고가 아닐 수 없다. 돌을 만사형통으로 착각하는 것이 다섯 번째 오류이다.

묘 앞 암석

여섯째, 이곳에 오면 사람들은 산의 좋고 나쁨을 살피기보다는 오로지 삼성이라는 귀납적 결과에만 도취되어 흥분하고 있다. 땅의 좋고 나쁨을 따지는 풍수의 본질을 외면한 채 견강부회하고 있으니, 여섯 번째 오류이다.

일곱째, 이상과 같은 많은 문제점이 있기 때문에 이곳은 보통 상식적인 안목으로는 알 수 없는 괴혈이라고 말하는데, 어찌하여 그분들 눈에는 그토록 괴혈이 많은 것인지 알 수 없는 일이다. 필자는 아직까지 괴혈을 한 번도 본 적이 없지만, 제 아무리 괴혈이라도 가지가 아닌 용맥에 형성되어야 하며, 당판은 편안하게 안정되어야 하는 등 최소한의 보편타당성이 지켜져야 한다.

기본과 원칙을 무시함이 일곱 번째 오류이니, 스스로를 도안(道眼), 신안(神眼)이라 착각하지 마시기 바란다.

필자는 이곳을 폄훼하고자 함이 아니다. 주변 산들이 웅장하고 바람 잔잔한 곳에 물길 또한 양호한 곳으로 망자의 체백을 온전히 보존할 수 있는 곳이기는 하다. 하지만 불안할 정도로 급경사인 이곳이 천하대지며 대명당이라고 하는 것은 문제가 많다. 좋은 땅은 기본적인 상식 수준에서 크게 벗어나지 않는 법이다.

산을 평가할 때는 어떠한 선입견도 배제하고 귀납적인 결과에 연연하지 말고 기본과 원칙에 충실하여 차근차근 살핀다면 실수하지 않을 것이다.

참고로 우리나라 제일의 부자가 나온다는 금섬복지혈(金蟾伏地穴)은 당판이 두꺼비처럼 두툼할 것이니 의령 지방의 산들을 유심히 살펴볼 필요가 있다.

　　　　　금섬복지혈로 불리는 이병철 회장 증조부 묘

삼성그룹 선영과 이건희 회장 묘 터

모친 안동권씨 묘

이병철 회장 모친(안동권씨 1873~1941, 69세) 묘는 생가 인근 의령군 정곡면 중교리에 있었다. 이곳에 묘를 쓰고 25년 되던 1966년, 삼성과 이병철 회장은 사카린 밀수 사건에 연루되어 최대의 위기에 직면하게 되었다. 당시 사건이 크게 사회 문제가 되자 이병철 회장은 한국비료 주식 51%를 국가에 헌납해야만 했다. 그러자 이병철 회장은 그 난국을 타개하기 위한 해결책으로 풍수를 선택하는데, 이듬해인 1967년 장용득 풍수사 권유로 이곳 묘를 현재의 수원 이목동으로 옮기게 되었다.

묘지 이장은 일반인들이 보았을 때 원시적이고 미신적인 방법 같지만, 50년 후 그 결과는 수만 배에 달하는 엄청난 프리미엄으로 돌아와서 이제는 명실상부한 세계 최고의 기업이 되었다.

최초의 못자리는 물이 묘 앞으로 1km 정도 직수로 빠지고, 거기에 더해 물소리까지 요란한 곳이었다. 묘 뒤편도 정상적인 맥이 없어 크게 불리한 곳이니 옮기는 것은 현명한 판단이었다.

한편, 수원 선영에는 이병철 회장 조부모와 부모님 묘를 옮겨 오고 맨 아래는 빈 곳이 있었다. 그곳은 선영에서 가장 좋은 곳이어서 후일 이병철 회장 묫자리로 남겨 둔 것이다. 그러나 용인에 에버랜드를 조성하면서 이병철 회장 묘는 호암미술관 옆에 자리하게 되었다.

필자는 오래전부터 이건희 회장 묫자리를 찾고자 전국을 다녔지만, 마음에 드는 곳을 찾지 못했다. 그러다가 2019년 봄 필자에게 수원 선영이 어떠한지 문의를 해 왔고, 이에 필자는 수원 선영에서 가장 좋은 자리가 남아 있으므로 그곳에 묘를 쓸 것을 적극 추천한 바 있다.

당시 삼성가는 어느 특정한 한 명의 풍수에게 전적으로 의뢰하지 않고 크로스체크를 하였다. 전국의 많은 풍수인 중에서 3명을 엄선한 후 3인의 평가를 취합하여 최종 판단하는 방법이다. 이 방법은 언뜻 보았을 때 합리적인 것 같지만, 한편으로는 모순도 적지 않다. 다수 의견이 반드시 옳은 것은 아니기 때문이다. 그럴 경우 소수 의견이 맞다 할지라도 배제되기 십상이다.

수원 선영 풍수지리에 대해 소개해 본다.

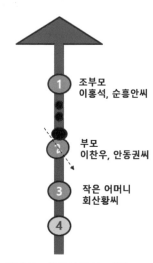

항렬은 이병철회장 기준

삼성그룹 선영과 이건희 회장 묘 터

이곳 묘역은 이병철 회장이 1967년 고향 의령에 있던 묘를 옮긴 것이다. 묘역은 이병철 회장을 기준하여 위로부터 조부모, 부모, 작은 어머니 묘 순으로 조성되었다. 묘역은 정남향이다.

묘역의 주산을 보면 후부한 형태로 인근에서 가장 높은 봉우리가 되었으니 주산으로 적합한 모습이다. 주산에서 이어진 용맥은 역동적인 모습이라 할 수는 없다. 그러나 질서를 잃지 않고 진행하다가 아래로 내려갈수록 점차 뚜렷한 용맥을 형성하고 있다. 이것으로 보아 유기체인 기맥은 주산과 가까운 곳은 여의치 않다고 판단하고 있으니 가장 아래쪽에 생길 것이라는 것을 짐작할 수 있다.

주산에서부터 연결된 산줄기는 ④ 지점에 이르러 통통한 모습을 띠면서 차분히 멈추었다. 바로 그곳이 묘역의 진혈처에 해당한다. 그런데 그 지점은 오래전 묘를 썼던 흔적이 있는데, 아마도 이장해 간 곳으로 추정된다.

참고로 장용득 풍수사는 파묘 터 중에서도 황골 나온 곳을 선호했다. 황골이 나온 곳은 터가 좋은 곳이며 증명된 곳이라는 믿음이 있었기 때문이다. 장용득 풍수사의 스타일로 보아 이곳에서도 이장할 때 황골이 출토되었을 것으로 짐작된다.

주변 산세를 보면 백호가 묘역을 크게 감싸고 있으니 청룡보다 백호가 좋은 곳이다. 대체로 풍수에서는 청룡이 좋으면 아들이 귀하게 되고 백호가 좋으면 딸에게 유리하며 인물보다는 재복이 좋다고 한다.

삼성가에서도 이곳 묘역의 장단점을 잘 알고 있다. 그리하여 필자에게 백호는 좋지만 청룡이 미흡한 것에 대해 질의한 바 있다. 하지만 청룡·백호보다 중요한 것은 주산과 용세라고 말해 주었다. 이곳과 흡사한 곳이 이석형 묘가 그러한데, 역시 백호는 좋지만 청룡이 짧은 편이다. 하지만 이석형 직계 후손에서 정승 8, 대제학 6, 판서 42, 문과 급제자 120명을 배출할 정도로 직계 아들 중에서 수많은 인물을 배출하였다. 따라서 청룡·백호의 피상적인 모습만 보고 묘 터의 길흉을 판단하는 것은 무리가 따르게 된다.

이곳 산기슭에서 발원한 작은 물은 청룡과 백호 사이로 비스듬히 빠지는 결함이 있었다. 수구가 다소 열린 상태였고 그 사이로 물이 빠지는 지형이었다. 그러나 청룡·백호 뒤에 4차선 도로가 생기면서 마치 제방처럼 물 빠짐을 막아 주었다. 이 제방은 물 빠짐을 제어할 뿐 아니라 바람이 치는 것도 막아 주게 되었다. 따라서 인위적인 지형의 바뀜으로 인해 이전에 비해 훨씬 안정적인 상태가 되었다.

이곳 수원 선영에서는 ④ 지점이 유일한 혈처가 된다. 그 외 조부모 묘나 부모 묘는 평균 이상은 되지만 올바른 진혈은 아니다. 물론 의령 중교리 못자리보다는 월등하게 나은 곳이다.

4번 지점, 이건희 회장 묘가 들어선 곳

1967년 장용득 풍수사가 그것을 모를 리 없는데, 당시 이병철 회장 묫자리로 남겨 두었던 것이다. 그러나 오랜 세월이 흐르면서 이병철 회장은 에버랜드에 영면하게 되었고, 그곳은 이건희 회장 차지가 되었다.

물각유주(物各有主)라는 말이 있다. 모든 물건에는 주인이 따로 있다는 말이다. 풍수에도 그와 비슷한 말이 있는데, 땅에는 각각 임자가 정해져 있다고 한다. 제 아무리 권력이 있고 돈이 많아도 묘를 쓸 때 보면 전혀 의도하지 않은 방향으로 가기도 한다. 결론적으로 이곳 선영은 용세가 차분하고 토질은 밝고 고우며, 남향의 양지바른 지극히 편안한 곳이다.

이치(理)

이름난 명산에도 명당이 있는가

설악산 봉정암은 살아생전에 3번을 다녀오면 지옥행을 면하고 소원 하나는 꼭 들어준다고 한다. 그러한 까닭에 봉정암은 불자들에게 성지순례 코스와 같은 곳이다.

봉정암에서도 특히 영험한 기도처가 있다는 말이 불자들의 입소문을 타고 전해진다. 9절지상 7절지하(九節之上七節之下) 터에 한 사람이 앉을 수 있는 크기라고 한다. 그러한 까닭에 봉정암 근처에는 한밤중에도 곳곳에서 가부좌를 틀고 수행에 열중하는 모습을 자주 볼 수 있다. 자신이 선택한 곳이 틀림없는 명당이라는 확신에 찬 모습들이다.

문장을 풀이하면 '아홉 마디 용맥 바로 위, 일곱 마디 용맥 바로 아래에 봉정암 최고 혈처가 있다'는 말이다. 그러면 8마디 부분이 혈처가 되는데, 어디서부터 용맥의 절수를 따진 것인지는 알 수 없다. 대체로 용의 상하 변화에서는 봉우리를 절수로 간주하는 경우도 있고, 좌우 변화에서는 마디마디를 절수로 계산하기도 한다. 하지만 이는 각자의 판단이 다르기 때문에 딱히 무엇이라 말하기는 어렵다.

봉정암에서 대청봉까지는 2.3km에 지나지 않는다. 그래서 봉정

대청봉(1,708m)

암에 도달한 사람은 기어코 대청봉까지 오르려 한다. 애써 여기까지 왔는데 설악산 최고봉인 대청봉을 지척에 두고 포기할 수 없기 때문이다. 그러나 봉정암에서 소청봉까지 1.1km의 가파른 산길은 여간한 난코스가 아니다.

대청봉 산 정상은 험석으로 이루어져 있으나 멀리서 보면 봉우리가 반듯한 편이고 중청봉은 중후한 모습이다.

대청봉과 중청봉 사이에는 중청대피소가 있다. 그 지점은 풍수에서 말하는 과협처에 해당된다. 경험 많은 풍수사는 봉우리와 봉우리를 연결하는 과협처 상태를 보고 용맥의 품성을 판단한다. 혈을 맺을 수 있는 과협인지, 혈을 맺는다면 어디쯤 맺을 것인지 등을 과협처에서 판단할 수 있기 때문이다.

그런데 이곳 과협처가 늘씬한 여인의 허리처럼 매끈한 모습이다. 지대가 높고 바람이 세찬 곳의 과협처는 파이고 갈라져 험한 지형이 되는 것이 일반적인 현상인데, 이곳 과협처는 바닷바람에 노출된 상태에서도 의외로 양호한 모습이다. 그리고 중청봉은 둥글고 통통한 모습으로 기가 충만한 상태를 보이고 있다.

이는 대청봉 기운이 과협처를 지나면서 크게 순화되었음을 의미한다. 대청봉과 중청봉을 지난 산줄기는 계속해서 소청봉으로 이어지고, 소청봉 밑에서는 또다시 작은 봉

중청봉

우리를 이루었다. 여기까지 봉우리가 4개인데, 마치 구슬을 꿴 것 같은 모습이다. 이러한 진행으로 보아 멀지 않은 곳에서 혈을 맺을 것이라는 것을 짐작할 수 있다.

소청봉 아래 소청대피소 인근에서는 용맥이 둘로 나누어지는데, 한 줄기는 봉정암 적멸보궁으로 이어지고, 다른 한 줄기는 봉정암 좌측으로 이어진다. 아마도 대청봉의 모든 기운은 이곳 어디쯤에서 맺힐 것이니 그곳이야 말로 설악산 최고의 혈처이자 영험한 기도처가 될 것이다. 대청봉부터 소청봉까지 이어지는 용세가 그것을 말해주고 있는데, 명장 밑에 약졸 없는 법이다.

그러나 필자는 정확한 혈처를 찾지 못했다. 과녁에 거의 도달했다고 생각했지만, 마지막 순간 천장지비(天藏地秘)한 탓이다.

이곳에서는 이제까지의 경험과 지식을 되돌아보는 계기가 되었다. 더불어 이름난 명산에 명당 없다는 고정관념까지 버리게 되었는데, 언제가 다시 가면 그 자리를 찾아 설악의 기운을 만끽하리라.

윤선도의 풍수관이 고스란히 담긴 보길도

　윤선도는 봉림대군과 인평대군 사부로서 인조의 신임을 받았다. 그러나 정적들의 질시가 심해 벼슬을 버리고 고향인 해남 녹우당으로 내려가 은거했다. 이듬해인 1636년 12월 병자호란으로 나라가 위기에 처하자 윤선도는 조정에 힘을 보태기 위해 배를 타고 전쟁터인 강화도로 향했다. 하지만 도착하기 전 이미 강화도가 함락되자 뱃머리를 돌려 남한산성으로 향한다. 그러나 남한산성에 도착하기 전 인조 임금이 삼전도에서 굴욕적인 항복을 했다는 소식을 들었다.

　청나라와의 화의를 거부하고 끝까지 싸우고자 했던 윤선도는 하늘이 부끄럽다고 생각해 그길로 뱃머리를 돌려 제주도로 향했다. 세상을 아예 등질 생각이었다. 그러나 바다에서 예기치 않은 폭풍우를 만나 우연히 보길도에 머물게 되었다.

　보길도에 머물던 중 섬의 빼어난 경치에 매료된 윤선도는 제주도로 가던 것을 포기하고 이곳 보길

보길도

도에 정착하기로 마음먹었다. 그런 후 보길도 최고봉인 격자봉 (433m) 아래에 주거 공간인 낙서재, 맞은편 산 중턱에는 동천석실, 그리고 세연정이란 정자를 조성하였다. 이후 윤선도는 여러 차례 벼슬과 좌천이 거듭되다가 이곳 보길도 낙서재에서 85세에 숨을 거두었다.

윤선도는 광해군 때 교하 천도를 주장했던 이의신과 친분으로 일찍부터 풍수를 접한 것으로 알려진다. 윤선도는 효종이 승하하자 능역을 수원으로 정했는데, 서인의 반대로 무산되고 구리로 바뀌자 **"10년이 채 안가 변고가 발생해 묘를 다시 쓸 것이오. 나는 이를 못 보지만 제공들은 이를 볼 것이니 그때 가면 내 말이 생각나리다."** 했는데, 그의 말처럼 효종의 능이 무너지는 일이 벌어져 여주로 옮겨지게 되었다. 당시 윤선도가 짚었던 수원 묘 터는 그의 풍수 식견을 신봉했던 정조에 의해 사도세자의 융릉이 들어서게 되었다.

후일 정조 임금은 **"윤선도는 호가 고산(孤山)인데, 세상에서 오늘날의 무학이라 부른다. 풍수지리 학문에 대하여 본래 신안의 실력을 갖추었다."**라고 말할 정도였다.

필자는 2017년 8월, 보길도에 여행 갔다가 이곳 낙서재 입지를 보고 감탄하지 않을 수 없었다. 이미 해남에서 녹우당을 보고 왔지만, 녹우당은 윤선도 고조부가 터를 정한 해남윤씨 종택으로 윤선도 고유 작품은 아니다. 그에 비해 보길도 낙서재는 윤선도 자신이 자리를 정한 뒤 죽을 때까지 머물던 곳으로 윤산도의 풍수에 대한 안목을 고스란히 엿볼 수 있는 곳이다. 해남에서 배를 타고 보길도에 도착해서 먼저 세연정과 동천석실을 보았지만, 풍수인의 눈에는 풍류를 즐기기 위한 풍광 좋은 곳일 뿐 특별한 감흥은 없었다.

그러나 낙서재 입구에서 바라본 산세에는 숨이 멎을 정도로 가슴이 두근거렸다. 마치 숨겨 둔 보물을 찾은 것과 같은 희열에 전후좌우 눈을 뗄 수가 없었는데, 아마도 이곳을 처음 본 윤선도 마음도 필자와 같았을 것이다.

격자봉에서 이어진 주봉은 기품이 있고 그곳에서 이어진 용맥은 미끄러지듯 이어지다가 눈썹 같은 현무정을 만들고, 그 아래에 낙서재가 자리하였다. 이곳까지 이르는 용세는 음택의 용세와는 다른 중후함이 그득하다. 마치 이곳 터를 알아본 주인 윤선도의 인품이 그러했을 법한 산줄기였다.

윤선도는 이곳에 터를 정할 당시 멀리 산봉우리에 올라 깃발을 든 인부들을 지휘하며, 점혈에 심혈을 기울였다고 한다. 그러므로 낙서재는 윤선도의 풍수관이 고스란히 드러난 곳이라 해도 과언이 아니다.

눈을 들어 앞을 보면 넓은 명당을 지나 우아하게 격조 있는 산이 마주하니 그 주인에 그 손님이다. 산 중턱에는 윤선도와 자신의 애첩만이 출입했다는 동천석실이 있다. 동천석실에 오르면 이곳 낙서재와 부용동 분지가 한눈에 펼쳐져 보이는데, 구름 위에 떠 있는 듯한 절경이다. 고산은 이곳에 밧줄과 도르래를 설치해 술과 음식을

윤선도의 풍수관이 고스란히 담긴 보길도

밑에서부터 받았다고 한다. 동천석실에서는 자신만의 독립된 생활을 즐겼던 것이다.

동천석실에서 바라본 부용동

격자봉 곳곳에서 발원한 부황천은 넓은 분지에서 합수된 후 북동쪽으로 흘러 바다와 만난다. 의도치 않게 보길도에 상륙한 윤선도는 바다에서부터 좁은 부황천을 따라오다가 불현듯 넓게 펼쳐진 명당을 보고는 무릉도원을 연상하며 무릎을 치며 감탄했을 것이다. 그리고 윤선도는 이곳 산세가 마치 피어나는 연꽃을 닮았다고 하여 부용동이라 이름을 지었다고 한다.

이곳 부용동은 분지를 이룬 지형으로 굳이 말이 필요 없을 정도로 국세가 완벽하게 갖추어진 곳이다. 단아한 봉우리들이 부드럽게 이어지면서 부용동을 감싸고 있다.

보길도에서 윤선도는 낙서재, 동천석실, 세연정 3곳의 용도를 분리하였다. 낙서재는 학문을 하던 곳이고, 동천석실은 자신만의 밀실이며, 세연정은 일상으로 돌아와 시인 묵객들과 술 마시고 시를 읊던 교류의 공간이었다. 공과 사를 구분한 윤선도의 철저한 자기 관리를 엿볼 수 있었다.

자연을 사랑한 윤선도는 이곳 보길도에 자신만의 우주를 구현했던 것인데, 구름 위에 있는 동천석실은 천(天)이고, 낙서재는 유학자로서 중심을 지키려는 인(人)이며, 세연정은 인간 세상으로 돌아온 지(地)이다.

세연정

아! 뉘라서 이곳에 터를 눌러 앉고 싶지 않겠는가.

짧은 여행으로 잠시 들렀다가는 발길이 못내 아쉬울 따름인데, 다음에는 열흘쯤 묵으며 윤선도가 했던 것처럼 격자봉 정상에 올라

윤선도의 풍수관이 고스란히 담긴 보길도

보기도 하면서 보길도 전체를 둘러보아야겠다. 그리고 보면 풍수인에게 휴가는 답사의 연장이니 어쩔 수 없는 숙명인가 보다.

임진강과 북녘땅이 통쾌하게 보이는 율곡수목원

　남북한의 군사경계선을 접하고 있는 파주시는 북쪽으로는 임진강이 흐르고 남쪽으로는 한강과 접해 있다. 임진강은 전곡에서 한탄강과 합수된 후 수량을 늘려 흐르다 적성에 이르러 물길의 굽이침이 크게 꿈틀거리며 역동적으로 흐른다. 물길이 S자로 굽이치며 흐르는 곳은 기운이 머물고자 하는 징표로서 생기가 충만한 곳이기 때문에 유서 깊은 도시들이 자리하고 있다.

　이러한 물길로 인해 필자는 파주시 적성을 미래 통일된 한반도의 수도로 적지라고 말한 바 있다. 임진강 한가운데에는 초평도가 자리했다. 이는 수구사의 일종으로 나성이라 하는데, 물 빠짐을 막아주는 역할이다. 비유하면 장비가 장판교에서 조조의 대군을 단기필마로 물리치는 것과 같은 소중한 것이다. 그래서 풍수에서는 나성 하나가 작은 산 만 개와 같다고 할 정도로 귀하에 여긴다. 초평도가 나성 역할이므로 그 상류에 좋은 명당이 있게 되니 적성을 주목하는 것이다.

　초평도에서 멀지 않은 임진강 변에는 2021년 개장한 율곡수목원이 있다. 율곡수목원이란 이름은 율곡 이이가 파평면 율곡리에서 성

장했고, 그의 가족묘가 있는 자운서원도 파주시 법원읍에 있는 등 율곡 선생과 깊은 인연이 있기 때문이다.

율곡이라는 지명은 이 지역에 밤나무가 많기 때문이다. 수목원은 10만 평 규모로 산 전체를 차지하고 있으며, 8만 그루의 나무가 울창하게 보존된 곳이다. 수목원은 산속에 자리하고 있어 아직까지는 외부에 잘 알려지지 않은 곳이지만, 그만큼 때가 덜 묻어 자연 그대로의 산림을 간직한 청정한 곳이다.

수목원이 들어서기 전에는 산 곳곳에 군대 초소가 자리하면서 일반인 출입이 통제되던 곳이다. 그런 관계로 지금도 가끔 야생동물이 출현하기도 한다. 수목원은 테마별로 21개 구역이 있는데, 산림 치유 프로그램이 인기를 끌고 있다. 수목원은 입장료가 없는 무료이고, 산림 치유 프로그램 또한 사전 예약하면 누구나 참여할 수 있다.

테마별 구역을 지나면 구도장원길로 불리는 산길이 나온다. 구도장원이란 율곡 이이가 9번 과거 시험을 봐서 모두 장원 급제했다고 해서 그에게 구도장원공이란 별칭이 붙은 것에서 스토리텔링한 길이다. 그런 관계로 율곡수목원 내 구도장원길은 특히 수험생들에게 인기가 많다.

임진강과 북녘땅이 통쾌하게 보이는 율곡수목원

구도장원길은 소나무
와 참나무가 울창하고 예
전에 군인들이 사용하던
참호 등이 그대로 보존되
어 있다. 봄에는 벚꽃과 철
쭉 등이 자연스럽게 피어
나 운치 있는 분위기를 자

아낸다. 다만 산길이 투박하므로 운동화를 신어야 하는 것은 필수다.

구도장원길을 계속 오르면 예전에 군인들이 사용하던 헬기장과
초소 건물이 있는데, 지금은 군인들이 사용하지 않기 때문에 자유롭
게 출입할 수 있다. 수목원 내에서 가장 높은 곳이다 보니 임진강 물
줄기가 한눈에 보이고 멀리 초평도와 북녘땅까지 아스라이 보이는
기가 막힌 전망을 보이고 있다.

이렇듯 탁월한 조망 때문에 군인들 경계 초소로 사용되었을 것인
데, 호연지기를 키우기에 이보다 좋은 장소는 없을 정도로 좀처럼
내려오고 싶지 않은 곳이다.

이곳 초소에서 다시 내려가면 헬기장을 지나고 장원종에 이른다.
수험생이 아니라도 누구나 장원종을 치게 되는데, 자신이 하는 일에
장원을 하고 싶은 염원일 것이다.

임진강과 북녘땅이 통쾌하게 보이는 율곡수목원

장원종

　장원종을 지나면 율곡수목원 전망대에 이른다. 그런데 그 산줄기가 예사롭지 않다. 올망졸망한 봉우리를 만들다가 다시 좌우로 꿈틀거리는 맵시 있는 용맥은 마치 커다란 물고기가 입질을 하는 듯한 모습이다. 이윽고 그 산줄기는 전망대에 이르러 끝나는데, 소위 풍수에서 말하는 혈처인 것이니 율곡수목원 내 최고의 명당이다. 말을 타듯 당당한 모습으로 뭇 산들을 굽어보며 혈을 맺은 것이니 구도장원길 으뜸 되는 곳이다. 그리하여 필자는 이곳을 장원혈이라 이름하였다.

율곡수목원 전망대

　이곳 전망대는 높고 험한 곳이라 생각했지만 의외로 편안한 곳이다. 또 북향이지만 지대가 높아 햇빛을 받는

임진강과 북녘땅이 통쾌하게 보이는 율곡수목원

305

데도 지장이 없다. 인근 작은 하천과 합수된 임진강은 초평도에서 막아 주고 다시 문산읍에서 좌우 산이 강 양쪽에서 거두어 주면서 기운 빠질 곳 없는 물길이 되었다. 더 좋은 것은 혈이 높은 곳에서 맺혀 저 멀리 북녘땅의 수많은 산이 눈 아래 펼쳐져 보인다는 점이다. 마치 임금을 보필하는 신하들이 사방에 도열하여 대기하는 듯한 모습이니 귀하고 귀한 땅이다.

부자가 나는 땅은 많지만 귀한 인물이 나는 터는 극히 드물다고 했으니 혈 중에서 으뜸가는 명혈이다. 수험생뿐 아니라 국가고시를 준비하는 사람들은 이곳에 들러 장원 혈의 땅기운을 듬뿍 받고 시험을 치르도록 하라. 장원 혈의 기운으로 합격하고 급제할 것이다.

전망대에서 바라본 임진강

임진강과 북녘땅이 통쾌하게 보이는 율곡수목원

대한민국 풍수는 세계 최고

필자들은 중국에 풍수 답사를 여러 차례 다녀온 바 있다. 풍수 이론이 발달한 중국 풍수를 현지에서 직접 확인하고 싶었기 때문이다. 실제로 중국이 풍수에 대한 이론적 연구와 그 결과물인 풍수 서적 집필에 있어 우리보다 크게 앞서 있다는 것은 부인할 수 없다. 그리하여 조선 시대에는 중국의 풍수에 대해 동경 내지는 신비스럽게 여길 정도였다. 대표적인 것이 조선을 개국하여 도읍을 신도안으로 옮기려 할 때 하륜이 중국 송나라 사람 호순신의 풍수 이론을 내세우며, 천도 불가론을 주장하여 자신의 주장을 관철하였고, 선조 임금은 선조비 의인왕후 능지를 정할 때 명나라 풍수 섭정국에게 자문을 구할 정도였다. 또 몇몇 양반 사대부가들은 중국 풍수가에게 묏자리를 잡는 것을 의뢰하기도 하였다.

하지만 이제는 그러한 사대주의적 사고에서 벗어날 때가 되었다. 중국에 여러 차례 풍수 답사를 다니면서 분명하게 느낀 것은 한국의 풍수는 제도권과 재야의 활발한 노력으로 매우 세련되었을 뿐 아니라 도시 계획, 부동산, 건축, 인테리어 등 다양한 분야에서 새로운 영역을 개척하고 있다는 점이다.

반면 중국은 풍수에 사주와 택일 등이 습합되면서 정체성이 모호한 경향이 있다. 풍수에 인간의 운명을 추리하는 사주팔자 등이 혼합되면서 풍수 본래 기능인 터의 좋고 나쁨을 판별하는 기능을 상실했다 해도 과언이 아니다. 따라서 중국에서의 풍수는 더 이상 학문으로 취급받지 못하고 아니면 말고 식의 술법으로 전락하고 있다는 생각이다.

금낭경

이러한 이유는 1966~1976년까지 문화대혁명을 거치면서 풍수가 구시대적 잔재로 분류되어 혹독한 탄압을 받기 때문인데, 이 시기에 중국의 풍수는 대중적 역동성을 잃고 깊은 침체기를 겪게 된다. 문화대혁명 이후 중국 풍수는 유네스코 세계문화유산 등재 준비 등 이전보다 활발한 분위기지만, 문화대혁명 이전 중국이 지닌 풍수의 잠재력을 회복하기에는 쉽지 않을 것으로 보인다.

문화대혁명 당시 모택동이 풍수를 타파 대상으로 삼은 것은 예로부터 중국의 풍수는 최고위층만을 위한 비밀스러운 제왕학으로 여겨졌기 때문에 일반 민중들은 접근할 수 없도록 의도적으로 배제하였을 가능성도 있다. 이는 마치 당나라 현종이 곽박의 '장서'를 보고난 뒤 황실만을 위한 비밀스런 책《금낭경》으로 삼은 것과 흡사한 경우라 할 수 있다.

물론 몇 차례 답사만으로 중국 풍수를 단정할 수는 없다. 중국의 거대한 땅덩어리와 인구는 엄청난 잠재력을 지니고 있기 때문이다. 그러나 분명한 것은 현 시점 중국 풍수에 비해 한국의 풍수는 다양한 전공과 분야에 풍수를 접목하면서 학문적으로 세계 최고 수준이라 해도 과언이 아니다. 풍수 연구는 대학원을 중심으로 동양학과, 철학과, 한국학과, 경영학과, 부동산학과, 환경보건학과, 지리학과, 건축과, 토목과, 문화콘텐츠학과 등에서 활발한 연구가 진행되고 있다.

한국이 풍수의 최고 선진국이 될 수 있었던 것은 최근 30년간 학자들에 의한 고전 번역이 이루어지면서부터다. 그것을 토대로 눈 밝은 장인들은 음택과 양택, 마을과 도시 등에 접목하면서 풍수 수준이 크게 향상될 수 있었다. 또 학자와 장인 간의 격의 없는 학술 발표를 통한 꾸준한 교류도 큰 영향을 주었다. 따라서 한국의 풍수에 대해서 자긍심을 가질 필요가 있다.

다만 자긍심이 자만심이 되어서는 안 된다. 우리의 풍수가 중국보다 현시점 앞서간다고 해서 문제가 전혀 없는 것은 아니기 때문이다. 정체불명의 풍수 이론 난립과 수맥이나 기감 능력을 빙자한 여러 문제는 반드시 시정되어야 할 부분이다.

중국 풍수의 한 단면을 소개해 본다.

필자는 2017년 8월, 상하이

국회에서의 풍수 세미나

인근 주가각(朱家角)을 여행하였다. 주가각은 1,700년 전에 촌락이 형성되었으며 상하이에서 가장 오래된 수변 마을로 동양의 베니스로 불리는 곳이다. 주가각 여행 중 어느 점포의 간판에 주역·예측이라는 글이 태극 문양과 함께 걸려 있었다. 주인은 중국 주역협회 회원이며, 자신의 이름을 내걸고 있었다. 이곳 주인은 50대 초반의 남성으로 희끗희끗한 긴 머리에 수염을 길게 기른 모습으로 마치 도인과 비슷한 풍모를 하고 있었다.

주역·예측은 대꼬챙이로 된 점대 하나를 뽑으면 짧은 시간에 길흉화복을 알 수 있으며, 맞추지 못하면 돈을 받지 않는다는 문구가 적혀 있었다.

- 추첨신산(抽簽神算): 대꼬챙이로 점대를 뽑아 정확하게 예측
- 추일지첨편지길흉화복(抽一支簽便知吉凶禍福): 점대 하나를 뽑으면 짧은 시간에 길흉화복을 알 수 있음
- 첨불준불수전(簽不准不收錢): 정확하게 맞추지 않으면 돈을 받지 않음

상점 한쪽 벽면에는 풍수포국, 기명, 풍수라는 글자가 적혀 있었다. 풍수포국은 실내 배치를 말하는 것이고, 기명은 작명을 말한다. 기는 오른다는 뜻이 있으니 승승장구하는 작명이라는 뜻이다. 그 외에도 유리창에는 자신이 하는 모든 것을 적어 놓았다.

산관운(算官運): 관운(승진운) 예측
산사업(算事業): 사업 예측
산고고(算高考): 대학 입학시험 예측
산관사(算官司): 소송(송사) 예측

대한민국 풍수는 세계 최고

산재운(算財運): 재운 예측

산혼인(算婚姻): 혼인 예측

산심인 구인(算尋人求人): 사람을 찾는 예측

측명호괴(測名好坏): 이름이 좋은지 나쁜지 예측

공사기명(公司起名): 회사명 작명

팔자예측(八字豫測): 팔자 예측

잉측남녀(孕測男女): 태아의 남녀 예측

기명개명(起名改名): 작명과 개명

점면기명(店面起名): 점포 작명

수상면상(手相面相): 손금과 얼굴의 관상

풍수포국(風水布局): 풍수 배치

이것으로 보아 이곳은 풍수뿐 아니라 주역, 작명, 사주풀이, 관상, 손금까지 풀이하는 곳으로 종합 철학관 같은 곳이다. 우리나라 철학관은 일반적으로 특화된 분야가 있어서 사주풀이, 작명, 관상 등 각자의 주 종목이 있지만, 이곳은 사람의 운명에 대한 토털 서비스를 하는 것처럼 보인다.

우리 속담에 열 가지 재주 있는 사람이 밥 굶는다는 말이 있다. 업종이 점차 세분화되어 가는 시대에 학자나 장인에게는 박학다식의 폭넓음보다는 깊이가 중요하다. 우리나라도 풍수인 중에도 사주풀이와 관상 등을 접목하는 경우도 있지만, 어디까지나 보조적인 역할에 그쳐야 하며 한 분야에 매진해야만 일정한 수준에 도달할 수 있다.

앞에서도 말했듯이 풍수의 가장 기본적인 목적은 터의 좋고 나쁨을 판별하는 능력이다. 하지만 중국의 풍수는 기본과 기초를 도외시한 채 잔재주에 치중하는데, 필자가 만나본 대부분의 중국 풍수인들은 큰 나침반을 들고 외모에 치중하는 등 과시하고 싶은 경향이 다분했다. 빈 수레가 요란한 법이니 중국이 본래 지닌 풍수의 잠재력을 회복하기에는 상당한 시간이 필요할 것으로 보인다. 그로 인해 대한민국의 정교하고 세련된 풍수를 중국에 전파할 날도 머지않아 올 것으로 기대한다.

더 나아가 우리의 풍수가 미국이나 유럽뿐 아니라 세계 어디에서도 통용될 수 있는 문화 콘텐츠로서의 역할도 할 수 있을 것으로 본다.

대한민국 풍수인들이여, 자긍심을 가져라.

일제의 풍수 침략은 의도된 술책

일제는 강점기 때 35년 동안 한반도에 도로나 철도를 놓는다는 구실로 주요 지점 산줄기를 끊고 명산의 봉우리에 쇠말뚝을 박는 등 우리 산천을 훼손하며 풍수 침략을 자행하였다. 그로 인해 조선의 산천 정기가 끊어졌으니 조선의 국운도 더 이상 힘을 발휘할 수 없을 뿐 아니라 인물 배출도 없을 것이라는 패배 의식을 주기 위한 술책이었다. 나라 잃은 설움에 수많은 문화유산을 빼앗긴 것도 모자라 5천 년을 지켜온 우리 산하까지 만신창이가 되고 말았는데, 풍수 침략의 여러 사례를 보며 늦었지만 이제라도 복구할 수 있는 것은 되돌려 치유하는 것이 필요하다.

쇠말뚝

혈침이라 부르기도 하는데, 산의 주요 지점이나 급소에 해당하는 곳에 쇠말뚝을 박아 산맥을 끊기 위한 일종의 주술적 행위였다. 그중 대표적인 것은 2005년 지리산 천왕봉(1,915m) 아래서 발견된 혈침으로 길이가 120cm이고 무게는 무려 80kg에 달하는 놋쇠로 만든 것이다. 해발 1,500m에 달하는 고지대에 포탄 모양의 쇠말뚝은 예사롭지 않은데, 지리산의 정기를 끊으려는 목적이라는 것이다. 이곳에서 발견된 혈침 중 하나는 현재 발견 장소 바로 밑에 자리한 법계사에 전시되고 있다.

지리산에서 발견된 쇠말뚝

풍수의 관점에서 보면 산줄기 용맥은 반드시 능선을 타고 이어진다. 그러한 관계로 왕릉을 비롯해 이름난 묘들이 능선 위에 자리한 것이다. 모든 봉우리는 나름대로의 기운을 품고 있는데, 그 기운은 능선을 타고 이어지게 된다. 봉우리가 원만하면 따뜻한 기운을 품은 것이고 봉우리가 험하면 추하고 악한 기운이니 그곳에서 이어진 능선 또한 비루한 것이다. 이것은 풍수에서 불변의 법칙이다.

이때 기맥은 바람이 닿지 않는 땅속 깊은 곳에서 낮은 곳을 향해 흐른다. 크고 험한 산에서는 바람이 세기 때문에 땅속 깊이 흐르고 부드러운 야산에서는 바람의 해가 없기 때문에 지표 가까이 지난다.

　　　　　　　　　　　일제의 풍수 침략은 의도된 술책

그리고 혈을 맺을 즈음에는 차츰 지표로 상승하면서 약 2~3m 깊이를 유지하게 된다. 그런 까닭에 왕릉의 깊이는 3m(10尺)를 고수했던 것이다.

결국 1m 남짓한 쇠말뚝은 실질적으로 별 영향을 미치지 못하는데, 비유하면 피부가 나뭇가지에 살짝 긁힌 정도일 뿐이다. 따라서 일제의 쇠말뚝은 심리적 술책에 지나지 않으니 우려할 것 없다. 다만 산천을 유기체로 대하는 풍수의 관점에서 보면 내 몸에 작은 가시라도 있으면 불편한 것처럼 불손한 의도의 일제 쇠말뚝은 모두 제거되어야 한다. 집에 못도 함부로 박지 않듯이 산도 우리 스스로 아끼고 보호하며 치유해 주어야 하기 때문이다.

한편, 쇠말뚝 중에는 토지 측량용이나 군사용으로 설치한 것도 있어 전부가 일제의 침략이라 단정할 수는 없다.

한반도 형상 비하

일제강점기 시대 일본인 지리학자 고토 분지로(小藤文次郎)는 조선의 지형은 토끼 형상이라고 비하했다. 동물 세계에서 가장 약하고 겁 많은 토끼에 비유함으로써 조선을 자신들의 속국으로 길들이고 저항 정신을 말살하려는 일제의 술책이었다. 그러자 육당 최남선은 이에 반박하여 한반도는 중국 대륙을 향해 달려드는 호랑이 형국이라고 하였다. 실제로 조선 명종 때 풍수가이자 예언가 남사고는 한반도는 호랑이가 앞발로 만주를 위협하는 형상이라고 한 바 있다.

'고토분지로'가 그린 한반도(1903년)　　'최남선'의 한반도(1908년)　　근역강산맹호기상도

　　고토 분지로는 백두산을 밋밋하게 처리하여 토끼의 귀 형상으로 둔갑시켰다. 반면 최남선은 백두산을 호랑이 입으로 강조하였다. 그리고 근자에 이름 모를 화가는 '근역강산맹호기상(槿域江山猛虎氣像)'이란 그림을 남긴다. 그림 제목은 무궁화꽃이 핀 한반도는 용맹한 호랑이 기상이라는 뜻이다. 화가는 만주 일대를 호령하는 호랑이 그림을 남겼는데, 특히 백두산 부분을 호랑이가 이빨을 드러낸 위협적인 모습으로 표현했다.

　　그런데 요즘은 중국까지 우리나라를 업신여기며 도발하고 있다. 2011년 중국 사이트(조선중국)에 한반도 지도를 놓고 한국을 비하하는 그래픽이 등장했다. 한반도 지도 옆에 토끼 그림을 대비하면서 한반도는 토끼 형상이라는 비유이다. 그 옆에는 사람에게 뒷덜미를 잡힌 토끼 그림이 등장하는데, 마치 언제든지 잡을 수 있다는 것을 암시하고 있다.

2011년 4월 4일 중앙일보 기사

중국 지형

마지막 그림은 무릎 꿇은 예수가 중국을 향해 애원하는 듯한 모습이다. 남북한 모두를 얕보는 중국인들의 오만함을 엿볼 수 있다.

한편, 중국인들은 중국의 국토 지형을 암탉으로 여기며 백두산이 닭의 부리라고 한다. 그러한 생각의 저변에는 닭 부리에 달린 한반도를 닭 모잇감쯤으로 생각하는 것이다. 그래서 필자는 잠시 한반도 형상을 족제빗과 담비에 비유한 바 있다. 닭 잡는 데 소 잡는 칼 쓸 것 없듯이 닭 잡는 데 호랑이까지 나설 필요 없기 때문이다.

담비는 닭에게 공포의 천적이다. 담비는 잔인하게 닭의 목을 물어 죽이는데, 배고픔과는 상관없다. 오로지 살육을 즐기는 담비의 포악한 성질 때문이다. 닭은 담비보다 덩치가 훨씬 크지만 담비의 날렵함과 포악한 성질에 속수무책으로 당할 뿐 대항할 방법이 없다. 담비는 지독한 독가스를 내뿜기도 하는데, 지네 형상의 일본에는 꼬리를 치켜들어 독가스로 혼을 내주고 있다.

눈에는 눈 이에는 이로 대적한다고 했으니, 풍수로 도발하면 풍수로 대적함도 한 가지 방책일 수 있다.

종묘와 구지봉 단맥

종묘는 조선 시대 역대 왕과 왕비의 신주를 봉안한 사당을 말한다. 제아무리 난리가 나도 조상의 신주만큼은 보존해야 한다고 생각할 정도로 조선 시대에 신주는 그 무엇보다 소중한 것이었다. 사극을 보면 종묘·사직이라는 말이 자주 나오는데, 궁궐 좌측에는 종묘를 세우고 우측에는 사직을 배치하여 왕실과 나라의 안녕을 염원하였다. 구체적으로 종묘는 왕실의 무사 평안을 기리는 곳이고, 사직은 농사가 잘 되도록 천지신명께 기원하는 장소다. 따라서 종묘는 조선 왕실의 정신적 지주와 같은 곳이다.

1912년 일제는 종묘까지 이어지는 용맥을 도로를 만든다는 이유로 무참하게 끊어 버린다. 북한산에서부터 길게 이어진 산줄기를 끊어 종묘로 전해지는 기운이 단절되었다는 것을 공개적으로 보여 줌으로써 조선 왕실의 종말을 공표하는 일종의 퍼포먼스인 셈이다.

하지만 아직도 끊어진 도로에는 하루에도 수천 대의 차량이 다니

　　　　　　　　　　일제의 풍수 침략은 의도된 술책

종묘 단맥처

고 있으니 100년이 넘도록 일제의 계략에 속수무책으로 당하고 있음을 부끄러워하지 않을 수 없다. 몇 해 전 이를 복원한다고 다리를 놓아 연결했으나 근본적인 해결책은 될 수 없다. 비록 조선은 역사의 뒤안길로 사라졌지만, 민족의 혼만큼은 되살릴 필요가 있다.

김해 구지봉은 산줄기 형태가 마치 거북이 목처럼 생겼다고 해서 구수봉이라 부르기도 한다. 《삼국유사》에 의하면 기원후 42년, 이곳에 살던 여러 부족의 촌장들이 모여 구지봉에서 제사를 지내며 **"거북아, 거북아 머리를 내놔라. 그렇지 않으면 구워 먹으리라."** 하며 노래하였다. 그러자 얼마 후 하늘에서 황금색 알 여섯 개가 보자기에 싸여 내려왔다고 한다. 그리고 12일 만에 사내아이 여섯이 태어났는데, 그중 한 명이 금관가야를 세운 김수로왕이 된다. 김수로왕은 김해김씨 시조가 되니 김수로왕 탄생 설화가 깃든 구지봉은 김해인들에게 성지와도 같은 곳이다.

하지만 일제는 이 지역 토착민 김해김씨들이 거세게 저항하자 이들을 제압하기 위해 거북이 목에 해당하는 급소에 신작로를 낸다는

명분으로 산줄기를 무참히 끊어 버렸다. 이로 인한 김해인들의 상실
감은 이루 헤아릴 수 없을 정도였다.

김해시는 궁여지책으로 1992년 잘린 거북이 목 위에 육교를 놓
아 연결했지만, 그런다고 금관가야의 자존심이 온전히 회복된 것은
아닐 것이다.

구지봉 단맥처

조선총독부

일제는 조선 왕궁에서도 가장 위엄이 있는 경복궁 근정전 앞에
조선총독부 건물을 의도적으로 높게 지었다. 경복궁 내의 많은 전각
을 허물고 지은 조선총독부 건물은 앞이 꽉 막힌 상태를 만들어 왕
실을 억누르기 위한 술책이었다. 풍수에서 말하기를 앞이 꽉 막히면
무엇을 해도 이루어지지 않는다고 하였다.

조선을 지배하고 수탈하던 이곳은 해방 후에는 대통령 집무실과
정부 주요 부처 청사로 사용하면서 중앙청으로 불리었다. 그러나 일
제 식민 통치의 상징인 건물을 대한민국 정부 청사로 사용하는 것은

　　　　　　　　　일제의 풍수 침략은 의도된 술책

바람직하지 않다는 주장이 제기되면서 국립박물관으로 바뀌었다. 그 후 김영삼 대통령은 1995년 민족정기 회복과 일제의 잔재 청산이라는 목표로 조선총독부 건물을 철거한다. 당시 일부에서는 부끄러운 역사도 역사의 일부분이라 하며 철거를 반대했지만, 김영삼 대통령의 강력한 의지로 실행되었다. 철거한 건물의 잔재는 현재 독립기념관 한편에 전시되고 있다.

조선총독부

능묘의 훼손

경주 지역 철로는 중앙선과 동해남부선이 지난다. 중앙선은 서울과 경주를 잇는 철도로 일제강점기인 1939년 완공되었으며, 당시는 경성과 경주를 의미하는 경경선(京慶線)으로 불리었다. 동해남부선은 부산과 포항을 연결하는 철도로 역시 일제강점기 때 건설되었다. 중앙선 철로는 태종 무열왕릉과 김유신 장군 묘 앞을 지나며, 동해남부선은 신문왕릉과 선덕여왕릉 가까이 지난다. 모두 삼국통일에 크게 기여한 영웅들과 관련이 있다.

이들 능묘 가까이 기차가 지나면 소음과 진동 매연 등으로 소란스러울 것은 자명한 일이다. 능묘와 떨어진 곳에 드넓은 평지가 있는데 불구하고 굳이 가까이 철로를 만든 것은 신라 영웅들의 넋을 욕보이려는 의도였다.

이상 보았듯이 나라 잃은 설움의 대가는 혹독했다. 산천은 파괴되고 조선은 큰 상처를 받았다. 늦었지만 이제라도 철도와 도로로 잘린 부분을 복구하여 우리의 자연을 치유해 줄 필요가 있다.

일제의 풍수 침략은 의도된 술책

노태우 대통령 묘 이장하다

노태우 대통령 모친

노태우 대통령은 대구 팔공산 기슭에서 1932년 태어났다. 부친 노병수는 당시 면서기로 189cm의 훤칠한 장신이었고, 어머니 김태향은 독실한 불교신자였다. 그들은 결혼 후 오랫동안 아이를 갖지 못하자 팔공산에서 백일기도를 드리는 등 온갖 노력을 기울여 9년 만에 노태우를 출생했다. 어머니가 노태우를 임신했을 때 꿈을 꾸었는데, 밭에서 김을 매던 중 큰 구렁이가 있는 것을 보고 놀라서 집으로 도망 오자 구렁이가 따라와 부엌에 숨어 있는 어머니 발뒤꿈치를 물고 온몸을 휘감자 놀라서 깨었다고 한다. 꿈 이야기를 들은 할아버지는 이 구렁이가 용이라 하여 아기 이름을 태룡(泰龍)이라 지으려 했으나, 꿈을 숨기기 위해 일부러 어리석을 우(愚)를 써서 태우(泰愚)라 지었다고 한다.

그는 어려서부터 귀가 크고 성격이 온화했으며, 남의 말 듣기를 잘했다고 한다. 그러나 부친은 노태우가 8세 때 교통사고로 일찍 작고하면서 어려운 유년 시절을 보낸다. 노태우는 젊어서 두 번 죽을 고비를 넘겼다. 한 번은 중학교 2학년 때 말라리아에 걸려 심하게 앓다가 큰 고비를 넘겼고, 육사를 졸업하고 중위 때는 기차에서 뛰어내리다 플랫폼에 머리를 부딪쳐 중상을 입기도 했다. 당시 사관학교 동기생인 김복동의 누이동생(김옥숙)이 그를 간호하면서 후일 결혼까지 이르게 되었다.

육사 시절 전두환과 노태우

육군사관학교 재학 중 그는 럭비 선수로 활동했으며, 운동을 좋아하던 전두환과 각별한 친구 사이가 된다.

1955년 육군사관학교를 11기로 졸업하고 5사단에 배속되는데, 이때의 사단장이 박정희 소장이었다. 노태우 소위는 당시 박정희 장군에 대해 예사롭지 않은 인물이라고 생각했고, 박정희 역시 젊은 소대장 노태우를 각별하게 대했다고 하니 귀인은 귀인을 알아보는 모양이다.

1979년 육군 9사단장으로 있을 때 박정희 대통령이 서거하자 혼란스러운 틈을 타 전두환 등 하나회 멤버들과 군부를 장악하고 정권을 잡기에 이른다. 그 후 노태우는 수도경비사령관과 보안사령관을 거쳐 육군 대장으로 진급 후 1981년 예편하면서 정계에 입문했다.

노태우 대통령 묘 이장하다

당시 그는 전두환 다음가는 정권의 이인자였으나 견제 세력이 많아 철저하게 자신을 낮추는 은인자중 전략을 구사했는데, 김종필 총재 권유였다고 한다.

그리고 국회의원과 민주정의당 총재를 거쳐 13대 대통령에 출마하였다. 그는 보통사람들이란 슬로건으로 친근한 이미지를 내세워 김영삼, 김대중 후보를 여유 있게 누르고 당선되었다. 당시 귀가 큰 탓에 부처님상이라고 해서 노인층 유권자들이 호감을 갖기도 했다.

일반 사람들은 노씨 가문에서 두 명의 대통령을 배출했다고 말하는데, 노태우 대통령은 '교하노씨'이고, 노무현 대통령은 '광주노씨'이다. 그러나 노씨 원래 혈통은 859년 당나라에서 황소의 난을 피해 신라로 온 노수(盧穗)부터 비롯되고, 그의 아홉 아들이 아홉 문중으로 분파되기 때문에 같은 뿌리로 여긴다.

두 분의 대통령과 세 분의 국무총리(노백린, 노신영, 노재봉)를 배출한 노씨 문중에서는 세 번째 대통령이 나올 것으로 기대하고 있다. 그 이유는 시조 묘와 아홉 명의 후손을 받드는 광주 삼릉단 위치가 풍수지리적으로 명당일 뿐 아니라 삼각산 정기를 받아 세 마리 용이 출현할 것이라는 전설이 전해지기 때문이다.

세 번째 대통령은 남북 평화통일을 이룰 뿐 아니라 세계 최강대국을 이끄는 대업을 이룰 것이라 굳게 믿고 있는데, 부디 그런 인물이 태어나기를 필자 또한 학수고대한다.

노태우 대통령은 재임 기간 북방 정책을 펼쳐 중국, 러시아 등 외교관계가 없던 공산권 국가들과 수교하는 업적을 남겼다. 그러나 퇴임 이후 1995년에는 전두환과 함께 구속되었고, 비자금 사건과 내란죄로 징역 17년과 추징금 2,628억 원을 선고받았으나 그해 특별 사면되었다. 추징금은 2013년 완납하였다.

그러나 2002년 무렵부터 지병이 악화되어 오랜 투병 생활 끝에 2021년 10월 26일 89세를 일기로 운명을 달리하였다. 공교롭게도 그날은 42년 전 박정희 대통령이 서거한 날이고, 자신들이 권력의 중심에 서게 되는 날이기도 했다.

5·18 광주민주화운동의 학살 책임자 중 한 명이라는 오명을 벗어나기 위해 투병 중인 부친을 대신해 그의 아들 노재헌은 광주 민주화 묘지를 여러 번 찾아가 무릎 꿇어 사죄하였고, 노태우 대통령 유서에서도 광주민주화운동에 대한 사과의 뜻을 밝힌 바 있다. 물론 그런다고 유가족과 피해자들의 맺힌 한이 풀릴 수는 없겠지만, 나름대로의 노력은 평가되어야 할 것으로 생각한다. 이렇듯 여러 면에서 전두환과 비교되면서 그의 장례는 오일장의 국가장으로 치러졌다.

노태우 대통령 묘 이장하다

가족들은 고인의 생전 남북 평화통일 의지를 담아 파주 통일동산을 장지로 희망한 바 있다. 그러나 관광 특구인 통일동산에 규정상 장묘 시설이 들어설 수 없게 되자 인근에 자리한 검단사에 임시로 안치하였다. 그리고 서거 45일 만인 2021년 12월 9일 통일동산에서 2km 떨어진 동화경모공원에 영면하게 되었다. 장묘 방식은 화장한 유해를 유골함에 넣은 후 광중을 파서 안장하며 봉분이 없는 평장묘이다.

납골함 안쪽에는 생전 고인이 즐겨하던 말을 새겨 놓았다.

"한반도에서 칼을 녹여 쟁기를 만드는 날, 세계에는 확실한 평화가 올 것입니다."

"참고, 용서하고, 기다리는 것, 그것이 참용기입니다."

"대한민국 13대 대통령 보통사람 노태우"

동화경모공원은 실향민들 망향의 한을 달래기 위해 노태우 대통령 시절 조성한 곳이다. 묘역은 한강과 임진강이 합수되는 곳으로 멀리 북한 땅 황해도 개풍군이 내려다보이는 곳이다. 노태우 대통령 묘는 동화경모공원에서 가장 높은 전망대 옆에 자리했다.

이곳 묘역에서는 더 이상 묘를 쓸 곳 없는 까닭에 달리 선택의 여지가 없었겠지만, 장소가 풍수적으로 좋은 곳은 아니다. 산의 면배 중 뒤쪽에 해당되고 묘 앞이 높아 전면을 가로막고 있으며, 묘 주변은 깊은 골짜기를 형성하는 등 풍수적으로 합당한 것이 없다.

거기에 더해 묘 좌향은 서향으로 했으니 한강과 임진강이 합수된 후 10km 길게 빠져나간다. 또 묘 뒤쪽은 급경사의 절벽이 되어 허전하고 취약한 상태가 되었으니 황량한 느

동화경모공원, 멀리 한강이 보인다.

껌을 지울 수 없다. 비록 남북 평화통일을 염원했던 고인의 유지를 따라 북녘땅을 바라보며 묘를 썼지만 풍수의 관점에서 보면 불편과 불리함의 묘가 되고 말았다.

그런데 몇 달 뒤 최초에 묘가 자리했던 곳에서 직선거리로 30m 옮겨 남향으로 바뀌었다. 어떤 이유인지 알 수 없으나 풍수적으로는 오히려 잘 되었다. 남향으로 하니 서향이었을 때와 달리 한강의 물 빠짐을 바라보지 않게 되었고, 전면의 빼어난 봉우리를 마주 보게 되었기 때문이다. 아마도 누군가의 조언이 있었을 것으로 짐작된다.

이장한 남향의 묘

비록 장소적으로 변한 것은 없어서 땅의 성정이 바뀐 것은 아니지만, 좌향만이라도 최대한 불편함을 피하고자 했으니 주어진 땅에서 최선의 선택이었다. 그러나 묘 뒤편이 역시 허하므로 추후 묘 뒤편에 나무를 심어 비보하는 것이 좋을 것으로 보인다.

바람 심한 곳은 나무를 심어라

풍수미전미(風水未全美)란 말이 있다. 풍수의 관점에서 보면 온전하게 완벽한 땅은 없다는 말이다. 풍수에서 완벽한 땅이란 기본적으로 바람 고요하고 물이 풍부하며 따뜻한 땅을 말한다. 거기에 주변 경관 또한 수려하면 금상첨화가 된다. 그러나 아무리 좋은 땅도 한두 가지 결함이 있게 마련이다. 이때 지리적으로 허하고 부족한 곳을 인위적인 방법으로 보완해 주는 것을 비보(裨補)라 한다.

비보의 적용은 바람이 치는 것을 막아 주고, 물이 빠지는 것을 방비하고, 흉한 모습을 가려 주고, 강한 기운을 제압하기 위해서 쓰인다. 비보의 형태는 사탑, 숲, 조산(造山), 연못, 조형물, 글자 등 다양하며, 심리적인 면에서 소품을 이용하기도 한다.

하지만 비보가 모든 것을 해결해 주는 것은 아니다. 바람과 물길 등의 지리적 결함을 인위적인 방법으로 해소하기에는 한계가 있기 때문이다. 그러므로 비보로 해결할 수 없는 곳이라면 입지 선택에 신중할 필요가 있다.

비보의 구체적인 방법을 소개해 본다.

바람 비보

이천 송말 숲 비보

이곳은 마을 입구가 열려 있어 바람이 치고 물은 빠져나가는 결함이 있다. 이에 마을 입구에 방풍림을 심고 연못을 조성해 비보하였다. 도시계획학 논문에 의하면, 비보 숲의 효과를 기상 관측 장비로 측정해 본 결과 방풍림으로 인해 풍속이 40% 줄어드는 효과가 있는 것으로 나타났고, 습도는 바람이 잔잔한 마을이 방풍림 밖에 비해 20% 많았다고 한다.

부안 고사포해안 숲 비보

마을 뒤는 산으로 둘러싸여 있으나 앞쪽은 바다가 열려 있어 바닷바람이 마을을 향해 부는 결함이 있는 곳이다. 마을에서는 바다에서 부는 해풍과 염분 등을 막고자 해변가에 소나무로 방풍림을 조성했다. 이곳에서도 기상 관측 장비를 이용해 풍속의 차이를 비교해 보았는데, 나무 높이 28배에 이르는 지역까지 풍속 저감 효과가 있으며, 온도는 외부에 비해 평균 2.7℃ 상승하였다고 한다.

거리	10m	40m	80m	120m	160m	200m	240m	280m
풍속 저감(%)	83.6	59.0	49.2	16.7	6.0	6.3	23.0	0

이것으로 보아 방풍림에 의한 비보 효과는 과학적으로 입증된 셈이다. 방풍림 효과는 잎이 무성한 활엽수림이 가장 좋지만, 낙엽이 지고 나면 효과가 반감되는 단점도 있다.

하회마을 비보 만송정

조선 선조 때 겸암 류운용(1539~1601)이 강 건너편 바위 절벽 부용대의 거친 기운을 막고 북서쪽의 허한 기운을 메우기 위하여 소나무 1만 그루를 심었다고 하여 만송정이라 한다.

울산 태화강 변 대나무 숲

태화강 변 대나무 숲은 강의 범람으로부터 농경지를 보호하기 위한 수해 방비림이다. 대나무는 곧게 자라면서 가지가 짧은 까닭에 그물처럼 빽빽한 숲을 이루기에 유리하다. 따라서 강물의 범람 시 굵은 토사가 농지로 유입되는 것을 방비하기에는 대나무 숲이 다른

바람 심한 곳은 나무를 심어라

어떤 수종보다 유리한 면이 있다. 최근 조사에 의하면, 대나무 숲은 이산화탄소 흡수력과 공기 정화 능력에 뛰어난 효과가 있는 것으로 보고되고 있다.

물길 비보

● 안동 가일마을

안동권씨들 집성촌으로 500년을 이어온 전통 마을이다. 마을 앞이 트여져 허전한 것을 저수지를 조성해 비보했다. 거기에 큰 나무까지 심어 허결함을 보완했다. 뒤편의 주산이 아름다운 명당 마을이다.

● 선암사 강선루

선암사를 감싸 흐르는 두 줄기 물이 합수되어 빠져나가는 지점에 강선루와 승선교를 세웠는데, 급한 물살을 제어하기 위한 비보다.

고전에서 수구사는 이해에 가장 밀접한 것이니 물가에 큰 다리나 나무, 사찰 등도 화복과 관계가 있다고 하였다.

● 태안사 능파각

곡성 태안사는 도선국사가 초창기 수도하던 고찰이다. 능파각이란 태안사 입구 계곡에 설치된 누각 모양으로 된 다리 이름으로 거친 물길을 진압한다는 뜻이다.

계곡물이 급하게 빠져나가는 것을 막기 위한 비보였다. 태안사에는 돌탑과 연못 등 곳곳에 비보의 흔적이 많은 곳이다.

● 정인지 부친 묘

묘는 긴 뱀이 개구리를 쫓는다는 뜻의 장사축와형(長蛇逐蛙形)으로 불린다. 그러자 뱀의 먹이인 개구리가 풍부하도록 묘 앞에 연못을 조성했다. 연못 이름은 와영담으로 개구리가 물에서 논다는 뜻이다.

● 교보생명 선영

가야산 자락에 자리한 이곳에는 교보생

바람 심한 곳은 나무를 심어라

명을 창업한 신용호 회장 묘가 있는데, '사람은 책을 만들고, 책은 사람을 만든다'는 유명한 일화를 남긴 분이다. 묘역 앞에 작은 연못을 조성해 관리하고 있다.

흉상 비보

터 주변에 흉한 모습이나 날카로운 계곡을 막기 위한 비보다. 나무나 숲을 이용하기도 하고 탑이나 구조물을 놓아 흉상을 가리거나 차단하는 방법이다.

● 회암사지 부도

회암사지 맨 위 북동쪽 계곡에는 주인을 알 수 없는 부도 탑이 하나 있는데, 탑의 크기와 형식을 보면 어느 큰 스님의 부도 탑으로 짐작된다.

부도 탑 뒤편 계곡 형상이 날카로워 흉할 뿐 아니라 비가 올 경우 급류로 인해 사찰의 전각이 피해를 입는 것을 막기 위한 것이다. 대부분의 부도는 사찰에서 취약한 지점에 위치했는데, 열반해서도 사찰을 보호하려는 의도를 엿볼 수 있다.

● 가야사 미륵불

흥선대원군이 자신의 부친 남연군 묘를 쓰기 전에는 가야사라는 오래된

절이 있던 곳인데, 이곳 좌측 산은 깊은 계곡이 날카롭게 찢어져 있다. 마치 칼날 같은 모습이 절터를 향하고 있으니 이것으로부터 절을 보호하고자 미륵불을 계곡 입구에 세웠다. 그러나 이런 비보에도 불구하고 가야사는 흥선군 이하응에 의해 불타고 말았다.

● 신격호 회장 묘

묘는 고향 마을 생가 뒷산에 자리했다. 그러나 묘 전면에 있는 산이 깊은 골이 져 흉한 모습이다. 마치 여근곡처럼 생겼다고 생각해 묘 앞에 남근석 모양의 바위를 갖다 놓았다. 그런다고 앞산의 흉한 모습이 보이지 않는 건 아니니 비보의 한계다.

글씨 비보

● 숭례문

불꽃 모양의 글씨를 세로로 써서 현판을 만들었다. 숭례문 앞쪽 관악산이 불꽃처럼 생겨서 불을 불로 막겠다는 비보의 방법이었다.

　바람 심한 곳은 나무를 심어라

그럼에도 불구하고 경복궁은 화재가 잦았고, 임진왜란 때는 화재로 폐허가 되고 말았다.

● 흥인지문

한양의 청룡에 해당하는 낙산이 가늘고 허약한 모습이어서 산이 끝나는 지점에 동대문을 세우고 갈지자를 하나 더해 낙산의 허함을 보완하려고 하였다.

이상을 보면 나무를 이용한 방풍림은 실질적인 효과가 있고, 물길이 나가는 것을 막아 주는 저수지나 연못 등의 비보도 유리한 영향을 주는 것으로 나타났다.

그러나 비보도 어느 정도 제어할 수 있는 정도가 되어야 가능한 것이지 결함이 심한 지형에서는 소용이 없다는 것을 볼 수 있다. 그러므로 터를 정할 때는 비보의 활용이 가능한 범위 내에서 정하는 것이 좋다.

해방 이후 풍수계를 선도한 3명의 풍수인

해방 이후 우리나라 풍수계에는 걸출한 풍수인 3명이 출현해 선풍적인 붐을 조성했다. 손석우, 장용득, 지창룡 3명을 말하는데, 지금은 모두 고인이 되었지만, 그들의 후학들이 현재 우리나라 풍수계에 다수를 차지하고 있다.

손석우, 장용득, 지창룡

손석우는 그의 책 《터》에서 김일성 죽음을 예언하면서 풍수의 붐을 조성하였고, 김대중 대통령 후보 선영을 하의도에서 용인으로 이장 후 대통령에 오르자 더욱 인기를 구가하게 되었다.

그는 책에서 전주 모악산에 있는 전주김씨 중시조 김태서 묘의 영향을 받은 김일성은 49년간 절대 권력을 행사하다가 1994년 겨울에 운명이 다한다고 예언했다. 그런데 실제 1994년 7월 8일 김일성이 심장마비로 죽자 그의 책《터》는 70만 부가 팔리는 공전의 히트를 치게 된다. 이는 풍수 관련 책으로는 최고의 판매 부수이다.

장용득은 어려운 풍수 이론을 쉽고 간결하게 풀이하여 대중적 강의를 하면서 큰 반향을 일으켰으며, 정·재계 유력자들의 풍수 자문역할을 하면서 이름을 떨치게 되었다. 그중 이병철 회장과의 인연은 널리 알려진 사실이다. 노태우 대통령 시절에는 청와대 이전 프로젝트에 참여하기도 했다.

지창룡은 이승만, 박정희 대통령 시절 동작동 국립묘지와 대전 국립묘지 등을 선정했으며, 대전정부청사를 옮기는 데도 참여하였다. 그 밖에도 이승만 대통령과 육영수 여사 묫자리를 정하였고 1970년대 한강 개발사업에도 관여하는 등 주로 굵직한 풍수를 하였다.

이들은 동시대를 살면서 풍수계에 뚜렷한 발자취를 남겼지만, 각각 추구하는 풍수의 방법 및 이론에 대해서는 많은 차이가 있었다.

손석우는 독특한 외모와 특유의 언변을 바탕으로 신비적 연출을 했으며, 장용득은 현장에서 길흉화복 추리에 뛰어난 감각을 보이면서 대중적 명성을 얻었다. 지창룡은 관상과 역학의 안목을 풍수에 접목하면서 국풍으로 이름을 떨쳤다. 이들 3인으로 인해 1950~2000년까지는 풍수의 르네상스 시대라 해도 과언이 아닐 정도로 국민적 관심이 높던 시기였다.

	생몰년/출생	특기	주요 활동
육관 손석우	1928-1999(72세) 울진	신비주의적 연출 자칭 신안의 경지	풍수 책《터》베스트셀러 김일성 죽음 예언 김대중 대통령 후보 선영 이장 후 당선
하남 장용득	1925-1995(71세) 영양	길흉화복 추리	이병철 회장 풍수 자문 풍수의 대중적 강의 청와대 이전 프로젝트 참여
청오 지창룡	1922-1999(78세) 시흥	관상, 역학, 서화	동작동 국립묘지 선정 대전 국립묘지 선정 한강 개발사업 참여

　손석우는 육관도사로 불리었고 땅속이 유리관처럼 훤히 보인다고 해서 자칭 신안이라 했다. 그리하여 모 방송국에서 그의 능력을 테스트하려고 양측이 합의하여 날짜를 잡았다. 방송국 PD는 야외의 한 장소를 정해서 땅 밑에 무엇이 있는지 육관도사가 알아맞히는 테스트를 하려고 했던 것이다. 그리하여 현장에는 포크레인까지 준비한 상황이었다. 그러나 시간이 지나도 손석우는 나타나지 않으면서 그의 언행은 신뢰를 잃게 되었고, 그 후 그는 여러 문제로 소송에 얽혔다.

　손석우 묘는 가야산 남연군 묘 위쪽에 자리했다. 그의 묘가 들어서기 전에는 정·재계의 많은 사람이 그 땅을 답사했는데, 조건이 맞으면 자신들 선영으로 삼으려는 것이었다. 필자도 당시 모 정치인과 함께 가본 적 있으나 크게 실망했던 기억이 있다. 전통 풍수

손석우 묘

　　　　　해방 이후 풍수계를 선도한 3명의 풍수인

이론에 크게 배치되는 곳이었기 때문이다. 하지만 손석우는 그곳을 자미원(紫微垣) 혈이라 생각했던 것으로 보인다.

"자미원은 어떤 곳인가? 유일무이한 대 명당 터로서 72억의 인구를 다스리는 대제왕지지(大帝王之地)이다. 자미원은 충남 내포에 있다. 그러나 단언하건대 천장지비의 이 자리는 오로지 육관만이 안다. 신안을 갖지 못한 사람은 그 혈을 찾을 수 없게끔 하늘이 교묘히 감추어 놓았기 때문이다. 육관은 오래전에 그 터를 찾아 표시를 해 두었다."

하지만 가야산 묫자리에 대한 매수자가 없자 1999년 손석우 자신의 묫자리가 된 것이다. 당시 그곳은 도립공원이어서 묘를 쓰는 것 자체가 불법이었다. 그럼에도 그의 묘를 보러 오는 사람들이 엄청나게 몰려서 죽어서도 세간의 이목을 끌게되었다.

장용득은 경북 영양에서 부농의 아들로 태어났다. 그의 나이 17세 때 부친이 37세의 나이로 갑자기 죽게 된다. 그리고 부친 사망 이후 느닷없이 집에 불이 나 전소하고 6명의 가족이 연이어 죽으면서 부농의 가세가 크게 기울게 되었다. 계속되는 우환에 그의 모친은 장용득에게 집에 있으면 변을 당할 것 같으니 집을 피해 나가 있으라고 말할 정도로 심각한 상태에 직면하게 되었다.

이때 마을 사람들이 말하기를 선친 묘를 잘못 써서 그런 것 같으니 지관에게 조언을 받아 보라는 권유를 받게 되면서부터 풍수에 입문하게 되었다.

그 후 전국 각지를 다니며 번창한 가문과 쇠락한 가문의 선영을 둘러보면서 어떠한 공통점이 있는지 추적하면서 실무에 능통하게 되었다. 특히 묘지 감정에 뛰어났는데, 한 가지 소개해 보겠다.

김재규가 건설교통부 장관으로 있을 때 자신의 선친이 작고하자 구미에 있는 선영을 장용득에게 감정을 의뢰했다. 그리하여 구미 현장에 도착해 보니 장용득이 보기에 묘 터가 매우 좋지 못했다. 그래서 말하기를 **"이 터는 장남이 3~4년 내에 큰 화를 당할 수 있으니 이곳에 묘를 쓰지 마십시오."**라고 말해 주었다.

그러나 장례식장에서 보고를 받은 김재규는 그대로 작업을 진행하라고 지시한다. 이때가 1975년 무렵이다. 그 후 김재규는 1979년 10월 26일 궁정동 사건으로 인해 화를 당하는데, 결과적으로 장용득 예측이 정확하게 맞은 것이다. 그 후 장용득은 김재규와 접촉이 있었다는 이유로 보안사 조사를 받기도 했다.

장용득 묘

장용득 묘는 남양주시 와부읍 율석리에 있었다. 그곳은 장용득의 부모 묘가 있던 곳이지만, 어느 시점 부모 묘를 고향으로 이장하고 비어 있던 곳을 자신의 못자리로 삼은 것이다. 장용득은 이장할 때 황골 나온 묘 터를 선호했는데, 황골이 나온 곳은 명당이라는 믿음이 강했기 때문이다. 그곳 역시 황

　　　　　　　　　해방 이후 풍수계를 선도한 3명의 풍수인

골 나온 곳이었기에 각별히 좋아했던 것이다. 그러나 그 후 장용득 묘는 영양 일월산 아래로 다시 이장하면서 현재 그곳은 터만 남아 있는 상태다.

지창룡은 경기도 시흥 군자산 아래서 태어나 어린 시절을 보낸 후 일본으로 가서 공업학교를 졸업했다. 그 후 학업을 계속해 철학 박사 학위를 받았고 한국역술인협의회 회장 등을 역임했다. 그는 서예와 그림 등에도 뛰어난 재능을 보였으며, 술을 즐겨해 제자들과 어울리는 것을 좋아했다고 한다.

그의 최초 아호는 군자산인이었다. 그러나 알고 지내던 한약방 주인이 청오(靑奧)로 바꿀 것을 권유하였다.

"선생은 연못에 든 용이오. 큰 용이 고작 작은 연못에 들었으니 힘을 제대로 쓰겠소. 연못일 바에야 이왕이면 시퍼렇게 깊은 못이 좋지 않겠소? 그래서 청오라 지은 것이오. 부디 큰 뜻을 이루어서 승천하기를 바라오."

그의 성이 지씨이고 이름이 창룡(昌龍)인데서 착안한 아호였는데, 청오란 깊고 푸른 연못에 있는 용이라는 심오한 의미가 담겼다.

그의 묘는 연천에 있다. 공교롭게도 그곳 또한 군자산으로 고향 시흥의 산 이름과 같았다. 아마도 그런 점도 터를 정하는데 친숙했을 것이다.

다음은 그의 책《하늘이여 땅이여

지창룡 묘

사람들이여》에 실린 대목이다.

"연천의 땅은 야자형(也字形) 길지였다. 하늘천으로 시작하는 천자문의 끝자가 야자였다. 문장이 끝날 때면 곧잘 쓰이는 글자로 예로부터 훌륭한 학자를 배출하는 명당으로 여겨왔다. 그러나 내가 잡은 이 자리가 명당인지 아닌지 아직은 속단할 수 없다. 나는 명당이라고 생각해서 기쁘게 잡았지만, 아무래도 풍수가 제 명당 못 잡는다는 말이 자꾸 마음에 걸린다."

자신을 낮추는 겸허함과 솔직함은 그의 인품을 짐작할 수 있는데, 후학들은 본받을 필요가 있다.

이상 해방 이후 풍수계 3인의 약력을 소개해 보았는데, 가히 한 시대를 풍미한 풍수인들이라 할 수 있다. 비록 지금은 그들 세대에 비해 풍수가 쇠퇴한 점도 있지만, 그들의 노력이 밑알이 되면서 풍수의 수준이 크게 높아진 것은 고무적인 일이다.

국방부는 국가의 자존심

국방부는 한 나라의 국력을 의미하고 국가의 자존심을 표방하는 곳이다. 따라서 다른 부처와 달리 용맹한 세를 과시할 필요가 있다. 그러기 위해서는 터가 중요한데, 때로는 기선을 제압하기 위해 험상 궂은 모습으로 상대를 압도할 수 있어야 한다. 이러한 지리적 조건 을 충족시키기 위해서는 무엇보다 주산의 힘이 강해야 한다. 주산이 옹색하고 유약하다면 상대가 얕볼 뿐 아니라 군의 사기 진작에 전혀 어울리지 않기 때문이다. 그리고 철통 같은 방어와 보안을 유지하기 위해서는 요새와 같은 지형이 되어 외부 접근이 쉽지 않아야 한다.

결국 국방부 입지는 주산이 당당하면서도 산으로 둘러싸여 은폐 와 엄폐가 유리한 지형이 되어야 한다.

국방부가 자리한 용산의 지리적 조건

대한민국 국방부는 용산 삼각지에 자리하고 있다. 용산까지 이르 는 산줄기는 멀리 북한산에서부터 시작되어 보현봉 – 북악산 – 인 왕산 – 남산 – 둔지산으로 이어지고 있다. 풍수 논리에 의하면 북한 산이 태조산이 되고, 남산이 주산이며, 둔지산이 최종적으로 혈을

맺는 현무정이 된다. 산줄기가 장엄
하면서도 누에가 탈을 벗듯 완벽하
게 탈바꿈하고 있다.

남산과 둔지산

따라서 산이 멈추는 둔지산 아
래가 핵심 혈처가 되는데, 고려 시
대부터 현재에 이르기까지 둔지산
아래를 차지한 집단이 한반도를 지
배했었다.

고려 말에는 몽고군이 차지하였고, 임진왜란 때는 왜군이 주둔했
으며, 임오군란 때는 청나라 군대가 자리하였다. 또 조선을 병탄한
일본은 이곳 둔지산 아래 조선 주둔 일본군사령부와 조선총독부 관
저를 설치하고 2만 명의 병력을 주둔시켰다.

그리고 해방 직후부터 얼마 전까지는 미군이 둔지산을 차지하고
있었다. 용산에서도 둔지산을 차지한 집단이 한반도를 지배했을 뿐
아니라 세계 최강대국이었음을 상기할 필요가 있다.

용산 삼각지에 자리한 국방부는 둔지산(65.5m) 뒤편에 입지해서
남산을 바라보는 북향이 되었다. 면배 중 배에 해당되면서 터를 받
쳐주는 주산이 없다. 주산이 없으니 배산임수를 이루지 못하였고 좌
청룡 우백호도 없다. 풍수에서 요구하는 장풍의 조건을 갖추지 못했
기 때문에 외풍에 속수무책의 땅이 되고 말았다.

무악재부터 시작된 물길은 서울역을 지나 삼각지를 거쳐 한강으

　　　　　　　　　　　　　　　국방부는 국가의 자존심

로 빠진다. 물길이 직수로 흘러와 치고 빠지고 있으니 장풍과 득수 그 어느 것도 이루지 못하였다.

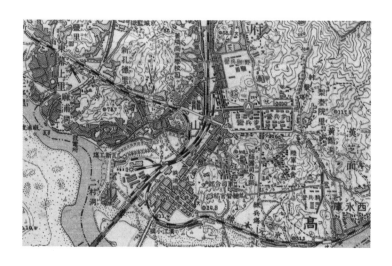

고지도를 보면 일본군 중에서도 핵심 되는 군사령부는 둔지산 밑에 자리하였고, 현재의 국방부 터는 보병부대가 주둔하던 곳이다. 조선을 침략한 일본군도 터를 가려 입지한 것을 볼 수 있다.

일본군이 물러난 뒤에 둔지산은 주한미군 차지가 되었는데, 혈처를 미군에 내어 주고 둔지산 바깥에 옹색하게 자리한 국방부는 현재의 처지를 그대로 보여 주는 듯하다. 주인이 안방을 빼앗기고 머슴이 살던 골방에 앉아 군령을 하달하려 하지만, 올바른 영(令)이 설리 없다.

신도안에 터를 잡은 3군 사령부

현재 신도안 내 3군 사령부 건물은 조선 왕조가 계획했던 천황봉을 주산으로 삼는 입지와는 다르게 노적봉을 주산으로 삼아 배치하였다. 하지만 일자문성의 노적봉은 부를 추구하는 기업체에나 어울릴 뿐 강력한 군사력을 표방해야 할 3군 사령부 이미지와는 어울리지 않는다. 더구나 노적봉 뒤편은 특별한 봉우리가 없어 밋밋한 형태로 줏대 없는 모습이니 상대가 깔보기 십상이다.

더욱 불리한 것은 사령부 건물 좌우에서 합수된 물이 정면으로 1km 곧게 흐르는 형태가 되었다. 마치 밑 빠진 독처럼 물이 빠지고 있으니 한 나라의 국방을 책임지는 사령부 건물로서는 치명적 결함이 된다.

이상 살펴본 바와 같이 대한민국의 군사력을 표방하는 국방부와 3군 사령부는 입지가 크게 불리한 것을 볼 수 있다. 국방부와 3군 사령부 두 곳은 국방력과 자존심은커녕 참담하기 짝이 없는 입지에 자리한 것이다. 이와 같은 상태에서는 군사적 주권은 고사하고

신도안 3군 사령부와 물길

주변 열강의 틈바구니에서 헤어나지 못하게 된다.

따라서 대한민국 군대가 위상을 드높이고 군사 강국이 되기 위해서는 무엇보다 시급하게 국방부와 3군 사령부를 강건한 입지로 옮

국방부는 국가의 자존심

겨야 한다. 터가 좋으면 군사 강국의 메커니즘은 해결이 되는데, 이는 땅의 논리이자 풍수의 이치다.

백 번을 양보해서 필자의 논리가 비약되었다 할지라도 진인사대천명이라 했으니 시도해 볼 가치는 충분하다. 주어진 땅조차 활용하지 못하는 것은 더 큰 어리석음이기 때문이다.

계룡산 천황봉

계룡산 천황봉 아래가 궁궐을 짓고자 했던 곳이다. 조선 초 천도 후보지를 살피던 이성계는 무학대사와 함께 이곳을 둘러보고 신도 건설을 시작한다. 하지만 10개월간 진행되던 공사는 하륜의 상소 한 장으로 무산되고 만다. 당시 하륜이 말한 천도 불가 이유 중 결정적인 것은 계룡산이 북서쪽에서 오고 물은 동남쪽으로 흐르기 때문에 《지리신법》 풍수 이론을 적용하면 쇠패의 땅이 된다는 것이다. 하지만 실제 현장에서 보면 하륜이 우려했던 것과 달리 물 빠짐은 전혀 보이지 않는다.

여기서 잠깐 하륜의 상소에 주목할 필요가 있는데, 하륜의 상소는 **"지금 듣기로 계룡의 땅은(今聞鷄龍之地)"**으로 시작된다는 점이다. 이는 하륜이 신도안을 직접 보고 상소를 올린 것이 아니라 남의 말을 듣고 상소를 올렸다는 것을 뜻한다.

만약 하륜이 신도안 지형을 직접 살피고 상소를 올렸다면 상소의 문장은 **"신이 보기에 계룡의 땅은(臣見鷄龍之地)"**으로 시작되어야 한다.

따라서 신도안에 대한 하륜의 평가는 처음부터 재검토되어야 한다.

국방부 입지로 이상적인 지리적 조건은 주산이 우뚝하면서도 힘이 있는 형태가 되어야 한다. 이럴 때는 다소 거친 모습이어도 상관없다. 열강에 둘러싸인 지정학적 불리함 속에서 작지만 강한 나라를 표방하기 위해서는 때로는 터프한 행동도 필요하기 때문이다.

그러한 맥락에서 보면 계룡산 천황봉(845m)은 암석으로 이루어졌으면서도 기품이 있고 주변의 산을 압도하는 모습이다. 따라서 계룡산 천황봉은 강력한 군사력을 표방하기에 적격이며, 사방이 산으로 둘러싸인 분지는 은폐와 엄폐에 유리해 철저한 보안을 유지할 수 있다.

더욱이 수구처에 우뚝 솟은 위왕산(衛王山, 257m)은 물 빠짐을 단속하면서 신도안 터를 지켜주고 있다. 위왕산이란 왕을 호위하는 산이란 뜻이다.

고서에서 말하기를, 이처럼 수구처에 험한 암석으로 이루어진 산

국방부는 국가의 자존심

위왕산

이 우뚝 솟은 경우 그 상류에 지극히 귀한 땅이 있다고 하였다. 계룡산과 위왕산의 형세가 마치 주군과 장수가 각자의 위치에서 소임을 다하는 것 같다. 이로 인해 이곳은 그 누구도 쉽게 넘볼 수 없는 최상의 전략적 요충지가 되었다. 그토록 오랜 세월 수많은 사람에 의해 회자한 땅이라면 다시 한번 진지한 접근이 필요한 시점이다.

서울에서는 북악산이 머리를 숙여 바라보는 삼청동이 국방부 터로 제격이다. 지형 지세가 마치 용맹스러운 매가 둥지를 보살피는 듯한 모습이다. 삼청동 지형을 남산에서 바라보면 북악산이 혈처를 응시하면서 사방이 산으로 둘러싸인 분지형이다. 멀리 뒤편에는 북한산과 보현봉이 든든하게 뒤를 받치고 있으며, 곳곳의 험한 암석은 강한 기운을 내뿜고 있다. 형상만으로도 상대를 초전에 제압할 수 있는 곳이다.

병풍같이 펼쳐 준 응봉 줄기는 좌청룡이 되고 인왕산은 크게 감싸면서 우백호가 되었다. 겹겹이 에워싼 산줄기로 인해 외부에서 전혀 보이지 않는 요새와 같은 지형이다. 더욱이 북악산 품안에서 나오는 삼청동의 풍부한 수량은 누구의 도움도 필요 없는 자존감을 표방할 수 있다.

국방부는 국가의 자존심

삼청동 지세

　이처럼 신도안과 삼청동 두 곳은 강력한 군사력을 표방하기에 최적의 땅이다. 따라서 국방부 등의 입지로 적극 활용할 필요가 있다. 국방부와 3군 사령부를 모두 옮겨라!

　　　　　　　　　　　　　　　　　국방부는 국가의 자존심

청와대 대통령 관저의 풍수는 어떠한가

필자는 청와대 입지의 불리함에 대해 오래전부터 주장한 바 있다. 그런데 우연인지 몰라도 2022년 윤석열 정부는 대통령 집무실을 청와대에서 용산으로 옮겼다. 필자 또한 주장에 대한 책임이 있다고 보는데, 이념을 초월해 용산 대통령실 시대가 국익에 큰 도움이 되기를 진심으로 바라는 바이다.

참고적으로 청와대 입지의 불리함은 크게 3가지로 요약할 수 있다.

북악산의 외면

첫째, 풍수에서 주산은 터의 부귀빈천을 좌우하는 결정적인 것인데, 주산 북악산은 경복궁과 청와대를 향하지 않고 고개를 돌려 외면하고 있다는 것이 결정적인 문제점이다. 어머니로부터 외면당한 품 안이 편할 수 없듯이 주산으로부터 버림받은 땅은 결코 좋은 땅이 될 수가 없다.

둘째, 풍수의 핵심은 장풍득수로 바람을 막고 물을 얻는 것이다. 그러나 경복궁과 청와대는 자하문고개가 깊이 함몰해 북서풍이 끊

임없이 치는 곳이다. 이러한 고갯마루 바람을 맞으면 풍파가 많다고 하는데, 경복궁과 청와대에 유난히 사건 사고가 많은 것은 이와 무관하지 않다.

셋째, 모든 산에는 반드시 면배(面背)가 있다. 좋은 땅은 당연히 산의 앞쪽 면(面)에 생기는 법이다. 하지만 경복궁과 청와대는 북악산이 머리를 돌려 외면하면서 산의 배(背) 부분에 위치한 것이 된다. 그렇다 보니 경복궁과 청와대는 북악산 품 안에서 나오는 물을 받지 못하고 북악산 뒷면과 인왕산 계곡에서

관저 뒤편 바위를 깬 흔적

나오는 물에 의존할 수밖에 없게 되었다. 이는 생리학적으로 오수(汚水)에 해당하는데, 깨끗한 물을 마셔야 신체와 정신이 건강할 것은 자명한 일이다.

역대 대통령들이 거주하고 집무하던 청와대는 2022년 전면 개방하여 누구나 관람할 수 있게 되었다. 권위주의 시대의 상징처럼 여겨지던 청와대가 열리자 수많은 사람이 관람하게 되었다.

필자도 3차례 답사하여 곳곳을 둘러보는데, 가까이서 보니 험한 바위가 많아서 터가 센 곳이라는 것을 실감할 수 있었다. 특히 대통령 관저의 모순되고 불리한 점이 눈에 뜨였다. 이제는 대통령이 거

청와대 대통령 관저의 풍수는 어떠한가

처하지 않는 곳이지만, 관저의 문제점을 몇 가지 지적해 보겠다.

예전 구청와대는 일제강점기 때 총독 관저였다. 그러나 해방 이후부터 대통령이 사용하면서 1층은 집무실, 2층은 관저로 이용했다. 그

리하여 이승만, 윤보선, 박정희, 최규하, 전두환 대통령까지 관저와 집무실이 한 건물에 있었다.

그러나 노태우 대통령 시절 청와대 입지가 좋지 않다는 주장이 제기되면서 청와대 본관을 현재의 장소로 옮기게 되었고, 이때 관저를 새로 지으면서 집무실

구청와대본관

과 관저를 분리하게 되었다.

현재의 대통령 관저는 1989년 오운정 정자가 있던 것을 옮기고 그 터에 관저를 지었다. 그런데 북악산 자체가 험한 산이다 보니 관저 주변도 온통 험한 암석으로 이루어졌다. 풍수에서 말하기를, 험한 바위가 어지럽게 널린 곳은 가세가 가난해지고 흉한 일이 많다고 했다(險石散亂家勢貧多凶敗).

험한 바위는 찬 기운이고 흙은 따뜻한 기운이기 때문에 거처하는 집은 되도록 험한 암석을 피해서 집을 짓는 법이다. 물론 불심을 닦고 수양을 목적으로 하는 사찰 등은 험한 바위가 많은 곳도 있지만, 일반인들이 거주하는 집과는 근본적으로 용도가 다른 것이다. 더구

나 국정을 운영하는 대통령 관저라면 어떤 곳보다 편안하고 안정적이어야 함은 두말할 것 없다. 결국 청와대 내에서도 험한 암석에 둘러싸인 대통령 관저는 찬 기운과 음기가 가득한 곳이 되고 말았다.

관저 뒤편의 험석

관저 뒤편 바위를 깬 흔적

관저 뒤편에는 장독대가 있는데, 햇빛 한 점 들어오지 않는 그곳에 장독대를 둔 이유를 모르겠다. 그런데 장독대 옆 코너 지점은 칼날 같은 계곡을 이루고 있다. 풍수에서는 집 가까이 날카로운 계곡이 있으면 집을 치는 형상이라고 여겨 불리하게 여긴다. 그곳에는 항상 물이 흐르는데, 계곡물은 관저 한가운데를 가로질러 녹지원으로 흐른다. 결국 관저는 의도치 않게 수맥 위에 자리한 셈이 되고 말았다. 흉한 계곡은 관저 뒤편 산책로의 석조 불상 근처에서 확연히 볼 수 있다.

참고로 양주 회암사지에도 이처럼 칼날 같은 계곡이 있는데, 이를 흉하게 여겨 커다란 부도 탑을 세워 비보했던 것이다.

청와대 대통령 관저의 풍수는 어떠한가

장독대 옆 날카로운 계곡

관저는 'ㄱ'자 형태로 이루어졌다. 이때 주 건물은 배산임수를 하여 남향으로 자리하는 것이 이상적인 배치가 된다. 상대적으로 부속 건물은 좌우에 도열하는 형태가 되어야 주종의 질서가 있게 된다.

밖에서 보았을 때는 관저가 북악산을 등지고 남향으로 자리한 것처럼 보인다. 그래서 인수문을 들어간 관람객은 누구나 할 것 없이 우측에 있는 남향의 공간이 대통령 침실과 거실이라 생각하게 된다. 그러나 그곳은 접견실이라 쓰여 있는 푯말을 보고 모두가 의아한 생각을 하게 된다.

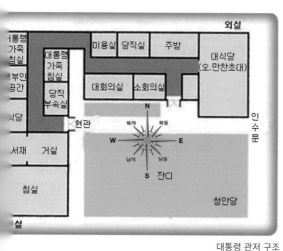

대통령 관저 구조

사람 생각은 모두 비슷한데, 뭔가 석연치 않다는 생각을 하는 것이다. 구조만 보면 대통령 침실 등의 공간은 부속 건물에 있는 것처럼 보이기 때문이다. 마치 주객이 전도된 모습이니 주인이 손님에게 안방을 내주고 구석진 골방에 거처하는 것 같은 모습이 되고 말았다. 이러한 배치는 대통령으로서의 품위는커녕 뜨내기손님 같은 옹색한 형태가 되었다. 5년 만 살고 나갈 것이라는 생각 때문인지 주인의식이 결여된 모습이 아닐 수 없다.

풍수는 일반 상식적인 수준과 보편타당성을 크게 벗어나지 않는다. 하지만 대통령 관저는 입지부터 배치까지 우리의 생각을 뒤엎는 파격적인 모습에 실망을 금할 수 없었다.

가장 왼쪽부터 침실, 거실, 현관, 주방

관저 출입문 인수문은 동쪽에 있다. 한옥에서의 대문은 모든 기운이 출입하는 곳으로 여겨 대문 위치를 중요시했다. 이때 대문 앞

청와대 대통령 관저의 풍수는 어떠한가

인수문 앞 지형

은 비가 오면 빗물이 고일 정도로 평탄한 지형이어야 한다. 반면에 빗물이 쓸려 내려가는 지형이라면 기운도 함께 빠진다고 여겨 불리하게 여긴다.

고전에서 말하기를, 터가 기울면 좋은 터가 될 수 없으며, 백약이 무효라고 했다.

이곳 관저는 인수문 앞으로 경사가 심해 터 앞으로 속수무책 빗물이 빠져나가는 지형이 되었다. 그렇다면 차라리 인수문 앞에 작은 연못을 조성해 수기(水氣)를 모을 수 있는 보완책이 필요했는데, 이곳은 소나무만 있어 실질적인 비보의 효과가 전혀 없다.

한편, 일반 가정집도 대문과 거실 출입문을 일직선으로 배치하지 않는 법이다. 외부의 부정한 기운이 대문과 거실 현관을 통해 일직선으로 들어오는 것을 차단하려는 의도였다. 그래서 오래된 고택 등을 보면 대문 앞에 가림벽이나 혹은 이중문을 만들어 집 내부의 기운이 빠져나가지 못하게 보호했던 것이다. 그러나 이곳은 인수문부터 거실 현관까지 일직선으로 배치함으로써 일반인들도 하지 않는 불리한 동선이 되고 말았다.

이상 살펴보았듯이 청와대 내에서 대통령 관저는 험한 암석 주변에 자리하면서 근본적으로 입지 자체가 흉한 곳이라는 문제가 있다.

또 관저 뒤편의 날카로운 계곡이 관저를 치는 불길한 모습이고 그로 인해 집 밑으로는 수맥이 흐르는 집터가 되고 말았다. 그리고 대문 앞 심하게 경사진 지형은 집 내부의 기운이 빠져나가는 불리한 지형이다.

더구나 관저 내에서 가장 중요한 침실과 거실이 배산임수를 이루지 못하고 부속 건물 같은 곳에 위치하면서 주객이 전도된 모습은 이해할 수 없는 부분이다.

결론적으로 청와대와 대통령 관저는 실속 없이 겉멋만 잔뜩 부린 하드웨어에 소프트웨어마저 형편없는 곳이다. 이처럼 모순투성이 공간에서 대통령이 거주했다는 것이 놀라울 따름인데, 청와대를 국민에게 돌려주고 용산으로 이전한 것은 백번 잘한 일이다. 따라서 대통령실이 입지의 불리함이라는 리스크를 해결했으니 새로운 터에서 부강한 대한민국이 될 수 있도록 정치만 잘하면 된다.

일반인들은 청와대 대통령 관저의 배치를 반면교사로 삼아 집의 설계와 배치에 신중할 필요가 있다.

지형지세는 암 발생에 영향을 준다

히포크라테스는 자신의 저서에서 의사가 새로운 장소에 도착했을 때 먼저 살펴야 할 것으로 다음과 같은 것을 강조하였다.

- 의사는 먼저 각 계절의 차이를 알아야 하고, 계절 특성에 따라 어떤 질병이 유행하는지를 파악해야 한다.
- 해가 어떤 방향에서 뜨고 지는지를 고려해야 한다. 천체의 운동으로부터 계절에 따른 기후 변화를 알 수 있기 때문이다.
- 의사는 바람에 관해서도 따뜻한 바람인지 혹은 어느 쪽에서 부는 바람인지 구별할 수 있어야 한다. 바람에 따라 체질이 달라질 수 있기 때문이다.
- 물의 상태를 확인해야 한다. 물도 맛이나 무게에 따라 천차만별이고 건강에 이로운 물과 해로운 물이 있기 때문이다.
- 땅의 성질에 관해서 습기가 있어 수목이 잘 자라는 땅인지 혹은 따뜻한 성질의 땅인지 차가운 성질의 땅인지를 판단해야 한다.
- 의사는 주민의 생활양식과 관련해 음주 습관이나 선호하는 음식 그리고 하루의 식사 빈도를 살펴야 한다.

히포크라테스는 의학의 과학적 연구와 치료를 위해 지질학, 풍속학, 기후학, 천문학, 지리학 등을 폭넓게 알아야 환자를 용이하게 진료할 수 있다고 역설하였다. 기후와 풍토가 건강에 큰 영향을 준다는 것이다.

2014년 건강보험공단에 재직 중인 한 대학원생은 흥미로운 논문을 발표하였다.

"암 발생률이 높은 지역의 지형은 어떠할 것인가?"

우선 2008년부터 2012년까지 최근 5년간 암 발생률을 조사해 보았다. 이는 건강보험공단에서 제공하는 것으로 암 환자로 판명된 후 종합병원에서 진료 및 치료를 받은 기록에 의한 것이다. 여기서 말하는 암 환자는 주요 암 5가지로 위암, 간암, 폐암, 대장암, 유방암, 자궁암을 말한다.

어느 지역에 암 진료 환자 수가 많다는 것은 곧 그 지역의 암 발생률이 높다는 것을 의미하는데, 조사해 본 바를 정리하면 다음과 같다.

	암 환자가 적은 지역	암 환자가 많은 지역
산세	낮은 야산 또는 구릉	크고 험한 지형
지형	평지, 분지	좁은 골짜기
주거지와 산의 거리	산에서 멀리 떨어짐	산에서 가까운 곳에 위치함
물길의 폭	폭이 넓다	폭이 좁다
유속	차분하다	빠르다
풍속	잔잔하다	세다
풍향	수시로 바뀐다	일정한 방향에서 지속적으로 분다
일조량	풍부	부족
하늘의 조망	넓게 보인다	좁게 보인다
암석의 유무	암석이 적다	암석이 많다
지역의 명암	밝다	어둡다
논밭의 크기	넓다	없거나 좁다
기타		안개 발생이 잦다

- 암 환자가 많은 지역은 대체로 산이 크고 험한 곳이었다.
- 산이 낮아도 골짜기가 많은 곳에서는 암 질환 발생이 많았다. 따라서 산의 크기와 높이보다는 지형이 더 큰 문제가 되는 것을 알 수 있다.
- 평지보다 산에서 가까운 곳에 위치하는 경우 암 환자가 많았다.
- 지역을 관통하는 물길의 폭이 좁고 길면서 유속 또한 빠른 곳에서 암 환자가 많았다.
- 골짜기 지형인 관계로 일조량이 적고 논밭을 형성하지 못했다.
- 주변에 험한 암석이 많았다.
- 안개 발생이 잦은 곳으로 운무의 이동을 자주 목격할 수 있었다.

이상을 요약하면, 암 환자가 적은 지역은 대부분 산이 낮고 평지를 이룬 저지대에 위치하고 있었다. 상대적으로 암 환자가 많은 지역은 산골짜기 험한 지형이 대부분으로 산곡풍 영향이 심한 곳이었다.

요즈음 들어 물 맑고 공기 좋은 곳이라 해서 산속 깊은 곳에서 요양하려 하는데, 그러한 곳은 오히려 치명적인 독이 될 수 있다. 물론 맑은 물과 깨끗한 공기 등의 좋은 환경은 병 치료에 필수 조건이다. 하지만 깊은 산속에서는 오히려 산곡풍이 발생하여 인체의 건강에 독이 된다는 사실을 잊지 말아야 한다.

특히 바위와 계곡으로 이루어진 험한 지형에서 암 환자가 많은 것으로 보고되고 있는데, 화강암 지대에서는 발암물질인 라돈가스 발생이 많다는 연구 결과도 시사하는 바가 크다. 따라서 기암괴석이 많은 험산에서 일시적인 힐링은 좋지만, 장기적인 생활은 재고되어야 한다.

당신이 건강하게 살고자 한다면 넓게 평지를 이룬 지형이나 또는 흙이 두터운 육산(肉山)에 터를 정할 것이다.

지형지세는 암 발생에 영향을 준다

홍성은 어떤 곳이기에
이토록 강직한 인물의 배출이 많은가

홍성은 인물의 고장이라는 자부심이 대단한 곳이다. 그래서 홍성군은 매년 홍성 역사인물축제를 개최하여 자긍심을 고취하고 있다. 이 축제는 홍성이 배출한 많은 인물 중에서도 역사적으로 이름 있는 여섯 분에 대한 추모와 홍보의 장이다.

여섯 분은 고려말 충신 최영 장군, 사육신 중 한 명인 성삼문, 한국 무용의 대가로 불리는 한성준, 일제강점기 때 민족대표 33인 중 한 명인 한용운, 청산리 전투의 영웅 김좌진 장군, 한국 현대미술의 거장 이응노 화백이다. 역사 인물 6인의 성품은 충절, 강직, 기개 등으로 표현할 수 있는데, 부러질지언정 굽히지 않는 대쪽 같은 성품을 지닌 분들이다. 홍성의 인물 중에는 조선 시대 청난공신이고 병마절도사를 지낸 임득의 장군도 있는데, 그는 임진왜란 때 내란으로 위기에 처한 홍주성을 지킨 장수이다. 그의 후손에서 8명의 독립유공자를 배출한 충절의 가문이니 홍성의 자랑이다.

그 외에도 근대에 정관계 쪽에는 유태흥 대법원장, 이현재 국무총리, 서상철 동력자원부장관, 조부영 국회부의장, 이병기 국가정보원장 등이 있고, 연예계에서는 최근에 혼을 담은 목소리의 소리꾼 장사익도 빼놓을 수 없다.

그뿐인가. 홍주의사총은 1905년 이 지역 의병들이 일제에 맞서 홍주성에서 치열한 전투를 벌이다 순절한 이름 모를 수백 명의 유해를 모신 곳이다.

이것을 보면 예로부터 홍주 사람들은 불의에 타협하지 않는 정신적 DNA가 면면히 이어지고 있을 뿐 아니라 그 정신을 자랑스럽게 여기고 있다는 것을 알 수 있다.

강직한 성품은 한 우물을 파는 예술적 재능으로도 나타나서 문학과 미술, 음악에서도 뛰어난 소양을 발휘하고 있으니 홍성은 충절과 예향의 고장이라 할 수 있다.

홍주읍성

홍성은 조선 시대에는 홍주로 불리었으나 일제강점기 때 홍주군과 결성군을 합치면서 홍성군으로 바뀌었다. 그러나 일제가 지명을

홍성은 어떤 곳이기에 이토록 강직한 인물의 배출이 많은가

바꾼 것은 홍주에서 독립운동의 주도적인 인물들이 많이 나오자 홍주의 정체성을 말살하기 위한 의도였다고 한다.

도대체 홍성은 어떤 곳이기에 이토록 올곧고 기개 높은 인물들의 배출이 많은 것인지 풍수인의 시각에서 접근해 본다.

풍수는 환경 결정론적 사고에서 출발한다. 환경 요인은 그곳에 사는 사람들의 부귀빈천뿐 아니라 의식의 형성까지도 영향을 미친다고 보는 사회과학 이론이다. 따라서 특정 지역에서는 체형, 얼굴 모습, 성격 등이 유사한 경우가 많다. 구체적인 환경 요인은 기후, 풍토, 산세, 물길 등으로 모두 풍수지리에서 중요하게 다루는 요소들이다.

홍성은 서쪽이 높고 동쪽이 낮은 서고동저 지형이다. 이런 지형으로 인해 이른 아침부터 해를 받기 유리한 지형이니 근면한 고장이라 할 수 있다. 서고동저는 홍성이 백월산과 용봉산을 의지해서 자리했기 때문이다. 백월산에서 발원한 월계천, 홍성천 등의 크고 작은 물길은 삽교천과 합수되어 북쪽으로 흘러 바다에 이른다.

홍성의 중심지는 월계천과 홍성천이 합수되는 곳이다. 물이 모이는 이 부근에 홍성군청과 전통시장 등이 있고 인구가 밀집된 것은 당연하다.

백월산은 홍성의 진산으로 불린다. 진산이란 주산의 포괄적 의미인데, 지역을 대표하는 산으로 예로부터 신성시하였다. 그래서 백월산 정상에서는 매년 홍성의 안녕을 기원하는 제를 지내고 있다.

용봉산

백월산(394m)과 용봉산(381m)은 높지 않지만 유독 암석이 많다. 전설에 의하면 백월산 장수와 용봉산 장수가 소향이라는 여인을 차지하기 위해 서로 상대방에게 돌을 던지며 싸웠다고 한다. 이때 백월산 장수가 훨씬 많은 바위를 용봉산으로 던져서 소향을 차지했다고 한다. 그때의 싸움 흔적으로 용봉산에 지금과 같이 바위가 많아지게 되었다고 한다.

산에 암석이 많다는 것은 터의 기운이 세다는 뜻인데, 그래서인지 백월산 곳곳에 무속신앙 기도처가 많다. 터의 기운이 센 곳에서 기도를 해야 영험한 기운을 받을 수 있다고 믿기 때문이다.

풍수에는 땅이 단단하면 사람이 강하고 땅이 무르면 사람도 유약하다는 말이 있다. 백월산과 용봉산은 기암괴석이 많은데, 산 자체는 높지 않지만 산이 품고 있는 기품은 누구도 범접할 수 없는 강인한 성품과 기개를 내포하고 있다. 한마디로 한 고집 하는 산으로 자신의 소신을 절대 굽히지 않는 역사 인물 여섯 분의 성품을 그대로 대변하는 것 같다.

홍성의 역사 인물 여섯 분의 생가는 모두 두 산과 가까운 곳이다. 이들은 백월산과 용봉산을 바라보면서 두 산의 기질을 닮게 되니 이것이 지령인걸인 것이다.

홍성은 어떤 곳이기에 이토록 강직한 인물의 배출이 많은가

어디 그들뿐이랴. 홍주의사총에서 보듯 홍성 사람들은 충청도 양
반이라는 자부심 속에서도 나라의 위기에는 가장 먼저 앞서는 정의
감과 불의와 타협하지 않는 올곧은 선비 정신은 백월산과 용봉산에
서 기인한다고 볼 수 있다.

홍성에는 두 곳의 명당이 있다.

한 곳은 홍주의사총이다.
백월산에서 시작된 산줄기가
매봉재 뒤편에서 주산을 만
들고 남향으로 이어지다가
월계천과 홍성천이 합수되는
지점에서 멈추었다. 용은 물
을 만나면 멈추는데, 목마른
용이 물을 만났으니 갈룡음

홍주의사총

수(渴龍飮水)의 묘 터이다. 비록 이름조차 알 수 없는 합동 묘이지만
양지바른 곳에서 수많은 사람의 향화를 받는 곳으로 그 어떤 고관대
작 묘와도 비교할 수 없는 명당이다.

또 한 곳의 명당은 홍주향교이다. 이곳 역시 매봉재에서 연결된
산줄기 끝에 자리했다. 전국 대부분의 향교는 풍수 명당에 자리했는
데, 그중에서도 홍주향교는 산줄기 흐름이 중후한 곳이다. 혈의 부
귀빈천은 오로지 용세에 달린 것이므로 예사롭지 않은 곳이다.

두 곳의 명당은 우열을 가리기 힘들지만, 홍주의사총은 물과 가

까이 있으니 재화가 풍족한 곳이고, 홍주향교는 산줄기가 차분하고 묵직하니 귀한 인물을 배출하는 터이다.

- 최영

뛰어난 용맹과 굳은 절개로 고려의 마지막 충신이었다. 왕 다음 가는 지위의 재상이었지만, 황금 보기를 돌같이 하라는 좌우명을 지키면서 청렴결백하게 살아 만인으로부터 추앙받던 장수였다. 요동 정벌을 반대하던 이성계에 의해 죽임을 당한다.

- 성삼문

사육신 중 한 명으로 대표적인 조선의 충신으로 불린다. 수양대 군이 조카인 단종의 왕위를 빼앗자 단종 복위 운동을 결심하고 세조를 제거할 계획을 세웠으나 계획이 발각되면서 39세에 부친 성승과 함께 능지처참을 당했다.

세조가 심문할 때도 성삼문은 세조에게 주상이라 하지 않고 나으리라고 했을 정도로 절개와 지조가 높았다.

- 한성준

우리나라 전통춤을 예술의 경지로 끌어올린 인물이란 평가를 받는다. **"춤은 뼈 삼천 마디를 움직여야 비로소 진정한 춤이 된다."**라는 말로 매사 진정성이 있어야 함을 강조했다. 선생은 숨을 거두면서 수의 대신 태평무 의상을 입혀달라고 유언했다고 한다. 많은 제자에 의해 태평무, 승무, 학춤, 살풀이춤 등이 계승되고 있다.

● 한용운

일제강점기 때 승려이자 시인이며 독립운동가였다. 3·1운동 당시 민족 대표 33인 중 한 명이었다. 탑골공원에서 체포된 만해는 서대문형무소에 수감되었는데, 함께 잡혀 온 민족 대표들이 일제의 고문과 위협에 두려워하는 나약한 모습을 보이자 인분을 퍼부었다고 할 정도로 강골이었다. 〈님의 침묵〉은 만해가 1926년 발표한 대표적인 시다.

● 김좌진

만주 청산리 전투에서 일본군을 크게 섬멸한 무장 독립운동의 영웅으로 불린다. 일본군은 독립군을 섬멸하겠다고 2만 5,000명의 대규모 군대를 동원해 쳐들어 왔으나 1/6의 적은 병력에도 탁월한 작전과 기습공격 등으로 일본군을 대패시켰다. 이때의 전투를 독립신문에서는 **"김좌진이 이끄는 600명과 홍범도가 이끄는 300여 명의 독립군이 10여 차례 전투에서 일본군 1,200명을 격살했다."**라고 보도하였다.

김좌진의 아들은 김두한으로 장군의 아들로 불린다.

● 이응노

한국 현대미술의 거장으로 불리며 동양화와 서양화를 접목시킨 화풍으로 우리나라보다 외국에서 더 이름이 알려진 화가다. 프랑스 파리에서 작품 활동을 할 당시 6·25전쟁 때 월북한 아들의 소식을 들으러 동베를린에 있는 북한대사관을 방문한 것이 간첩으로 몰려

무기징역을 선고받고 수감된다(1967년).

　그는 수감 중에도 휴지에 간장과 김칫국물로 그림을 그리며 300
여 점에 달하는 작품을 남겼다고 할 정도로 열정적인 작가였다.
1989년 86세의 고령에도 작품을 그리다가 생을 마감했다.

이응노 화백 작품

　홍성은 어떤 곳이기에 이토록 강직한 인물의 배출이 많은가

5·16 군사정변을 계획하고 성공한 박정희 대통령 신당동 가옥

박정희 대통령 신당동 가옥은 그가 육군 제7사단장이던 1958년 5월부터 1961년 8월까지 3년 3개월 동안 육영수, 박근혜, 박근령과 함께 거주하던 집이다. 이곳으로 이사하고 얼마 지나지 않아 박지만이 태어나게 된다. 집 크기는 100평 규모의 단독주택이고 지상 1층, 지하 1층 구조로 방은 서재를 포함해 3개였다. 부엌은 입식으로 당시로서는 서구식 문화주택이었다.

동숭동에 살던 육영수 여사는 마당이 넓은 집을 찾아 이곳으로 이사했다. 이사하고 나서는 검은색 지붕을 붉은 기와로 바꾸었고 대문을 크고 넓게 수리했다. 처음의 대문은 좁고 낮아서 고개를 숙이고 다녀야 했는데, 장군 신분의 남편을 위엄 있게 하기 위해서는 대문부터 당당해야 한다는 내조의 뜻이 있었던 것이다.

신당동 가옥

지붕의 색을 당시로서는 파격적인 붉은색으로 바꾸고 대문도 웅
장하게 바꾸자 집의 외형적인 모습이 단연 돋보이는 집으로 바뀌었
다. 사람은 집을 닮고 집은 사람을 닮는다고 했으니, 육영수 여사는
이곳으로 이사하면서 더 큰 포부가 있었다는 것을 짐작할 수 있다.

육영수 여사의 내조를 바탕으로 박정희 장군은 신당동 집에서 5·
16 군사 정변을 계획하고 실행했으며, 성공했다. 한국 현대 정치사에
서 중요한 역사의 현장인 것이다. 군인으로 출세하고 안정적인 가정
을 누리며 남부러울 것 없던 그가 이곳으로 이사 와서는 도전적으로

1967년 모습

변하는 것인데, 이곳 집의 기운
이 어떠한지 풍수로 살펴본다.

남산에서부터 이어진 산줄기
는 응봉동을 지나 무학봉(90m)
까지 와서 옹골찬 봉우리를 곧

추세운다. 터의 부귀빈천은 오로지 주산의 봉우리에서 기인하는 것이기 때문에 예사롭지 않은데, 마치 엄지손가락을 곧추세운 듯한 형태는 보스 기질이 다분한 봉우리다.

무학봉에서 이어진 용맥은 용틀임을 하듯 크게 좌우로 꿈틀대다가 신당동 가옥에 이르러 차분히 멈추었다. 신당동 가옥은 무학봉 기운을 고스란히 받는 위치에 자리한 것이다.

참고로 노련한 낚시꾼은 입질의 모습만 보고도 물고기 크기를 짐작할 수 있듯이, 경험 많은 풍수인은 꿈틀거리는 산줄기 용맥을 보고 혈의 진위와 역량을 가늠할 수 있는 법이다. 그리고는 무학봉 산줄기 끝에서 남산을 바라보는 남서향의 회룡고조(回龍顧祖) 형태가 되었다. 회룡고조란 산줄기 흐름을 크게 바꾸어 근본 되는 산을 바라보는 것으로 조상의 음덕으로 귀한 인물이 난다는 명당을 말한다.

하지만 이곳은 문화주택을 분양할 당시 남향으로 집을 지은 것이고, 이것을 육영수 여사가 구매한 것이다. 남향집이 되다 보니 산줄기 흐름과 반대가 되어 무학봉을 바라보는 지세가 되면서 집 뒤가 낮고 앞이 높은 지형이 되었으니 배산임수를 거부한 집이다. 마치 배수진을 친 듯한 집이 되었는데, 배수진은 더 물러설 곳 없는 절박한 형편에서의 포진을 말한다. 어쩌면 처음부터 더 물러날 곳

마당과 현관

없는 배수진의 집터를 찾은 것인지도 모른다. 결국 신당동 집터는 좌향이 거꾸로 되면서 집터의 기운이 역세 가득한 집이 되었다.

만약 정상적인 배산임수가 되었다면 순리적인 질서를 따르지만, 이처럼 산 흐름과 거꾸로 된 집은 기존의 질서에 반하는 생각과 행동이 생기는 법이다. 실제로 풍수인의 안목으로 보면 배산임수를 심하게 거부한 집에서 사건 사고가 잦은 것을 볼 수 있다. 하지만 신당동 집이 무학봉 산줄기가 아닌 평지에 있었다면 비록 역세의 형태라 할지라도 실질적인 행동까지는 실행하지 못하고 실패했을 것이다. 평지에서는 무학봉의 출중한 기운을 받지 못하기 때문이다.

지령인걸이라 했다. 박정희와 육영수 여사는 이곳으로 이사하면서 큰 이상을 꿈꾸었으며, 그 시작으로 집의 지붕을 바꾸고 대문을 위엄 있게 수리했다.

그리고 역세 기질이 가득한 집터 기운을 받아 기존의 체제를 뒤엎는 5·16 군사 정변에 성공한다. 어쩌면 집터 기운이 박정희 장군의 야망에 불을 지핀 것일 수도 있다. 집터 기운과 박정희 장군의 야망이 절묘하게 합쳐지면서 세상을 바꾼 것이다.

　　그로부터 대한민국은 한강의 기적이라 불리는 세계 10위권의 경제 대국을 이룰 수 있었으니 신당동 가옥은 대한민국의 현재를 있게 한 역사의 현장이다. 만약 자신의 현 상황을 바꾸어 보려는 동기 부여가 필요하다면 이곳 신당동 가옥을 방문해 집터의 기운을 받아 심기일전할 것을 권한다.

몽촌토성 내 최고의 명당

백제 수도이자 왕궁은 위례성이다. 기원전 18년 백제 시조 온조왕이 한강 유역에 도읍을 정하고 495년 문주왕이 웅진(지금의 공주)으로 천도할 때까지 500년 넘게 왕궁이 있던 곳이다. 하지만 위례성 위치에 대해서는 학자들마다 이견이 분분했다. 유력한 후보지는 지금의 몽촌토성, 풍납토성, 하남 이성산성 등으로 보는데, 1980년대까지는 위례성이 몽촌토성일 것이라는 견해가 많았다.

이는 풍납토성이 한강과 가까워서 홍수 때 침수 우려가 있고 또 평지여서 방어에 불리하다는 단점이 있으며, 상대적으로 몽촌토성은 야트막한 산에 의지하면서 수해 위험이 적고 방어에 유리한 면이 있기 때문이다.

그러나 이제까지의 발굴 조사 등을 종합하면 풍납토성이 위례성이라고 보는 것이 지배적이다. 수많은 집과 아파트가 들어선 풍납토성 내에서 부분적으로 발굴된

풍납토성

유적만으로도 이성산성과 몽촌토성과는 비교할 수 없을 정도로 많은 유적과 유물이 출토되었기 때문이다. 그리고 《삼국사기》의 넓고 평평한 땅이라는 기록에 풍납토성이 가장 부합된다는 점도 간과할 수 없다.

몽촌토성

그래서 백제의 왕궁 위례성은 풍납토성이며, 몽촌토성은 위급할 때 피난처 용도로 사용했을 것으로 보는 것이 학계의 정설로 되고 있다. 필자의 생각으로도 몽촌토성은 풍납토성의 별궁 또는 이궁 역할이었을 것으로 생각하는데, 몽촌토성은 국세가 좁기 때문이다.

두 개의 토성을 비교하면 다음과 같다.

- 풍납토성은 높고 우직하지만 몽촌토성은 낮고 부드러운 모습이다.
- 풍납토성은 직선적이고 몽촌토성은 곡선적이다.
- 풍납토성은 남성적이고 몽촌토성은 여성적이다.

몽촌토성을 둘러싼 성내천과 올림픽공원 내 호수 역시 궁성을 방어하기 위한 해자 역할이었기 때문에 중요한 공간이었음은 틀림없다. 몽촌토성이란 지명은 발굴 이전 토성 안에 있던 '곰말'이란 마을에서 유래되었다. '곰'은 꿈의 옛말이고 '말'은 마을의 준말이니 꿈마을이란 뜻이 한자식으로 표기하면서 몽촌으로 바뀌었다. 꿈마을이란 지명에서 보듯 밝은 미래를 꿈꿀 수 있으니 절로 즐거워지는 곳이다.

몽촌토성 내에서도 나 홀로 나무가 있는 지점 부근이 궁이 자리했을 것으로 짐작된다. 그 이유는 나지막한 산에 둘러싸인 작은 분지를 이루면서 남향의 양지바른 곳이기 때문이다. 분지 내 지형이 지극히 편안하고 안정되었을 뿐 아니라 외부에서 잘 보이지 않는 은밀한 공간이기도 하다.

올망졸망한 언덕을 배경으로 아기자기한 지형은 여인들 공간 같다는 느낌이 든다. 마치 창덕궁 옆 창경궁이 여인들의 전용이었듯이.

나 홀로 나무는 측백나무인데 많은 CF를 찍은 곳이며, 신혼부부들 사진 촬영 장소로 인기 있는 곳이다. 올림픽공원 9경 중에서도 가장 많은 사람이 찾는 곳이다. 올림픽공원을 조성할 때 대부분의 나무를 베었으나 이때 살아남은 행운의 나무이기도 하다. 바로 옆에는 은행나무 보호수도 있는데, 이 또한 예사롭지 않다. 600년 가까이 한 장소에서 기품 있게 유지한다는 것은 풍수가 좋다는 반증이기도 하다.

몽촌토성 내 최고의 명당

나 홀로 나무

이곳 공원 내에서도 최고의 명당은 망월봉 아래 언덕인데, 그곳은 활짝 핀 꽃봉우리 속에도 꽃술과 같은 지점에 해당된다. 비록 오랜 세월이 지나면서 원래 지형은 알 수 없으나 몽촌토성 내 가장 높은 망월봉(45m)부터 산줄기가 이어지다 산 끝에서 기운이 뭉친 파워 스폿이다. 마치 어릴 적 고향 마을 뒷산 양지바른 언덕과 같은 곳인데, 나무의 열매처럼 알토란 같이 맺힌 것을 볼 수 있으니 기가 충만한 땅이다.

우뚝한 망월봉은 뒤를 든든히 받쳐 주고 좌청룡은 충직하게 바람을 막아 주며, 우백호는 다정스럽게 감싸고 있다. 청룡·백호 뒤편에는 성내천이 터를 에워싸고 있으니 기가 빠질 곳 없는 천혜의 명당을 형성하고 있다.

몽촌혈

전체적인 지형은 오목한 제비 둥지 같은 곳이니 와혈이라 한다. 와혈은 포근한 품속에서 맺힌 혈이니 따뜻한 곳일 뿐 아니라 물을 가득 모아 둔 상태로 간주하기 때문에 부자 터이다. 그래서 여러 명당 중에서도 가장 선호하는 것이 와혈이다.

이곳 좌향은 동향이니 현재 문화재 발굴 구역 내에 있는 버드나무를 바라보면 된다. 이곳에 앉아 있으면 몸과 마음이 저절로 편안해지는 것을 느낄 수 있으며, 마냥 있고 싶은 곳이니 신비한 기운이 감도는 명당이기 때문이다. 겉만 화려한 조선왕릉 그 어느 곳보다 월등하게 뛰어난 곳이다. 그리하여 이곳을 몽촌혈이라 이름한다.

국세를 좀 더 거시적으로 보면, 이곳 산줄기는 멀리 남한산(522m)에서부터 이어진다. 산줄기가 크게 휘돌아 몽촌혈 뿌리가 되는 남한산을 바라보는 형태니 이를 회룡고조라 한다. 회룡고조란 하늘과 조상이 보살펴 주는 자애롭고 사랑스런 혈이다.

몽촌토성 내 최고의 명당

남한산에서 달려온 산줄기는 몽촌토성에 이르면 크고 작은 봉우리를 봉긋봉긋 만들면서 이어지고 있으니 구슬을 꿴 듯한 모습이다. 풍수에서는 봉우리가 많을수록 좋은 것이니 생기가 넘치고 재기발랄함을 의미한다.

　그래서인지 이곳에는 유독 젊은이들이 많은데, 꿈꾸는 마을 분위기와 서로 어울리기 때문이다. 끌어당김의 법칙처럼 몽촌토성은 청춘 남녀를 좋아하고 젊은이들은 재기발랄한 산세를 즐겨 하니 유유상종인 셈이다.

　젊은이들이여, 이곳 몽촌혈에서 밝은 미래를 꿈꾸며 사랑을 약속하라. 땅은 거짓말을 하지 않으니 몽촌혈은 행운의 땅이고 사랑스러운 축복의 터이며, 부가 충만한 명당이다. 그저 앉아만 있어도 되니 청춘 남녀는 사랑의 결실을 맺을 것이고, 임산부는 아름다운 태교가 된다. 중·노년의 사람들은 파워 스폿의 건강한 에너지를 충전할 수 있으니 몽촌혈은 남녀노소를 가리지 않는다.

몽촌토성 내 최고의 명당

부자풍수 쪽박풍수
사람은 집을 닮고 집은 사람을 닮는다

초판 1쇄 발행   2024년 3월 3일
초판 1쇄 발행   2024년 3월 12일

지은이 | 지종학, 지영학, 김남선
펴낸이 | 박정태
편집이사 | 이명수   출판기획 | 정하경
편집부 | 김동서, 전상은
마케팅 | 박명준   온라인마케팅 | 박용대
경영지원 | 최윤숙, 박두리

펴낸곳   BOOK★STAR
출판등록   2006. 9. 8. 제 313-2006-000198 호
주소   파주시 파주출판문화도시 광인사길 161 광문각 B/D 4F
전화   031)955-8787
팩스   031)955-3730
E-mail   kwangmk7@hanmail.net
홈페이지   www.kwangmoonkag.co.kr

ISBN   979-11-88768-81-3 03380
가격   25,000원